Foto: Leo Böhm

Horst Vollmer, Jahrgang 1962, geboren in Schopfheim. Lebt in Maulburg (Baden-Württemberg) und – als Student – in Essen. Versucht sich seit 1981 als Tanz- und Ballettkritiker für verschiedene deutschsprachige Publikationen.

Horst Vollmer (Herausgeber)

Auf die Spitze getrieben

Tänzer werden – aber wie?

rororo
Rowohlt

rororo panther
herausgegeben von Alice Franck
Umschlaggestaltung Dieter Wiesmüller

Originalausgabe
Veröffentlicht im Rowohlt Taschenbuch Verlag GmbH,
Reinbek bei Hamburg, April 1988

Gesetzt aus der Sabon (Linotron 202)
Gesamtherstellung Clausen & Bosse, Leck
Printed in Germany
1280-ISBN 3 499 12268 5

Inhalt

Meinen Eltern.
Mein besonderer Dank gilt den Lehrern und Schülern der Ballettfachschule Ronecker-Beyer in Fellbach und, über dieses Buch hinaus, Herrn Horst Koegler, Stuttgart.

‹Auf die Spitze getrieben› – Was dieses Buch will

15 000 Mädchen, schätzte im Oktober 1987 eine deutsche Tageszeitung, beginnen jährlich in der Bundesrepublik mit Ballettunterricht. So gern man wüßte, auf welchen Erkenntnissen und Statistiken diese erstaunliche Zahl beruht (bislang ist schließlich nicht einmal die ungefähre Zahl bundesdeutscher Tanz- und Ballettschulen, geschweige denn die aller Schulen im gesamten deutschsprachigen Raum bekannt), und wieso hier Jungen keine Erwähnung finden, die es allen Unkenrufen zum Trotz eben doch in unseren Ballettschulen gibt, wenn sie auch zugegebenermaßen deutlich in der Minderheit sind – so gern man also Näheres über das Zustandekommen dieser Zahl wüßte: Ganz unwahrscheinlich ist sie durchaus nicht, denn tänzerischer Unterricht aller Art erfährt einen allgemeinen Boom in unseren Breiten.

In dieser Situation will dieses Buch Orientierungshilfe sein. Es beschäftigt sich nur am Rande oder mittelbar mit ästhetischen und methodischen Fragen. Was es vielmehr versucht, ist darzustellen, wo, mit welcher Zielrichtung und unter welchen Rahmenbedingungen tänzerische Ausbildung in der Bundesrepublik, in Österreich und der Schweiz «geschieht». Das Buch beabsichtigt nicht, allumfassend zu sein. Es vereinigt vielmehr gezielt Fakten und Meinungen zu speziellen Aspekten tänzerischer Ausbildung und Berufspraxis, die für angehende und potentielle Tanzschüler und ihre Eltern bzw. Förderer von Interesse sind. Von seinen Lesern wünscht sich dieses Buch vor allem eines: daß sie seine Informationen und Wertungen als Anregung zur eigenen, weiter gehenden Beschäftigung mit dem Thema Tanzausbildung und -ausübung verstehen. Schön wäre es, wenn es uns gelänge, den Leser über die kritische Beschäftigung mit unseren Texten zum kritischen Hinterfragen der Angebote und Versprechungen der Ausbilder zu bewegen.

Die Verbraucherzentrale für Tanzschul-Konsumenten gibt es noch nicht. Nach dem Gesetzgeber wird deshalb auch hier gerufen, der etlichen offenkundigen Mißständen im Tanzausbildungsbereich endlich ein Ende bereiten soll. Der Ruf erfolgt indes in der Gewißheit, daß er so bald nicht erhört werden wird. Was not tut, ist also eine aufmerksame, informierte und kritische Klientel der Ballett- und Tanzschulen. Nur sie wird es gewieften Scharlatanen in Zukunft erschweren können, mit der Unwissenheit anderer ihr lukratives Geschäft zu machen.

Zu den Autoren dieses Buches: Sie haben in ganz verschiedener Weise mit Tanz zu tun. Studioleiter und Organisatoren von Tanzveranstaltungen sind dabei, ehemalige Tänzer und Ballettdirektoren sowie Kritiker. Die heterogene Zusammenstellung soll Einseitigkeiten vermeiden helfen, denn absolute Wahrheiten gibt es eben auch in der Tanzausbildung nicht.

Horst Vollmer — Essen, im Dezember 1987

I. Tanzen ... in eine ungewisse Zukunft

Horst Vollmer

Zukunft ungewiß...

«Disziplin brauchst du immer!» – Ein Gespräch mit zwei Tanzschülern – Matthias Nolte (frisch engagiert) und Andrea Vetter (Ausbildung abgebrochen)

Klischees halten sich in vielen Köpfen erstaunlich hartnäckig. Für die einen sind Tänzerinnen und Tänzer jene Privilegierten, die von Berufs wegen tanzen dürfen. Für die anderen sind es halb Bedauerte, halb Bewunderte, die nichts anderes als tanzen können. Vom Standpunkt der Betroffenen aus stellt sich die Sache freilich anders dar. Besonders in jenem Stadium, in dem sie noch nicht so recht in eine der Schablonen passen: während ihrer Ausbildung und zu Beginn ihrer Bühnenlaufbahn. Doch auch darüber existieren lauter hübsche Abziehbildchen – die leider nur wenig mit der Realität zu tun haben. Ballettunterricht führt eben nicht immer schnurstracks auf die Bretter, die die Welt bedeuten, und Tänzerkarrieren verlaufen eben nicht immer wie im Roman: unter schweren Entbehrungen, aber letztlich doch «erfüllend» und vor allem unerschütterlich zukunftsoptimistisch.

Andrea Vetter (24 Jahre) und Matthias Nolte (22 Jahre) können davon ein Lied singen. Beide stammen aus dem Stuttgarter Raum und haben ihre Ballettausbildung mit unerwarteten (aber nicht untypischen) Erfahrungen abgeschlossen: Andrea brach ihre tänzerische Laufbahn kurz vor dem Berufseinstieg ab, während Matthias zwar sein erstes Engagement in der Tasche hat, aber auch Probleme mit einem Fuß, die ihn zu monatelangem Pausieren zwingen.

Wie seid ihr zum Ballett gekommen?

Andrea: Also, bei mir war das eher zufällig.

Matthias: Bei mir auch!

Andrea: Eine Tante von mir kannte eine Ballettlehrerin, zu der bin ich einfach mal hin, mit sechs Jahren, ohne überhaupt zu wissen, was Ballett ist.

Matthias: Ich habe nach einem ganz gewöhnlichen Tanzkurs in einer Ballettschule mit Jazzgymnastik begonnen, als ich 15 war. Daraus wurde dann später Ballett. Mit 17 bin ich nach Stuttgart gezogen, um dort meine Ausbildung fortzusetzen, aber nicht lange, nur ein gutes Jahr. Danach ging's in einer Privatschule weiter, und bevor ich meinen Vertrag in Hamburg bekommen habe, war ich dort noch ein Jahr in der Schule der Staatsoper.

Andrea: Mein Weg verlief genauso – privat, staatlich, privat. Nur, daß ich dann mit dem Tanzen aufgehört habe.

Wieso eigentlich?

Andrea: Vor allem wegen meines Rückens. Ich hab eine Skoliose, eine Rückgratverkrümmung, da war alles ganz schief.

Wie kommt das?

Andrea: Das ist die Frage! Eine Skoliose kommt oft als Wachstumsstörung vor. Vor allem bei Mädchen. Es kann aber auch von schweren Schultaschen herrühren und natürlich von falschem Balletttraining, wenn man immer alles einseitig macht – und das war bei mir der Fall. Ich war auf einer Seite perfekt, und die andere, na ja.

Ist dir das nicht schon damals aufgefallen?

Andrea: Doch, natürlich. Aber jeder Tänzer hat eine Seite, die besser geht. Da müßte man natürlich um so mehr die andere trainieren, ich weiß. Von alleine macht man das halt kaum. Wenn man vorm Spiegel steht, führt man sich selbst die schöne Seite vor und läßt die schlechte weg. Wenn das ein Lehrer nicht sieht... Der muß das erkennen und es jeden Tag korrigieren, sonst wird die Einseitigkeit zusehends schlimmer. Bei mir war ja eigentlich auch immer alles o. k., alles ging ganz normal, und nie ist irgend etwas aufgefallen. Selbst sieht man das sowieso nicht. Auch nicht beim Blick in den Spiegel. Erst bei einer Prüfung in der siebten Klasse sagte mir eine Lehrerin auf den ersten Blick, daß ich unmöglich aussehen würde, ich könne ja nur in eine Richtung drehen. Daraufhin bin ich zum Arzt gegangen, und der meinte, es sei ja schon ein Wunder, daß ich mich überhaupt noch in eine Richtung biegen könne.

Wie erklärst du es dir, daß den Lehrern eine so schwere Schädigung nicht schon früher auffiel?

Andrea: Ich weiß wirklich nicht, wie so etwas passieren kann. Vielleicht achten sie nicht darauf, vielleicht wollen sie's nicht merken, vielleicht können sie es auch gar nicht, weil sie keinen geschulten Blick dafür haben. Auf jeden Fall wurde es dann so schlimm, daß sogar meine Schwester, die gar nichts mit Ballett zu tun hat, sah, daß da was krumm und schief ist. Damals, mit 16, habe ich wegen meines Rückens die Schule gewechselt.

Hat das was genutzt?

Andrea: Ja, und wie! In meiner neuen Schule hat meine Lehrerin wirklich schwer mit mir gearbeitet. Bei ihr hatte ich zum erstenmal Unterricht im russischen System, vorher wurde ich englisch trainiert, und hab dabei noch einmal in der «Baby-Klasse» angefangen, also von Grund auf. Nach drei oder vier Jahren war mein Rücken wieder richtig gut. Man hat gar nicht mehr gemerkt, daß er schief war, oder doch nur Ärzte und wirklich erfahrene Lehrer, die sehen konnten, daß da etwas nicht so ganz in Ordnung ist.

Heißt das, du hättest eigentlich eine gewisse Zeitlang tanzen können?

Andrea: Das wollte ich ja. Ich hab in Stuttgart vorgetanzt, nur empfahl mir Marcia Haydée, erst nach einem weiteren Schuljahr noch mal wiederzukommen. Als ich dann ein Stipendium bekam, bin ich nach Monte Carlo, um dort weiterzumachen. Aber das war wohl ein Fehler...

Wieso?

Andrea: Es war eine schwere Zeit für mich, meine Situation dort war unmöglich. Als ich hinging, war ich überzeugt, daß ich es schaffe.

Plötzlich aber hatte ich Schwierigkeiten. Der Rücken meldete sich wieder, fing an, erneut schief zu werden, andere Probleme kamen dazu. Ich weiß nicht, aber wahrscheinlich ist das auch seelisch bedingt. Auf jeden Fall hab ich mich dann endgültig entschlossen, aufzuhören. Es wäre kein Beruf für mich gewesen, das wurde mir damals klar, schon vom Körper her nicht, weil ich nur mit außerordentlich viel Training und viel Disziplin und sehr viel Druck von außen durchgehalten hätte. – Überhaupt dieses letzte halbe Jahr in Monte Carlo! Der Konkurrenzkampf dort war schlimm, jeder gegen jeden. Und ich kann mich nun mal nicht freuen, wenn sich jemand den Fuß verstaucht und ich als Ersatz seine Rolle übernehmen darf. Das ist eigentlich blöd für einen Tänzer, ich weiß. Der muß ja immer hoffen, irgendwie mal reinzukommen, um beweisen zu können, was er kann. Dem Matthias ist ja so was ähnliches passiert. Als du drin warst...

Matthias: ...ging ausgerechnet der Fuß kaputt.

Wie lange bist du schon in Hamburg?

Matthias: Fast zwei Jahre. Zuerst ein Jahr in der Schule. Gleich anschließend bin ich in die Kompanie übernommen worden. Aber ich bin schon ziemlich lange verletzt. Wie es halt so sein muß, hatte ich just dann einen Unfall, als ich gerade meinen Vertrag bei Neumeier bekommen hatte, ganz am Ende meines letzten Schuljahres. Bei einem Sprung bin ich schlecht aufgekommen. Die Übung war ziemlich kompliziert, und ich weiß nicht, ob ich einen Blackout hatte oder verkrampft war, ich bin jedenfalls nach innen abgeknickt, und als Folge war die ganze Außenseite überdehnt. Seither ging's abwärts. Ich hab vier Wochen ausgesetzt danach, gleich darauf kamen die Sommerferien. In meiner früheren Schule hab ich mich dann wieder langsam eingearbeitet, und zu Beginn der neuen Saison war ich zurück in Hamburg, um mein Engagement anzutreten. Aber der Fuß war wohl nicht ganz ausgeheilt, und ich hatte noch etwas Schmerzen. Die Umstellung von der Schule auf die Kompanie kam dazu, keine leichte Sache. Nach drei Monaten hab ich dann zum erstenmal etwas zu tanzen bekommen, das mir richtig großen Spaß gemacht hat, weil es eine echte Herausforderung für mich war – doch nach der zweiten Vorstellung hatte ich eine Sehnenentzündung. Und die habe ich noch immer.

Und wieso bildet sich die Entzündung nicht zurück?

Matthias: Wenn man das wüßte! Wahrscheinlich habe ich mich anfangs zuwenig geschont. Man veranschlagt bei einer Sehnenentzündung sechs Wochen absoluter Ruhe. Das hab ich nicht eingehalten, bei mir waren es nur zwei. Daß mein Fuß seither konstant so schlecht geblieben ist, ist vermutlich die Rache dafür. Für zwei Wochen nach meinem Unfall war ich für eine Vorstellung eingeteilt, die ich halt auch gemacht habe, und anschließend bin ich weiter im Training geblieben. Danach mußte ich mit auf Tournee, und nach der ging gar nichts mehr. Ich hab also erst einmal für zweieinhalb Monate pausiert und allein fünf Wochen nur gelegen und überhaupt nichts gemacht außer Ruhen. In der Situation veranstaltet man natürlich mit so einem kranken Fuß alles Mögliche. Schon während man noch trainiert macht man tausend Sachen, geht zu Ärzten, und pausiert erst, wenn es halt gar nicht mehr anders geht. Nach den zweieinhalb Monaten war die Entzündung fast weg, und ich habe wieder zu arbeiten angefangen. Wahrscheinlich hab ich aber etwas panikartig begonnen, weil ich ja in der langen Zeit so viel verpaßt hatte, und begann, mich selbst unter Druck zu setzen. Ich bin einfach zu schnell wieder voll eingestiegen – nach sechs Wochen war es dann endgültig aus.

Wie steht es momentan?

Matthias: Momentan bin ich in einer homöopathischen Behandlung, die mir wieder etwas Hoffnung gibt. Da bekomme ich ganz andere Tips als von den Medizinern, zu denen man immer zuerst geht. Ich mache jetzt ganz gezielte Muskel- und Lockerungsübungen, während der Mediziner natürlich immer direkt an die kranke Stelle herangeht und vor allem die Symptome möglichst schnell beheben möchte. Aber das scheint mir sowieso das Problem in diesem System, daß du genau wie ein Sportler immer total aktiv sein mußt und jede körperliche Schwäche oder Krankheit dich zurückwirft. Dabei bleibt dann nie genügend Zeit, die Krankheit richtig auszukurieren, man steckt ja in einem kontinuierlichen Arbeits- und Probenablauf und soll immer einsatzfähig sein. Man weiß genau, daß jedes Aussetzen einen zurückwirft, aber wenn man seine Krankheiten nicht vollständig ausheilen läßt, wirft einen das im Endeffekt natürlich noch viel weiter zurück. Man beachtet die Schmerzen oft gar nicht und hofft, daß sie irgendwie schon wieder verschwinden. Es ist ja auch so, daß der Körper das jahrelange Training gewöhnt ist und lernt, innerhalb des täglichen Trainings mit kleineren Krankheiten fertig zu werden. Wegen vieler Sachen, die nicht so schwerwiegend sind, muß man bestimmt nicht unbedingt pausieren, da kann man auch schon mit etwas Slowdown eine Heilung bewirken.

Aber gerade das scheint dir schwergefallen zu sein.

Matthias: Es ist einfach schwierig, sich im Zaum zu halten.

Andrea: Da kommt ja auch der eigene Ehrgeiz mit ins Spiel, der sich bemerkbar macht, wenn man eine bestimmte Leistung von sich selbst gewohnt ist und nun plötzlich weniger machen soll, als man eigentlich kann.

Matthias: Man versucht trotz der Krankheit immer noch soviel wie nur irgend geht zu machen und überschreitet dabei ganz leicht die Grenzen. In den Ballettsaal zu gehen und zu sagen, ich mach jetzt nur zwei Übungen, das ist unheimlich schwer, da werden immer vier oder fünf draus.

Andrea: Oder du nimmst dir vor, das Bein heute vielleicht nicht ganz so hoch zu strecken wie sonst, aber die Bewegungen sind einfach schon so im Körper drin...

Matthias: Oder du fühlst dich im Moment gut und machst mehr Übungen, als gesund wären, und merkst es dann erst hinterher.

Greift da denn nicht der Ballettmeister ein?

Andrea: Ja, der muß doch wissen, daß bestimmte Sachen für dich tabu sind, wenn du krank bist?

Matthias: Sicher, aber er überläßt es ja auch mir selbst, mich zu kontrollieren und selbständig zu arbeiten. Er zwingt mich natürlich nicht, etwas zu machen, das ich nicht machen will, da ist man völlig frei. Du mußt eben selbst fühlen, was dir Schmerzen bereitet und was du machen kannst und was nicht.

Wie geht es denn jetzt bei dir weiter?

Matthias: Die Kompanie ist gerade auf Tournee. Ich werde vorläufig noch zu Hause bleiben und alles Mögliche versuchen, Wechselbäder, Moorbäder, lauter natürliche Behandlungen, und daneben weiter Lokkerungs- und Körperübungen und nur Bodentraining ohne Gewichtsbelastung. Spezielle Übungen für die Füße halt und allgemeine, um den Körper wieder in Form zu bringen.

Das hört sich an, als wäre dein Fall zumindest nicht aussichtslos, oder?

Matthias: Nein, das ist er nicht. – Na ja, es kommt natürlich auch darauf an, wie ich es selbst betrachte, momentan halte ich es eben nicht für hoffnungslos. Ich versuche, das Ganze ein wenig distanziert zu sehen, also mich nicht krampfhaft daran festzuhalten und mich andererseits nicht einfach fallenzulassen und ganz was anderes zu machen. Ich möchte es noch einmal mit dem Tanzen probieren, und zwar aus einem gesunden Stadium heraus. Es kann natürlich sein, daß sich heute bei mir Erscheinungen bemerkbar machen, deren Ursache viel älter ist, und daß diese Erscheinungen immer wieder auftreten, bedingt durch jahrelangen Verschleiß, falsches Training oder so. Wie bei Andreas Rücken. Jahrelang trainiert sie ohne Schwierigkeiten, dann zeigt sich plötzlich was am Rücken und es ist aus. So etwas, glaube ich, passiert vor allem dann, wenn man irgendwann eine schlechte Ausbildung hatte. Ich glaube aber nicht, daß es bei mir aussichtslos ist, und deshalb möchte ich die Krankheit erst einmal richtig auskurieren, um mich dann langsam wieder aufzubauen. Ganz wichtig ist, daß ich auf keinen Fall wieder in Panik geraten möchte. Ich will mir so viel Zeit nehmen wie nötig ist, notfalls fange ich halt wieder von vorne an und geh wieder vortanzen. Wenn die Entzündung aber dann, aus einem wirklich guten physischen und psychischen Zustand heraus wieder auftritt, dann muß man wohl annehmen, daß sie chronisch geworden ist.

Hast du denn schon einmal an einen anderen Beruf gedacht?

Matthias: Ja, klar. Ich hab mir sogar ganz bewußt vorgenommen, mal über meine anderen Möglichkeiten nachzudenken, schon um zu entspannen. Wenn man sich immer nur auf das eine fixiert, dann wird es doch erst recht nichts. Und ich sehe ja auch die Schwierigkeiten in dem Beruf und dem ganzen Metier. Manchmal, wenn ich mir überlege, was ich denn auch noch machen könnte, komm ich besser drauf, ich bin dann irgendwie zufriedener, einfach entspannter eben und wahrscheinlich nicht so gefrustet. In dem Moment aber, wo mir meine jetzige Situation wieder voll bewußt wird, ist es damit schlagartig aus. Wenn ich daran denke, was alles von mir erwartet wird, von Neumeier, von den anderen Tänzern und so, krieg ich 'nen totalen Horror. Dann denke ich schon mal, vielleicht tanze ich ja nie mehr. Aber da gibt es eben auch Momente, in denen ich fühle, ich muß unbedingt zurück zum Ballett, sofort. Gerade jetzt zum Beispiel. Aber es hat Phasen gegeben, wo ich mich katastrophal gefühlt habe, wo ich am liebsten gar keinen Finger mehr krummgemacht hätte. Bei solchen Sachen wie Andreas Rücken und meinem Fuß spielt ja auch die äußere Situation eine große Rolle. Bei Andrea war es der Wechsel von ihrer alten Schule, die sie gewöhnt war, in eine neue, bei mir war es der Wechsel von der Schule zur Kompanie, in eine ganz neue Gruppe also, die viel größer als die während der Ausbildung ist und in der sich die Ballettmeister nicht mehr so um einen kümmern können wie zuvor die Lehrer. Da passiert es leicht, daß sich alte Fehler wieder einschleichen, die man eigentlich längst abgebaut hatte. Ich glaube jedenfalls, daß ich mich durch die äußeren Umstände zu sehr hab ablenken lassen. Die vielen neuen Leute, dazu die Bänderüberdehnung, dann der Lehrer, der dich in der Schule so individuell unterrichtet und korrigiert hat, und der dich nun auf einmal links liegenläßt und sich denkt, der muß selber zurechtkommen.

Löst das eine Art Panik aus, aus der Schule zu kommen, wo man immer bemuttert und behütet war, und dann plötzlich ganz hinten zu stehen?

Matthias: Das schlimmste ist nicht einmal, daß man hinten steht, das macht mir überhaupt nichts aus. Das schlimmste ist, daß man nicht mehr ganz normal angeguckt und korrigiert wird. Tänzer in einer Kompanie arbeiten ja unheimlich automatisch, ganz anders als Schüler. Die Profis wissen genau, wieviel sie in einer Stunde einsetzen müssen, um in Form zu bleiben und gleichzeitig noch weiterzukommen, sich zu verbessern. Die Schüler fühlen sich aber erst einmal verloren, wenn sie frisch in eine Kompanie kommen, sie trauen sich nicht so recht, sind unsicher und können ihr Training nicht so abziehen wie die Profis. Der Übergang von der Schule zum Profitum müßte weicher sein, man dürfte nicht so Knall auf Fall ganz allein gelassen werden. In der Schule wird unglaublich persönlich mit jedem einzelnen gearbeitet, man achtet auf ihn, geht auf seine ganz speziellen Schwierigkeiten ein. Bei einem Wechsel wie bei Andrea in eine neue Schule oder von der Schule in die Kompanie, und wenn man erst noch sehr empfindlich ist und sich durch die äußere Situation zu stark beeinflussen läßt, fällt man dann schnell in alte Fehler zurück. Man braucht unwahrscheinlich viel Selbstvertrauen, man muß intelligent arbeiten. Was nötig ist, ist eine gesunde Einstellung zu sich selbst, nicht irgendwie egozentrisch, das meine ich nicht, aber man darf sich nicht selbst loslassen. Wenn das in einer kritischen Phase mal nicht so da ist, können im Extremfall solche körperlichen Erscheinungen die Folge von Unsicherheiten sein. So seh ich das heute wenigstens. O. K., wenn du von den Lehrern so hochgepuscht wirst, wenn du immer animiert und angetrieben wirst, setzt irgendwann ein Eigenprozeß ein, und du fängst an, selbständig zu arbeiten. Aber wenn du das nicht wirklich total in dir drin hast, gehst du früher oder später eben erst einmal baden.

Andrea, vorhin sprach Matthias von falschen Trainingsmethoden und schlechter Ausbildung, die Jahre später schlimme Folgen haben können. Bedeutet das, man hätte bei dir durch andere oder besondere Trainingsmethoden die Fehlentwicklung im Rücken beheben oder sogar vermeiden können, wenn man sie nur rechtzeitig erkannt hätte?

Andrea: Bestimmt. Die Symptome sind ja später durch gezielte Übungen tatsächlich verschwunden. Die Knochen verändern sich natürlich nicht mehr, aber durch Muskeltraining standen die Hüfte und die Schultern wieder völlig gerade. Ich glaube also schon, daß die Skoliose überhaupt kein Problem gewesen wäre, wenn man sie schon im Anfangsstadium bemerkt und behandelt hätte.

Wie hast du das erlebt, als du nach vielen Jahren Tanzausbildung mit einemmal vor der Entscheidung standest, aufhören zu müssen?

Andrea: Das war eigentlich nicht so dramatisch. Gut, das letzte halbe Jahr war schwer. Aber ich sah schon damals immer auch einen anderen Weg für mich. Ich hab ja parallel zu meinem Ballettunterricht in Stuttgart das Abitur gemacht, und jetzt studiere ich schon im dritten Jahr Chemie. Damit bin ich wirklich sehr zufrieden, ich bereue meine Entscheidung gegen das Ballett nicht im mindesten, denn von Anfang an war für mich klar, wenn nicht Tanzen, dann Chemie, eines meiner Lieblingsfächer im Gymnasium.

Du trainierst also schon seit drei Jahren nicht mehr. Mit welchem Gefühl gehst du denn heute ins Ballett?

Andrea: Natürlich geht das nicht spurlos an einem vorbei, wenn man 14 Jahre lang Ballettunterricht hatte und erst noch ganz gezielt auf den Beruf Tänzerin hin. Bei fünfmal Training pro Woche fängt man ja auch früh an, an das Tanzen als Beruf zu denken und wird praktisch mit dem Gedanken daran groß. Ich hätte wirklich gerne getanzt. Deshalb, wenn ich heute die anderen im Ballettsaal oder auf der Bühne sehe, werde ich manchmal schon ein bißchen neidisch und spüre, daß ich gerne mitmachen würde – aber nicht so sehr, um auf einer Bühne zu stehen, sondern einfach wegen der Bewegungen, für mich selbst.

Heißt das, du kannst überhaupt kein Balletttraining mehr machen wegen deines Rückens?

Andrea: Nein, wenn ich wollte, könnt ich schon, aber mein Studium nimmt mich halt ziemlich in Anspruch. Und davon abgesehen habe ich damals wirklich klar und endgültig gesagt, ich werde keine Tänzerin. Auch wegen meiner Rückenprobleme, weil ich wußte, daß sie früher oder später immer größer werden würden.

Der Rücken war aber nicht der einzige Grund?

Andrea: Nein, es kamen noch Probleme mit einem Fuß dazu, wie bei Matthias, bei denen mir der Arzt nur empfahl, darüber nachzudenken, ob ich den Beruf Tänzerin überhaupt ausüben kann, falls sie immer wiederkommen sollten. Aber solche Schwierigkeiten haben ja viele Tänzer und arbeiten trotzdem weiter mit der Überzeugung, daß sie sie irgendwann loswerden und ohne Beschwerden tanzen können. Dennoch spielte das bei meinem Entschluß aufzuhören mit. Und schließlich bin ich auch nicht der eigentliche Tänzertyp, glaube ich. Ein Tänzer hat ja einen bestimmten Charakter und einen bestimmten Ehrgeiz, mit dem er an sich selbst arbeiten muß, um sich körperlich weiterzubringen. Wenn aber das Behütetsein weg ist, wie Matthias sagt, das Training in einer Schule, wo man persönlich angesprochen wird, dann macht man halt weniger, und das Bein wird nicht mehr so gestreckt...

Matthias: Ich meinte aber die alten Fehler, die sich zurückmelden können, wenn man plötzlich selbständig arbeiten muß, nicht, daß man einfach generell nachläßt!

Andrea: Ja, ich will auch nicht sagen, daß ich mein Bein dann nicht mehr würde so strecken wollen, das schon, ich meine nur, daß sich unbewußt Nachlässigkeiten einschleichen können. Ich bin überzeugt, daß das auch mit dem Ehrgeiz und dem Arbeiten-Können zusammenhängt, wie es beim Tänzertyp da sein sollte. Man muß schon sehr hart gegen sich sein können. – Ach, ich kann das nicht so gut erklären, was alles zusammenkam, als ich aufgehört habe!

Es war auf jeden Fall nicht der Rücken allein.

Andrea: Der war sehr entscheidend und hat mir wohl den letzten Impuls zu meinem Entschluß gegeben, aber da spielte eben genauso anderes mit hinein, der kranke Fuß und nicht zuletzt die Situation in Monte Carlo, die mir wirklich seelische Probleme bereitet hat. Das war schon von den Leuten her ziemlich komisch, alle waren wesentlich jünger als ich. Mit 19 oder 20 lauter 15jährige um sich herum...

Alle in derselben Klasse?

Andrea: In derselben Klasse und im selben Internat! Vom tänzerischen Standard her waren wir gleich. Ich hatte aber schließlich das Abitur gemacht, bevor ich in Stuttgart in die ganztägige Ausbildung kam. In Monte Carlo war ich nun in einer Ausländerklasse mit Leuten zusammen, die dort schon mit 12 oder 13 ganztags Unterricht hatten und nebenbei eine Fernschule absolvierten, deshalb war ich älter. In meinem Zimmer war zum Beispiel eine Australierin. In Australien gibt es ja sowieso diese Fernschulen, meine Zimmerkollegin war das also schon von daher gewohnt und hat auf diese Art ihr Abitur gemacht, während sie sonst einen vollen Ballettunterricht hatte. Viele in meiner Klasse haben das so gemacht, und aus diesem Grund war um mich herum alles erheblich jünger als ich. Der Altersunterschied zwischen 15 und 20 ist aber sowieso recht schwierig, meine ich. Es war jedenfalls nicht einfach für mich, mit den anderen Schülern umzugehen und meine eigene Persönlichkeit zu bewahren, die man mit 20 ja bereits entwickelt hat. Wenn lauter Kinder um einen rum sind, die geführt werden wollen und geführt werden müssen, und die Lehrer mit dir genauso streng umgehen wie mit denen, ohne dir eine Chance zu lassen, dein Selbstbewußtsein und dein Selbstvertrauen zu behalten... Das hat sich dann auch tatsächlich nach und nach abgebaut, ich bin immer kleiner und kleiner geworden und konnte irgendwann gar nicht mehr selbst etwas entscheiden.

Also eine Erziehung zur Unselbständigkeit?

Andrea: Ja. Aber trotzdem habe ich heute den Eindruck, daß mir meine Tanzausbildung insgesamt viel gebracht hat, von dem ich auch als Studentin an der Uni profitieren kann. Ich hatte schon im Gymnasium den Eindruck, daß meine Aufnahmefähigkeit für alle möglichen Dinge viel besser ausgeprägt ist als bei meinen Mitschülern. Wenn mir ein Lehrer etwas vormachte, konnte ich es auf Anhieb wiederholen. Das läßt sich jetzt aufs Studium übertragen. Wenn mir jemand etwas erklärt, kann ich es sofort nachvollziehen. Solche Fähigkeiten werden im Ballettunterricht bestimmt mit geschult, die Konzentration, die Disziplin, denn gerade das braucht man ja als Ballettschüler. Das klingt vielleicht altmodisch, Disziplin, aber sie ist schon sehr wichtig in der Tanzausbildung. Und diese Disziplin, oder besser Selbstdisziplin, ist dann eben auch in anderen Bereichen wertvoll.

Matthias: Was heißt altmodisch? Disziplin brauchst du immer. Das ist eben so, daß man als Tänzer ein Leben lang, ein Berufsleben lang, einen Lehrer hat. Man hat immer jemanden, der einem das Wie und Was vorschreibt. – Eigentlich verrückt!

II. Der Tanz – Eine Schule für Kopf und Körper

Kurt Peters

Das Erzieherische (Moment) wird folgen müssen ...

Ein Abriß zur Geschichte der Tanzerziehung in Deutschland

Eine umfassende Geschichte der Tanzerziehung in Deutschland gibt es noch nicht. Geschichtsliteratur und Lehrbücher der Tanztechnik stellen zwar historische Fakten, Daten, Schritte, Tänze, Musik- und Raumformen dar, bringen aber keine Wertungen und Tendenzen der Erziehung, die auf die körperliche, geistige, seelische, also charakterliche Formung des Kindes, des Jugendlichen und Erwachsenen eingewirkt haben oder zeigen gar erzieherische Wege zur Harmonie von geistiger und technischer Bildung, zu Menschlichkeit und Persönlichkeit auf. Der vorliegende Abriß der Geschichte der Tanzerziehung ist also vorerst nur ein Anriß, ein Aufzeigen der Strömung, die noch durch viele detaillierte pädagogische Beschreibungen zu ergänzen wäre. Das historische Vorfeld wird nur angesprochen, die Einwirkungen der Tanzverbote, Tanzschriften, Vereinigungen und Genossenschaften des Tanzes sind noch einzubringen. Der Komplex Gesellschaftstanz und modische Tänze, die Eurythmie Rudolf Steiners, die Wiederbelebung des Volkstanzes im Zusammenhang mit der Jugendbewegung, die Volksschule, die Sporthochschule und die Schulgemeinschaften bedürfen noch der Betrachtung. Die Verzweigungen des Modernen Tanzes und die der Rhythmik-Bewegung sind ebenso wie die Anstöße der Internationalen Sommerakademie Köln, der Landesarbeitsgemeinschaften des Tanzes und anderer Tanzwerkstätten noch auf die effektiven pädagogischen Prinzipien hin auszuloten. Nicht zuletzt wäre noch eine Vielzahl von Monographien und Biographien zu sichten, um der Komplexität des Erscheinungsbildes des Erzieherischen gerecht zu werden.

Bis in das 18. Jahrhundert hinein gab es an den Höfen Ritterakademien mit vornehmlich französischen Tanzlehrern, während im Volk ehrbare Handwerker der Zünfte und Bauern die Deutschen Tänze lehrten. Erst mit dem Wachsen bürgerlichen Bewußtseins in den Städten hielt auch die adelige Tanzkultur Einzug in die sich bildende bürgerliche Gesellschaft, die nun auch von in Paris ausgebildeten deutschen Tanzlehrern mit Universitätsbildung unterrichtet wurde. Damit entwickelte sich eine auf die Pariser Schule der ‹Académicien de l'art de la danse› [1] sich stützende deutsche Tanzliteratur, die mit Johann Paschs «Beschreibung wahrer Tantz-Kunst» (Franckfurth 1707) [2] über die bloße Darstellung der Tanztechnik hinaus pädagogische Erkenntnisse anklingen ließ. Bereits Pasch spricht von der Einwirkung des Tanzes auf Geist und Seele im Verhältnis zum körperlichen Befinden:

«Die Tanzkunst selbsten ist die erste unter den ritterlichen Leibesübungen, welche die übrigen Thüren auf- und zuschließt und durch deren wohlgeordnete Ausübung der menschliche Leib allen Verrichtungen das Gemüth erfreuet und gestärket, die Lebensgeister ermuntert, und zu allen wichtigen Geschäfften gleichsam auf das neue beseelet werden.»

In Rivalität, aber auch in Anerkennung gegenseitiger Leistungen entstand nun in dichter Folge eine Tanzliteratur – für die noch Behr [3] und Bonin [4] stellvertretend genannt seien –, wenn auch das historische Schrittmaterial den erzieherischen Aspekten wenig Raum gab. Ihre Schüler und Meister anderer Universitäten folgten. So Gottfried Taubert [5] mit dem umfangreichen Werk «Rechtschaffener Tantzmeister» (Leipzig 1717), welches Ausgangspunkt weiterer schulischer und literarischer Entwicklungen wurde.

Hoftanzlehrer, Universitätstanzlehrer und Hofopernballettmeister, die oft diese Funktionen gleichzeitig erfüllten, lehrten den Adel, die Studenten und Schüler höherer Lehranstalten, schließlich auch die bürgerliche Gesellschaft sowie die Ballettensembles der Hofopern, die aus Eleven, Figuranten [6] und oft im Ausland geschulten Solisten bestanden. Der Nachwuchs rekrutierte sich aus den Ballettschulen der Hofopern und kam selten über den Stand des Figuranten hinaus. Sie nahmen die geringste soziale und künstlerische Stellung in der Hierarchie des Theaters ein, dessen darstellende Künstler überdies die unterste Stufe in der damaligen Gesellschaft innehatten. Dieser Figurantenstatus blieb das

Omen des Tänzers bis zur Mitte des zwanzigsten Jahrhunderts. Kein Jean-Georges Noverre[7] in Stuttgart, kein Paul Taglioni[8] in Berlin vermochten eine Ballettschule mit Tradition und eine Aufwertung des tänzerischen Ansehens aufzubauen und zu konsolidieren. Während sich in anderen Ländern Nationalschulen etablierten, blieben die deutschen Hofopernballette im kleinstädtischen Niveau befangen, abhängig von der Gnade und den kostspieligen kriegerischen Auseinandersetzungen der Kurfürsten. Das Statistendasein des Berufstänzers war auch der Grund für seine mangelnde Ausbildung gegenüber denjenigen, die Tanzerziehung an den höheren Schulen und Universitäten genossen.

Zum gesellschaftlichen guten Ton gehörte die Ausbildung in der «höheren Tanzkunst» ebenso wie in Reiten und Fechten. Alle Tanzmeister unterrichteten, Anstandslehre inbegriffen, bis zum Zweiten Weltkrieg gleichzeitig Gesellschaftstanz und Tanzkunst entsprechend den französischen Exerzitien. Geprüfte Gesellschaftstanzlehrer hatten bis in weit spätere Zeit hinein eine gründlichere Kenntnis von Geschichte, Theorie und Praxis des Balletts als irgendein Absolvent der Ballettschule.

Im Gegensatz zum Theatraltanz wurde die «höhere Tanzkunst» zur humanistischen Bildung gezählt, die dank des Gelehrten und Staatsmanns Wilhelm v. Humboldt (1767–1835), eines Bruders des Naturforschers, vom Geist der Liberalität und Universalität durchdrungen war. Für die allgemeine Schule blieb in Grundzügen das Wirken des Erziehers und Sozialreformers Johann Heinrich Pestalozzi (1746–1827) bis heute wirksam. Neben Pestalozzi, dem Gründer der Lehrerbildungsanstalten, der die Kräfte des Geistes, des Herzens und des Körpers in harmonischen Einklang zu bringen suchte, ging der Volkserzieher Friedrich Fröbel[9] auf die frühkindliche Erziehung ein und gründete Kindergärten, die heute noch (oder wieder) Sozialerziehung mit dem Tanz verbinden.

Die Breite der tänzerischen Volkserziehung oblag noch größtenteils obskuren Wanderlehrern, Handwerkern, Bauern und Musikern, die alte Folklore und Feste pflegten. Am besten kennzeichnet sich der erzieherische Fortschritt in der hochherzigen Zusammenschau Franz Anton Rollers, von der hier zur Veranschaulichung der ganze Titel genannt sei: «Systematisches Lehrbuch der bildenden Tanzkunst und körperlichen Ausbildung von Geburt an bis zum vollendeten Wachsthume des

Menschen – ausgearbeitet für das gebildete Publikum, zur Belehrung bei der körperlichen Erziehung und als Unterricht für Diejenigen, welche sich zu ausübenden Künstlern und zu nützlichen Lehrern dieser Kunst bilden wollen.» Herausgegeben bei Gelegenheit des 300jährigen Jubiläums der Königlich Preußischen Landesschule Pforta (Weimar 1843).

Roller, dessen bekannte Lebensdaten sich auf seinen Geburtsort Pesth und auf das Todesdatum 1844 beschränken und der in der Geschichtsliteratur merkwürdigerweise kaum Erwähnung findet, war Theatraltänzer und seit 1805 in Pforta Lehrer der bildenden Tanzkunst und der Gymnastik. Pforta hatte den Ruf besonderer Vornehmheit und Bildung, und viele Wissenschaftler und Philosophen der Zeit bekannten sich zu dieser Schule.

Rollers Lehrbuch beschreibt in achtundzwanzig Kapiteln die menschliche Entwicklung vom Kleinkind zum Jugendlichen und ausgebildeten Tänzer, also den tänzerischen Elementarunterricht bis hin zum versierten technischen Können französischer Provenienz. Therapie des körperlichen Wachstums und Verminderung körperlicher Hemmnisse wurden hierin bereits diskutiert. Das Bemühen Rollers, «die Natur in ihrem Wirken bestens und verständig zu unterstützen», erinnert an den Erziehungsroman «Émile» von Jean-Jacques Rousseau. Roller mußte, nachdem er die Bühne verließ, die Theorie der Tanzkunst erlernen und bemängelte, daß man in der Ballettschule sofort in die praktische Lehre einstieg: «Künstler und Lehrer sind zweierlei Personen», die es zu vereinen gilt. So beklagt auch er die Unwissenheit herumreisender Tanzmeister, die sich Ballettmeister nennen (damit sind übrigens bereits alle Probleme angesprochen, mit denen sich die deutsche Tanzpädagogik bis heute befaßt und die im Laufe der Geschichte zur Konstituierung von zahlreichen, nicht immer effektiv arbeitenden Berufsverbänden führte). Die «Tanzstunde» blieb in den gehobenen bürgerlichen Kreisen weiterhin eine Angelegenheit für die öffentlichen und privaten Bälle und Redouten, die mehr oder weniger zum Heiratsmarkt verkamen und daher auch mit «Kunst» nicht länger assoziiert wurden.

Friedrich Albert Zorn[10] verfaßte nun seine profunde «Grammatik der Tanzkunst» (Leipzig 1887). Seine auf alle damaligen tänzerischen Praktiken eingehende Arbeit wurde von der Tanzlehrer-Vereinigung

«Akademie der Tanzlehrkunst» gutgeheißen und als Empfehlung für die Verbandsmitglieder angenommen. Zorns Werk, entstanden nach vielen Reisen und Studien der europäischen Tanzliteratur, im Briefwechsel auch mit Paul Taglioni und Arthur Saint-Léon[11], erwies sich mit der Neuauflage der «Grammatik» durch Gustav Engelhardt[12] (Leipzig 1920) als über Jahrzehnte gültige Grundlage der Balletterziehung. Zorn erkannte auch die Notwendigkeit einer Tanzschrift, die er, angelehnt an Saint-Léon, im Strichmännchensystem weiterentwickelte und seinem Hauptwerk hinzufügte. Das damalige Bedürfnis nach einer größeren Vereinigung von «gediegenen» Lehrern der Tanzkunst richtete sich insbesondere gegen «Spekulationen gewisser Leute», an denen die Tanzschule zu allen Zeiten reich war (und bleibt, solange auch der [west-]deutsche Staat die Verbildung, ja geistige und körperliche Verkrüppelung von Kindern durch tänzerische Fehlerziehung nicht in seine pädagogische Aufsichtspflicht einbezieht).

Die Zeit zwischen den Weltkriegen, in der die höfischen Theater sich in städtische und staatliche verwandelten, veränderte die allgemeine Lebenssituation spürbar, die Ballettschule jedoch nur zum Teil durch die schulische Entwicklung des deutschen Ausdruckstanzes. Das Dritte Reich gab zwar dem Tanzpublizisten und -kritiker Fritz Böhme[13] einen Freipaß zur Errichtung der «Deutschen Meisterstätten für Tanz» in Berlin. Doch das nationalsozialistische Regime untergrub zugleich die schöpferische Entfaltung dieses Instituts durch Maßnahmen wie die Entfernung «unliebsamer Elemente». Die Schule und die von Böhme errichtete Tanzbibliothek wurden im Zweiten Weltkrieg vernichtet. (Die Bibliothek hat der Verfasser dieser Zeilen 1953 auf privater Basis für die Öffentlichkeit neu gegründet; heute: «Deutsches Tanzarchiv Köln».)

Das entstandene Vakuum und der Dualismus von Ballett und Tanz, Tanz und Bildung, Tanz und Staat, verhinderten in der Folge nicht zuletzt durch die Kulturhoheiten der Länder in der Bundesrepublik auch weiterhin die Bildung einer nationalen Ballettschule sowie eines Nationalballetts.

Der Begriff einer umfassenden Tanzerziehung veränderte sich, als ein Zeitgenosse Bournonvilles[14], der Pädagoge François Delsarte[15], Geste und Ausdruck des menschlichen Körpers vom Schauspieler her neu analysierte, als nach der Jahrhundertwende die hauptsächlich von Elizabeth Duncan[16] geleitete Berliner Schule Isadora Duncans[17] Einfluß gewann, Émile Jacques-Dalcroze[18] 1911 in Hellerau bei Dresden einen Tempel für seine rhythmische Gymnastik erbaute und Rudolf von Laban[19] auf seinem tänzerischen Kultplatz, dem Monte Verità bei Ascona, eine Gemeinschaft schöpferischer Menschen um sich versammelte. All das waren Ausgangspunkte zentraleuropäischer Tanzbewegungen, die unzählige Sezessionstänzerinnen und -tänzer und ebenso viele schulische Explosionen in Deutschland hervorriefen. In den größeren Städten gab es Wigman-[20], Palucca-[21] und Labanschulen und andere, die rhythmische, gymnastische und improvisatorische Prinzipien in ganz persönlichen Spielarten vertraten. Das schlug sich auf die Sporthochschulen, auf allgemeinbildende Schulen und Ballettschulen nieder, zum Teil sogar auf modern-tendierte (Opern-)Ballettensembles.

Der berufsausbildende Unterricht teilt sich heute im Schnitt zur Hälfte in klassischen Tanz auf, während die andere Hälfte von Folklore und Modernem Tanz (oder Jazztanz) sowie theoretischen Fächern wie Musik- und Tanzgeschichte bestritten wird. Die allgemeine Schulbildung endet in der Tanzausbildung – jetzt häufigere Ausnahmen bestätigen die Regel – mit der Mittleren Reife. Auch hier verhindern die Kulturhoheiten der Bundesländer eine gewisse Angleichung der Unterrichtsfächer. Russische, englische, französische, amerikanische, mehr oder weniger an Waganowa[22] orientierte Praktiken sind im klassischen Tanz üblich. Der zum Modernen Tanz gewandelte Ausdruckstanz, zum Teil von der Graham-Technik[23] bestimmt, wird zuweilen auch durch den Jazztanz ersetzt oder ergänzt. Der klassische Tanz bleibt durch das Repertoire des klassischen Balletts obligatorisch. Der Moderne Tanz ist von der Ausbildung des Pädagogen in einem der zahlreichen Stile abhängig, und die Folklore wird nach den speziellen Kenntnissen des Unterrichtenden angeboten. Beide Fächer sind ebenso wie Tanzgeschichte, -theorie und Musik von Besetzungsmöglichkeiten abhängig. So hat jede Schule andere Schwerpunkte in den «Nebenfächern». In der tänzerischen Berufsausbildung besteht – wie oft zu beobachten ist – wenig Kontakt zum politischen und gesellschaftlichen Leben, wodurch Frustrationen bereits im Übergang zum Berufsleben entstehen können.

Davon unterscheiden sich die drei staatlichen Ballettschulen der Deutschen Demokratischen Republik erheblich, die die Schulbildung innerhalb des Ballettinternats einbeziehen und so einen höheren Bildungsstandard ermöglichen. Dem gegenüber stehen sieben staatliche Ballettschulen in der Bundesrepublik, von denen einige seit mehr als fünfzehn Jahren eine gymnasiale Berufsausbildung bieten, einige Internatsplätze und andere eine Kinderballettschule unterhalten, aus der die Zehnjährigen zur Berufsausbildung ausgewählt werden. Diese können dann auf eigenen Wunsch das Abitur ablegen, obgleich der tänzerische Berufsweg im allgemeinen als Abschluß nur die Mittlere Reife vorsieht. Die Wahlmöglichkeiten der Berufsschüler sind noch immer gering, und die Pädagogenausbildung ist nach wie vor minimal. Geistig bildende Fächer bleiben auch deshalb unterbewertet, weil der tanztechnische Anspruch ins Übermäßige wächst. Trotz eines Überangebots an tänzerischen Praktiken, trotz erstaunlicher Zunahme der Schulen und Schülerzahlen bleibt das, was im wesentlichen die Erziehung ausmacht, im Tanz ungenügend. Ungenügend auch im Bereich des Laientanzes, der unter Rudolf von Laban einmal einen hohen Stand innehatte.

Die Sporthochschulen lehren auf elementarer Ebene Modernen Tanz, kreatives Spiel und internationale Folklore. Volksbühnen-Vereinigungen haben ihre Folkloregruppen und Landesarbeitsgemeinschaften. Sie unterrichten Sozialarbeiter, Schullehrer und Gruppenleiter in allen tänzerischen Spielarten, denen man heute erzieherischen Wert beimißt (scheint's nicht dem klassischen Tanz!), bis hin zu Meditation und Psychoanalyse im Laienbereich. Nicht zu rechnen die Modetrends, die viele private Ballett- und Gesellschaftstanzschulen überfluten. Es ist leider so, daß mit jeder Popularisierung zwangsläufig Qualität verlorengeht. Das gilt auch im tanzpädagogischen Bereich, wo im Sog eines breiten Tanzbedürfnisses von seiten der Laien und Zuschauer (deren tänzerische Bildung die allgemeine Schule nicht in die Musik- und Kunsterziehung zu integrieren weiß) die Schulgründungen überhandnehmen.

Seit 1800 sind die Probleme der Tanzschule – wenn auch in Variationen – dieselben geblieben. Geschichte und Literatur sind kaum gefragt. Einerseits werden die Erfahrungen der ‹Alten› ignoriert, andererseits ihre theoretischen Schriften im Widerspruch dazu aber wieder neu aufgelegt. Der Verfall der Tanzkunst wurde zu allen Zeiten beklagt, doch immer wieder gibt es einzelne wegweisende Pädagogen und Choreographen, die Aufregendes und Erkenntnisreiches initiieren. Andere halten am Bewährten fest, und viele sind es, die am Bewährten verkümmern oder es gar nicht erst aufnehmen. Trotz aller Einschränkungen gibt es die ‹Dennoch-Leistung› der deutschen Ballettschule, die sich gegenüber den traditionellen Schulen des Auslands zu behaupten beginnt. Die Universalität der praktischen Ausbildung ist in Bewegung geraten, das Erzieherische wird folgen müssen.

Die Tanzerziehung beginnt bei den Eltern! Selbsterfahrung prägt die Kleinsten, Wissen die Jugendlichen in ihrem Alter höchster Bildungsfähigkeit. Eine wichtige Aufgabe des Pädagogen bleibt die Erziehung zur Selbsterziehung.

Die Kenntnis der historischen und gegenwärtigen Entwicklungen und Veränderungen der soziokulturellen und industriellen Verhältnisse soll nicht Barrikaden in den pädagogischen Verfahrensweisen errichten, sondern eine jeweils neue Erziehungswirklichkeit schaffen.

Die Geschichte des Tanzes dient dem Wissen um das Tanzgeschehen, während die Geschichte der Tanzerziehung dem Pädagogen hilft, dem allumfassenden Tanz seinen Teil abzugewinnen oder aus seinem Teil zum Ganzen zu finden. Es gibt keinen Spezialisten in der Pädagogik, denn jeder Pädagoge, in dem der erzieherische Begleiter der Jugend zu sehen ist, ist Humanist, welche Bedeutung dieser Geisteshaltung auch immer zugesprochen wird. Die überwiegende Technisierung der heutigen Choreographie unter Verzicht selbst auf dramaturgische Logik, auf eine – wenn auch nur vage – Deutbarkeit oder Erklärbarkeit des tänzerischen Geschehens, bedeutet nicht, daß menschliche und persönliche Qualitäten in Zukunft nicht mehr gefragt sein werden.

Literatur

Die Flut der gegenwärtig erscheinenden Tanzliteratur ist kaum mehr zu übersehen. Die Tanzgeschichte ist zum Geschäft geworden, und die «Geschichten» sind oft in ihren intellektuellen Ansprüchen nicht mehr lesbar. Doch zuweilen findet man stellenweise pädagogische Perlen wie zum Beispiel in Anne Woolliams' «Ballettsaal». Wer da nicht selbst auf

Entdeckungen ausgeht, dem kann «Selbsterziehung» nicht nachgeliefert werden. Hier eine kleine Auswahl älterer deutscher Literatur zur Geschichte des Tanzes:

Albert Czerwinski: Geschichte der Tanzkunst, Leipzig 1862. Reprint Leipzig 1975

Rudolph Voss: Der Tanz und seine Geschichte, Erfurt 1868. Reprint Leipzig 1977

Franz Magnus Böhme: Geschichte des Tanzes in Deutschland, Leipzig 1886. Reprint Hildesheim 1967

Karl Storck: Der Tanz, 1903

Oskar Bie: Der Tanz, Berlin 1905 (meine «Tanzbibel», K. P.)

Max von Boehn: Der Tanz, Berlin 1925

John Schikowski: Geschichte des Tanzes, Berlin 1926

Joseph Gregor: Kulturgeschichte des Balletts, Wien 1944

Helmut Günther und Helmut Schäfer: Vom Schamanentanz zur Rumba, Stuttgart 1959

Helmut Scheier

Was man nicht in den Beinen hat...

Über Grundfragen der Erziehung zum Tänzer
Stichwort: Kopf und Körper

«Um unsre Kunst bis zu dem Grade der Höhe zu bringen, den ich verlange, ist unumgänglich nötig, daß die Tänzer ihre Zeit und ihr Studium zwischen dem Geiste und dem Körper verteilen, und beide zugleich Gegenstand ihrer Betrachtung werden. Unglücklicherweise aber verwendet man alles auf den letzteren und versäumt den anderen völlig. Selten regiert der Kopf die Schenkel, und da der Verstand und das Genie ihren Sitz nicht in den Füßen haben, so verirrt man sich sehr oft. Der Mensch verschwindet, da steht dann die schlecht eingerichtete Maschine und erntet die nichts bedeutende Bewunderung der Narren und die billige Verachtung der Kenner ein.»

Es ist Jean-Georges Noverre, der mit diesen Worten aus dem zehnten Brief seiner berühmten, 1760 erschienenen «Lettres sur la danse» auf das Grundproblem des Tänzers aufmerksam macht: sein Fixiertsein auf den Körper, die einseitige Konzentration auf technische Vervollkommnung und das Fehlen einer entsprechenden Entwicklung der seelischen und geistigen Kräfte.

Wenn wir noch heute, am Ende des 20. Jahrhunderts, bei der Erörterung von Fragen der Tänzererziehung auf Noverre zurückgreifen können, stimmt das nachdenklich. Man sollte annehmen, daß zumindest Modern Dance, Ausdruckstanz und das im Aufwind befindliche Tanztheater eine neue Einstellung des Tänzers zu sich selbst und seiner Arbeit bewirkt hätten. Die faktischen Unterschiede zwischen einst und jetzt sind aber geringer, als die Theorien des modernen Tanzens erwarten lassen. Das hängt nicht nur mit der Pflege des Klassischen als Basis, auf die nicht verzichtet wird, zusammen, es liegt auch an den Belastungen und Gefahren, die jeder theatralische Auftritt für einen Künstler mit sich bringt, dessen ausschließliches Instrument der Körper ist.

Überdies kultiviert der Tänzer je länger, desto ausgeprägter eine Lust am eigenen Körper und an der wortlosen Selbstdarstellung, daß er darüber allzuleicht aus der Balance gerät. Wenn schon der Sportler in der Gefahr der «Beschädigung des Geistes durch die Ertüchtigung des Körpers» steht (so ein vor kurzem aufgegriffenes Thema eines Erziehungswissenschaftlers), wieviel mehr ein Künstler, der seinen Körper im ästhetischen Bereich einsetzt. Die Gestaltung eines Tanzkunstwerks gelingt nur, wo Körper, Geist und Seele in ein schöpferisches Miteinander treten. Noverre erkannte dies genau. Was er in seiner Zeit erlebte, brachte ihn in Harnisch. «Man tanzt nur, um zu tanzen», ärgerte er sich, und er hatte allen Grund zu diesem Urteil. Technische Bravour und Virtuosität, wie sie gang und gäbe geworden waren, konnten ihm, dem großen Initiator und Schöpfer des Handlungsballetts, nicht genügen, ja er sah darin eher ein Hemmnis für die Gestaltung des dramatischen Tanzes und die Verkörperung von Charakteren und Leidenschaften, denn die getanzte Tragödie und Komödie erfordern den ganzen Menschen, auch seine seelische Sensibilität und geistige Wachheit:

«Lassen Sie uns also studieren, lassen Sie uns nicht länger den Marionetten gleichen, die am Draht regiert werden und nur den unwissenden Pöbel täuschen. Wenn unsere Seele die Triebfedern unserer Maschine in Bewegung setzt, so werden alsobald die Füße, Schenkel, Körper, Physiognomie und Augen spielen, und die Wirkung, die diese natürliche Harmonie hervorbringt, wird sowohl über den Verstand als das Herz gleich mächtig sein.» Noverre sieht den Mangel des Tänzers in seinen begrenzten Interessen und hält ihm den Schauspieler, der vor vergleichbaren Aufgaben stehe, als Vorbild entgegen. Der Schauspieler – so seine Begründung – genieße einfach «eine bessere Erziehung», befleißige sich anspruchsvoller Lektüre und habe infolge der dadurch erreichten Bildung «Umgang und Zutritt in guten Gesellschaften». Dadurch entwickelten sich Wißbegierde, Fleiß und Kenntnisse «über die Grenzen des Theaters hinaus. Wenngleich diese Kenntnisse nicht unmittelbar zu ihrer Profession gehören, so tragen sie doch das ihrige zu demjenigen Grad der Vollkommenheit bei, wohin sie gelangen. Von zwei Akteuren, die von Natur gleich begabt sind, wird derjenige, der sich am meisten durchs Lesen gebildet hat, auch unstreitig den meisten Verstand und die meiste Ungezwungenheit in sein Spiel bringen.»

Noch mehr als vom Tänzer erwartet Noverre vom Choreographen «die ausgebreitetsten Kenntnisse», will dieser ein Ballett schaffen, das über das Mittelmaß hinausgeht. Nach soviel Galanterie, Verfeinerung und Künstlichkeit, wie sie das Ballett des Rokoko in seinen Divertissements und arkadischen Spielen hervorbrachte, mahnt Noverre eindringlich zum Studium der Natur, des gesellschaftlichen Lebens und des Alltagsverhaltens; auch die Psychologie will er beachtet sehen. Hier zeigt sich schon im 18. Jahrhundert ein überraschendes Interesse an realistischer Gestaltung im Ballett, wenn auch der Realismus in der Kunst erst viel später thematisiert werden sollte.

Natürlich zielt eine solche Forderung auf die neue Form des dramatischen Tanzes, auf das Handlungsballett. Um seine «innere Richtigkeit» und die «gehörigen Verhältnisse» (Proportionen) zu finden, läßt sich viel von den anderen Künsten lernen, die «dem Tanz mit ihren Reichtümern zu Hilfe kommen». Darum gilt es, sich intensiv mit Malerei, Skulptur, Schauspiel und Musik zu beschäftigen. In gewisser Weise sind sie dem Tanz voraus, bieten inhaltliche Anregungen, zeigen, wie man die Wirklichkeit in eine künstlerische Form faßt, sind Vorbild im Handwerklichen. Es ist spannend zu verfolgen, wie Noverre bis ins Detail aus den anderen Künsten Lehren zieht. Auch er weiß, daß es mit diesen Kenntnissen allein nicht getan ist, weiß, daß Tanz darüber hinaus Geist, Witz, Einbildungskraft, Geschmack und Genie verlangt, aber er sieht, daß diese «Eigenschaften», sind sie in Tänzer und Choreograph angelegt, erst durch die Beschäftigung mit der Natur, dem Leben und den Künsten angeregt und entwickelt werden. Wer nur um den Körper und seine Konditionierung bemüht ist, der bleibt eben ein «Maschinenmann ohne Kopf und Seele». Er verweigert der Kunst Ausdruck und Wahrheit.

Die Aktualität Jean-Georges Noverres ist offensichtlich. Über Tänzerausbildung wird man heute gewiß differenzierter reden müssen; schon die Vielzahl moderner Techniken und Stile, die neben dem grundlegenden ‹danse d'école› bestehen, und die Vielfalt des künstlerischen Bühnentanzes der Gegenwart verlangen dies. Die Erziehung zum Tänzer aber stellt in ihrem Kern vor die gleichen Aufgaben wie vor 200 Jahren. Wird ihr die Ballettschule unserer Tage gerecht?

Mit dem Hinweis auf die Richtlinien, die ihr gegeben sind, wird man die Frage kaum erledigen dürfen, gerade weil in diesen diversen Curricula, die bei den Kulturbehörden deponiert sind und sich dort in Aktenordnern so schön ausnehmen, für alles und jedes ein Angebot bereitgehalten wird. Selbstverständlich müssen Lehrinhalte formuliert werden, muß es Lehrpläne und didaktische Handreichungen geben. Aber es genügt ein Blick auf die Entwürfe, um sie als opulente Absichtserklärungen zu entlarven, bei denen man sich fragt, wie sie wohl in die Praxis umgesetzt werden können.

Schon die Offerten einzelner Ballettschulen erwecken den Eindruck unseriöser Selbstdarstellung, denn begrenzte Zeit und mangelnde Rahmenbedingungen machen die Durchführung der mehr als anspruchsvollen Vorhaben zunichte. Sie sind weniger Hilfen zur Bewältigung tanzpädagogischer Aufgaben als Werbemittel im öffentlichen Wettstreit allzu vieler Institute.

Die entscheidende Kritik an vielen Curricula betrifft die Anhäufung von Lehrstoffen, als schaffe Quantität bereits Qualität. Dahinter steckt ein falsches pädagogisches Ziel, das nur am Stoff, nicht aber am Tanzstudenten und seiner Entwicklung als Person ausgerichtet ist. Mit der perfekten Beherrschung der Tanztechniken, der Fähigkeit zur Nachahmung und theoretischem Wissen ist es nicht getan.

Zentrales Problem jeder Tänzerausbildung ist der Widerstreit von Konditionstraining und Erziehung zur Kreativität. Der Schüler soll Tänzer werden, also Künstler (die Fragwürdigkeit des Begriffs macht ihn nicht entbehrlich). Darin unterscheidet er sich vom Leistungssportler. Er soll einmal ein choreographisches Kunstwerk gestalten, ein Gefühl für die Stimmigkeit von Bewegungsformen und -folgen besitzen, soll Rollen interpretieren. Seine Aufgabe ist es nicht nachzugestalten, sondern zu gestalten. Das aber setzt keineswegs allein einen ausgezeichnet trainierten Körper und eine perfekte Technik voraus, sondern das kreative Erfassen der vorgegebenen Choreographie, ihres Stils, ihrer Aussage. Dies leistet nur derjenige, der Erfahrungen mit sich selbst und der Welt macht und sich seelisch und geistig weiterentwickelt.

Die Meinung, er müsse die nötige Auffassungsgabe und Einfühlungsfähigkeit mitbringen, sie «haben» und «aus dem Bauch» gestalten, ist nur bedingt richtig; sie verkennt die Notwendigkeit geistiger Steuerung der Intuition, die Bedeutung der Flexibilität des Denkens und der allgemeinen Bildung. Der intelligente, kenntnisreiche und neugierige Tänzer wird seiner Aufgabe besser gerecht als derjenige, der in reiner Bewegungsfreude dahintanzt. Die Schwierigkeit liegt darin, eine Korrespondenz zwischen Bauch und Kopf herzustellen und jede Einseitigkeit zu vermeiden. Auf dieses Ziel hin ist Tanzpädagogik zu gestalten.

Die Praxis nimmt darauf in der Regel viel zuwenig Rücksicht. Wenn das auch in den zwingenden Notwendigkeiten der Elementarfächer begründet sein mag, ist dies doch keine Entschuldigung. Sich den Körper gefügig zu machen, ist eine tägliche, bis an die Grenzen der Erschöpfung gehende Arbeit; keine Methode kann sie ersetzen. Dabei besteht die Gefahr, daß die Bemühung um die Technik des klassischen Balletts alles andere erstickt. Schüler, die am Anfang ihrer Ausbildung zu den geistig mobilsten gehörten, klagen schon nach einem Jahr über eine erschreckende Reduzierung ihrer Interessen, eine Unfähigkeit zu anspruchsvoller Lektüre, zur Auseinandersetzung mit künstlerischen, geistigen oder gesellschaftlichen Problemen. Tagebücher werden nicht mehr weitergeführt, Gedichte nicht mehr geschrieben; den Brief ersetzt das Telefonat.

Es ist aber nicht nur Erschöpfung infolge der Härte des Trainings, die beim Schüler zu dieser eklatanten Interessenbegrenzung führt. Eine ebenso große Rolle spielt dabei die spezifische Arbeitsweise des Tänzers. Ballett heißt zunächst einmal Nachahmung, Nachvollzug eines Vorgegebenen, sowohl im Training wie bei der Probe. Damit werden hohe Anforderungen an die rezeptiven Fähigkeiten gestellt; nur ein bestimmter Typ kann sie erfüllen. Andrerseits wird eine derartige Veranlagung durch diese einseitige Inanspruchnahme noch gefördert. So notwendig sie ist, sie reduziert die Kräfte schöpferischer Mitarbeit, die den Tänzer erst zum Künstler machen.

In aller Regel entspricht dem rezeptiven Schüler zumindest im klassischen Tanz ein Pädagoge, den man eher einen repressiven Informationsvermittler als einen Erzieher nennen möchte. Es werden Informationen über eine bestimmte Figur, ihre Kinetik und Ausführung erteilt. Daß die Form eine Bedeutung habe, was sie auszudrücken imstande ist, dies zugleich verbal einsichtig zu machen und Stilgefühl zu vermitteln, ist infolge fehlender Zeit, mangelnden Interesses und leider oft auch infolge unzureichenden Vermögens, schwierig. Später, am Theater, wird man es erfahren. Jetzt sind nur der gestreckte Fuß, die Balance, die Koordination wichtig, das makellose Auf-der-Spitze-Stehen, die Technik der Hebung, die glatte Landung nach dem Sprung. Dies wird mit aller Strenge gelehrt und überwacht, und es gehört zu den bedrückendsten Erfahrungen, daß Fragen und Einwände unter Hinweis auf die einzuübende Disziplin abgeblockt oder nicht beantwortet werden. Einsicht aber ist die Voraussetzung sachgemäßer Arbeit; statt sie zu fördern, hört man oft genug die unerträgliche Drohung: «Paß auf, wenn du ans Theater kommst, wirst du sehen, wie recht ich habe!» – im Grunde eine pädagogische Bankrotterklärung.

Unselbständigkeit und Gängelung sind die unausweichlichen Folgen. Das kann am wenigsten im Interesse des technischen Trainings selbst liegen. Ein Tänzer, der sich völlig von den Anweisungen der Dozenten abhängig macht, gewinnt nie ein sicheres Gefühl für den eigenen Körper und das, was er an jedem Tag speziell gebraucht; und für die kreative Zusammenarbeit mit dem Choreographen fehlt ihm jede Möglichkeit. Irreversible Schäden im persönlichen Bereich, der nicht endende Kampf vieler Tänzer um ihre Identität und Individualität haben hier ihren Grund. Mit einem Wort: Es ist ein Irrtum vieler Tanzpädagogen, künstlerische, geistige und seelische Aspekte nicht von Anfang an in die Ausbildung mit einzubeziehen und sich auf das Technische zu beschränken.

Ziel darf nicht der perfekte Tanztechniker sein, auch nicht «zunächst einmal». Ziel ist der Tänzer, der die Nachahmung in einen Prozeß des Sich-Anverwandelns und schöpferischen Gestaltens weiterführen kann. Dieser Prozeß hat seine eigenen Gesetze. Es wäre ein verheerendes Mißverständnis, glaubte man, ihn durch Bildungswissen und theoretische Belehrung herbeizuführen. Sowenig der Tänzer ein Maschinenmensch ohne Kopf und Seele ist, sein Instrument bleibt einzig der Körper. «Über den Kopf» kann er den Zugang zu einer Choreographie nie und nimmer finden.

Dazu folgende Überlegung: Bereits in den Anfangsklassen vieler Ballettschulen beobachtet man Schüler, deren Hauptschwierigkeit darin besteht, sich die ihnen vorgegebene Figur zunächst gedanklich, gleichsam abstrakt klarzumachen, um sie «danach» tänzerisch zu realisieren. Gewöhnlich handelt es sich um geistig besonders Interessierte, die über einen analytischen Verstand verfügen. Gerade dies aber hindert sie, Form und Bewegung mit dem Körper direkt aufzunehmen, «in den Körper zu bekommen». Sie probieren nicht sogleich, mißtrauen der unmittelbar sinnlichen Aufnahme, denken scharf nach, vergegenwärtigen sich Struktur und Gesamtbild – und scheitern bei der Umsetzung. Zwei Gegenbeispiele aus dem Theater: Vor vielen Jahren sprach ich einen später angesehenen Solisten eines ersten Ensembles auf seine Rolle an. Er hatte die Titelfigur von «Apollon Musagète» in einer intelligenten, witzigen Persiflage auf Strawinskys Musik zu tanzen, verband aber weder mit der antiken Göttergestalt noch mit den drei Musen irgendeine differenzierte Vorstellung. «Was willst du, ich hab die Schritte drauf!» lautete die entwaffnende Entgegnung. In der Aufführung war dann tatsächlich seine Interpretation vorzüglich, so daß ich mich ernsthaft fragte, ob nicht die Choreographie und ihre unmittelbare tänzerische Aufnahme aus sich selbst heraus leisteten, was ich mir erst von der zusätzlichen geistigen Auseinandersetzung versprochen hatte. Ähnlich erging es mir wenig später mit einem Tänzer, der in einer berühmten «Romeo und Julia»-Version als Mercutio debütieren sollte, aber nicht zu bewegen war, während der Vorbereitung auch Shakespeares Tragödie zu lesen.

Was lehren diese Fälle? Beide Tänzer sind ausgesprochen gescheit und geistig überdurchschnittlich interessiert. Wenn sie hier die Beschäftigung mit dem allgemeinen Hintergrund der Produktionen ablehnten, muß dies eine besondere Ursache haben. Vermutlich spürten sie instinktiv die Notwendigkeit, sich ganz auf die Choreographie ihrer Rolle zu konzentrieren und der Führung durch den Choreographen zu überlassen.

Offenbar besteht bei der spezifischen Arbeitsweise des Tänzers ein bisher wissenschaftlich noch nicht aufgeklärter Antagonismus zwischen den Sinnen und dem Bewußtsein, zwischen psychophysischer und geistiger Beanspruchung. Spielt der Kopf allzu stark hinein, wird der Tänzer irritiert, die Unmittelbarkeit geht verloren, die Gestaltungsmöglichkeit ist gefährdet. Damit ist selbstverständlich nicht gesagt, daß eine geistige Beschäftigung des Tänzers zu unterbleiben hat; nur ist sie vom eigentlichen tänzerischen Prozeß zu trennen. Für den Theorie-Unterricht, die «geistigen Fächer», bringt die tagtägliche Arbeitsweise, die die Praxis des Balletts erfordert, allerdings erhebliche Schwierigkeiten mit sich. Musikerziehung, Tanz-, Theater- und Kulturgeschichte, gegebenenfalls Unterweisung in Tanzschrift, Psychologie und Anatomie, verlangen demzufolge eine besondere Form der Vermittlung und eine eigene Methodik. Ballettschüler sind keine Universitätsstudenten, von denen man die Fähigkeit erwartet, abstrakte Gedankengänge nachzuvollziehen oder zu entwickeln. Bezeichnenderweise beschäftigt man sich in Amerika seit Jahrzehnten mit visuell-anschaulichem Denken; Rudolf Arnheim hat die Forschungsergebnisse in seinem vielbeachteten Buch «Anschauliches Denken. Zur Einheit von Bild und Begriff» zusammengefaßt. Wie aber nun läßt sich der Theorie-Unterricht bei Tanzschülern effektiv gestalten? Es gibt eine glänzende Formel, die den Weg andeutet, der pädagogisch beschritten werden sollte; sie kommt aus dem angelsächsischen Raum und lautet:

Tell me – I forget
Show me – I remember
Involve me – I understand.

Damit ist soviel klar: Vorlesungen zu halten führt zu keinem Erfolg; der Schüler memoriert, soweit er überhaupt kann, allenfalls unter Druck einen gewissen Stoff, der im wesentlichen aus Namen, Daten und Definitionen besteht. Der Stoff wird für eine Prüfung kurzfristig «gepaukt» und nach wenigen Wochen vergessen. «Einmal wenigstens muß es gewußt werden», ist die resignierende Feststellung der Praktiker. Kulturelle Zusammenhänge können erst gar nicht gewonnen, ästhetische Fragen nicht diskutiert werden, geschichtliches Denken bleibt so auf der Strecke.

Auch der Einbezug von Anschauungsmaterial bewirkt nicht viel. Wer je Schülern alte Stiche und Fotos von Tänzerinnen und Tänzern, Kostümen und Bühnenbildern, selbst von Ballettszenen gezeigt hat, ist von der Reaktion ernüchtert. Bestenfalls werden sie als «schön» empfunden, meistens aber als kurios belächelt, im wesentlichen bleiben sie den Betrachtern fremd. Etwa im vielfältigen Mosaik ein Bild der Epochen zu erkennen, Bezüge und Verbindungslinien in die Gegenwart hinein zu entdecken, wird man vergeblich erwarten. Das Interesse bleibt oberflächlich und erlahmt schnell. Fast noch ernüchternder ist das Vorführen von Video-Aufzeichnungen bedeutender Ballette und Tanzstücke. Der Lehrer, der sie erst einmal ohne Kommentar abspielt und auf die spontanen Äußerungen der Schüler achtet, erfährt sehr genau, was sie eigentlich reizt. Es sind in erster Linie die technischen Fähigkeiten der auftretenden Tänzerinnen und Tänzer: glänzende Fouettés und Pirouetten, komplizierte Drehsprünge, allerdings auch gefühlvolle Pas-de-deux-Elemente, die faszinieren. Arabesques, Ports de bras, sie mögen noch so vollendet sein, finden schon weniger Interesse. Die innere Logik einer Bewegungsfolge, musik- und tanzdramaturgische Entdeckungen macht niemand, selbst auf Interpretation und Ausdruck achtet kaum einer. Dagegen werden gern anatomische Vergleiche zu sich selbst angestellt: Man hat einen ähnlichen Fuß wie jene berühmte Ballerina, dieser Hals gleicht dem einer Mitschülerin, den dritten erinnern bestimmte Arme an die und die...

Natürlich setzt hier die Aufgabe eines Lehrers ein, und es soll nicht bestritten werden, daß man die Schüler dazu bringen kann, eine vorgeführte Choreographie auch wirklich zu «lesen». Dennoch, es bleibt das paradoxe Ergebnis, daß die Anschauung zugleich eine gewisse Reizüberflutung bewirkt, die die Konzentration auf das Wesentliche erschwert. Die Erinnerung behält nur Bruchteile, die man nicht weiter einordnet.

Also: involve me, verwickle mich in die Sache, und ich werde verstehen, werde Lehren daraus für mich ziehen. Doch wie das? John Neumeier hat, wie mir scheint, den besten Vorschlag zu einem sinnvollen Theorie-Unterricht gemacht. Den bloßen Vortrag von Fakten der Ballettgeschichte hält er für wenig erfolgversprechend. Er hält es für angemessen, markante Beispiele des Ballett-Repertoires mit den Schülern einzustudieren und in direkter Zusammenarbeit mit dem Tanzgeschichtslehrer zu besprechen, um von da aus weiterführende Gesichtspunkte zu gewinnen. Der Begriff, den er für diesen Unterricht gefunden hat, ist treffend gewählt: «Bühnentanzgestaltung». Doch selbst in Hamburg ließ sich das Projekt nicht realisieren, ganz einfach weil John Neumeiers Verpflichtungen keine Zeit dafür ließen. – Immerhin ist hier ein Weg gewiesen, den man beschreiten sollte.

Des ungeachtet steht jede Ballettschule heute vor der Aufgabe, die geistigen Interessen ihrer Schüler zu wecken und ihr theoretisches Wissen zu mehren. Es ist ein grundlegender Irrtum, die geistige Heranbildung des künftigen Tänzers allein dem theoretischen Unterricht zu überlassen. Dessen Qualität hängt nicht allein von der des Fachlehrers ab, sondern ebensosehr von der Fähigkeit der Praktiker, diesen in ihrer eigenen Arbeit zu unterstützen. Bleiben sie im Technischen befangen, kommt es nie zu einer Verbindung von Theorie und Praxis. Insofern ist das Problem jeder Ballettschule das Problem ihrer Lehrer.

Rosalia Chladek, eine der großen Schöpferpersönlichkeiten des Ausdruckstanzes, gleich bedeutend als Tänzerin und Choreographin wie als Pädagogin, hat 1935 in ihrer Abhandlung «Tänzerische Erziehung» schonungslos auf den kritischen Punkt der Tänzerausbildung hingewiesen, wenn sie schreibt: «Nicht selten muß man mit einer mangelhaften Übermittlung des Stoffs rechnen... Häufig finden wir gute Pädagogen, die nicht über genügend künstlerische Qualitäten verfügen, und deshalb besteht hier die besondere Gefahr, daß statt des Wesentlichen nur das Formale erfaßt und weitergegeben wird.» Der gute Lehrer gibt seiner Klasse ohne Frage mehr mit als konkrete Anweisungen tanztechnischer Art. Natürlich verschlingt das Studium der Form und die Arbeit an der Körperbeherrschung die zur Verfügung stehende Zeit fast gänzlich; aber ist es wirklich unmöglich, dem Schüler über Ausführungsbestimmungen und Korrekturen hinaus auch Stilgefühl zu vermitteln? Warum kann man nicht schon im Elementarunterricht etwa auf die verschiedenen Formen und Funktionen einer Arabesque hinweisen, dies mit Beispielen aus dem klassischen und modernen Tanz belegen und den zeitgeschichtlichen Hintergrund kurz zur Sprache bringen? In der Regel wird nicht einmal die französische Terminologie des klassischen Balletts übersetzt, sondern stupide ohne jede Wort- und Sinnerläuterung angewandt. Nicht auszudenken, wie fruchtbar ein interdisziplinäres Zusammenarbeiten der Dozenten wäre. Es käme jeder Seite zugute: Die Schüler würden verstärkt motiviert, neue Interessen geweckt, die Arbeit mit größerem Elan getan. In Modern-Dance-Klassen ist die Anregung, übergreifende Probleme zu reflektieren, eher gegeben. Wer Tanzgeschichte unterrichtet, wird bestätigen, daß Schüler hier von sich aus durch Fragen viel häufiger Beziehungen zwischen Praxis und Theorie herstellen als auf dem Gebiet des Balletts. Das liegt nicht an der größeren Aktualität des Modern Dance – die Schüler unterziehen sich durchaus gern dem klassischen Training und haben mit diesem Stil lange nicht so große Probleme wie die Ballettkritiker – nein, im Klassik-Unterricht wird einfach zuviel Technik gelehrt und zuwenig grundsätzlich und künstlerisch erörtert.

Auf jeden Fall sollte die Zusammenarbeit der Disziplinen bei der Analyse und Interpretation von Video-Aufzeichnungen exemplarischer Werke der Tanzkunst wahrgenommen werden. Der Theoretiker könnte dramaturgische, ästhetische und historische Hinweise geben, während der Praktiker technische und stilistische Erklärungen liefert. Auch ließen sich die Schüler in einigen Fällen zur eigenen Ausführung heranziehen. Doch nirgendwo wird meines Wissens so etwas angeboten. Wo eine solche Bemühung nicht gewagt wird und die Technik Selbstzweck bleibt, verkommt jede Kreativität, die sich in Schülern meldet, und es fällt auf, daß die Bereitschaft zu schöpferischem Gestalten im Lauf der Ausbildung statt zuzunehmen abnimmt. Darum kann man nicht früh genug mit Improvisations- und Kompositionsunterricht beginnen. Das erscheint auch in anderer Hinsicht wichtig. Der junge Mensch, der sich entschließt, Tänzer zu werden, tut dies heute zunächst nicht, um «der Kunst zu dienen». Er sucht vielmehr, durch körperliche Selbsterfahrung Selbstverwirklichung zu erreichen, wie die Schlagworte von heute heißen. Er «muß» sich einfach bewegen, muß tanzen, will sich dadurch selbst (!) mitteilen. Je früher ihm die Bedeutung der Form in diesem Prozeß klargemacht wird, desto kritischer wird er sich selbst gegenüber werden. Er wird die Fixierung auf sich überwinden, nach anderen Inhalten fragen, soziale und künstlerische Perspektiven ernst nehmen. Richtig geführt, wird er nicht mehr nur überkommene Traditionen nachahmen.

An keinem anderen Punkt zeigt sich deutlicher, daß man es eben nicht bei einer Tänzer*ausbildung* bewenden lassen darf, die lediglich körperliche Fähigkeiten vermittelt, sondern daß es um die *Erziehung* zum Menschen und Tänzer geht. Noch einmal Rosalia Chladek: «Sinn tänzerischer Erziehung ist es, dem Werdenden Wegbereiter zu seiner Verwirklichung zu sein, das heißt, seine Erlebnisfähigkeit zu steigern, sein Ausdrucksbedürfnis zu lenken und ihm Mittel und Wege zu zeigen, die ihm ermöglichen, seinem Ausdruckswillen prägnante Gestalt zu verleihen.» Der klassische Pädagoge mag hier um sein Fach fürchten; doch bringt ihn dazu nur ein falscher Schluß. Die Erfahrung des eigenen Körpers, ein erster Gestaltungsversuch mit den Mitteln des freien Tanzes wird sich auch für den klassischen Tanz auszahlen, denn es ergeben sich zwingende Wechselwirkungen.

Eine Überlegung noch zur Vermittlung von Kenntnissen und Fähigkeiten im Training. Information, Demonstration, Nachahmung, Korrektur und Vervollkommnung machen es aus. Aber es gibt auch ein indirektes Vermitteln von Dingen, das über den Stoff, der gewußt und angeeignet werden kann, hinausgeht. Steckt im Pädagogen ein Künstler und ist er eine gestandene Persönlichkeit, verfügt er also über Ausstrahlung, dann leitet er den Schüler unmerklich in einen Prozeß über, der ihn verwandelt jenseits aller Richtigkeiten der Unterweisung; Voraussetzung ist natürlich die prinzipielle Auffassungsgabe des Schülers. Beispielhaft hierfür scheint mir der klassische Pädagoge Sergiu Stefanschi (Toronto), der niemals nur «lehrt», sondern durch sein Auftreten und minimale Gesten, durch Stillewerden in der Pose ein solches Stilgefühl weckt, daß man plötzlich versteht, was gemeint ist und in Begeisterung geraten könnte.

Für eine Ausnahmeerscheinung unter den Pädagogen halte ich auch Peter Appel (Basel). Er hat nie nur Technik im Sinn. In unerklärlicher Weise befreit er den Schüler von Hemmungen, weil er dessen psychischer Situation in jedem Moment Rechnung trägt. Sein Ziel ist nicht der perfekte Techniker, obwohl seine Anforderungen hoch, seine Korrekturen äußerst genau sind; sein Ziel ist immer die Bildung der Tänzerpersönlichkeit. Darum wehrt er jede Schematisierung ab, läßt nie~~mals~~ nur «akademisch» tanzen, weil er dem Tänzer zu seiner Individualität verhelfen will. Appel unterstreicht das mit kurzen treffenden Bemerkungen, die kaum Zeit kosten. «Versuche immer deinen Körper zu finden, nicht eine Form, die du nicht bist.» Von Anfang an wehrt er sich gegen bloße Nachahmung; Plagiat nennt er das. Wenn man so will, ist Peter Appels ganzer Unterricht Vermittlung komplexer Bühnentanzgestaltung, und darüber hinaus eine geradezu künstlerische Vorstellung, die für Tänzer und Zuschauer sehenswert ist. Appels pädagogische Methode ist zweifellos eine extreme Herausforderung des Tänzers, die ihn am Ende der Klasse ebenso körperlich wie geistig erschöpft, aber glücklich zurückläßt. Dazu gehören auch seine bewußten Manierismen bei der eigenen Demonstration von Sequenzen, die über ein vordergründiges «Gewußt Wie» hinausgehen und in der Überspitzung des Details das Ganze treffen. Eine solche Arbeitsweise kommt dem Theorielehrer ideal entgegen.

Was aber muß dessen Ziel sein? Natürlich ist hier kein Stoffplan vorzulegen, nur einige Aspekte können aufgezeigt werden. Bleiben wir zunächst bei der Musiktheorie. Der Tanzstudent ist kein Musikwissenschaftler, aber er sollte Rhythmus und Takt zu unterscheiden wissen, ein Ohr bekommen für Dur und Moll, den Unterschied der Qualität einer Harmonie und einer Melodie heraushören und deren Ausdrucksbesonderheiten und Ästhetik kennenlernen. Epochen- und Individualstile müssen ihm vertraut sein. Eine wesentliche Aufgabe ist es, die Hörgewohnheiten der Schüler zu erweitern, ihnen klarzumachen, daß auch «andere» Musik im Walkman zu empfangen ist, wenn man nur die richtige Kassette einlegt. Ein echter Bezug zur Praxis läßt sich schaffen, indem man Ballettmusiken analysiert und auf die tänzerischen Impulse von Konzertmusik eingeht, die sich zur Choreographie eignet. Auch hier kann eine Video-Aufzeichnung helfen. Dies alles kann auch ohne detailliertes Wissen und ohne die Fähigkeit, eine Partitur zu lesen, vermittelt werden. Zuweilen macht es allerdings den Eindruck, als sollten aus jungen Tänzern Kompositionsschüler werden.

Eine andere Frage ist, ob man sie unmittelbar in die musikalische Praxis einführt. Doch das erfordert eine bereits in früheren Jahren vertraute Kenntnis eines Instruments. Immerhin ist es von Gewinn für den einzelnen, wenn er etwa ein romantisches Kunstlied singt und am Flügel mit Begeisterung begleitet, wie man es in Béjarts «Mudra»-Schule beobachten kann.

Nächst der Musiktheorie ist Tanzgeschichte unter den «geistigen Fächern» von tragender Bedeutung. Auch hier kann es nicht die Aufgabe sein, eine Fülle von Detailwissen anzusammeln. Wichtig ist es, die Entwicklung des Tanzes, seiner Technik und seines Stils auf dem Hintergrund der allgemeinen Kultur- und Theatergeschichte verständlich zu machen und auf soziologisch bedingte Ursprünge hinzuweisen. Natürlich ist der Lehrer damit eigentlich überfordert. Er wird sich darauf beschränken müssen, an ausgewählten Beispielen das Typische hervorzuheben, ohne Klischeevorstellungen Vorschub zu leisten. Die Querverbindung zur Musik ist leichter als zur Literatur herzustellen, weil der Tanz erst zeitversetzt dem Fortschritt Rechnung getragen hat. Im wesentlichen wird man sich mit den bedeutendsten Entwicklungen vom Historischen Tanz bis zum Tanztheater von heute beschäftigen, Choreographen- und Tänzerportraits neben die Analyse einiger

Schlüsselwerke der Ballettgeschichte stellen. Wert sollte vor allem auf die Analyse der unterschiedlichen Ursachen der jeweiligen Wandlungen gelegt werden, weil hiermit historisches Denken gefördert wird. Persönliches Interesse sollte immer zu wecken versucht werden, sei es thematisch, psychologisch oder praktisch. Eine Hilfe kann auch die Besprechung gemeinsam besuchter Ballettaufführungen sein, selbst wenn die systematische Kontinuität dabei unterbrochen wird. Die größte Gefahr besteht wiederum in der übertriebenen Anhäufung von Material. Nur eine strenge Auswahl verspricht Erfolg.

Noverre sah die Grenzen theoretischer Beschäftigung durch den Tänzer und Choreographen deutlich, zumal wenn diese Auseinandersetzung über die Tanzkunst selbst hinausgeht: er erwartet «nur allgemeine Kenntnisse», man soll «nur nicht ganz fremd in den Wissenschaften» sein. Schon dabei wird man noch auf genügend Schwierigkeiten stoßen; am leichtesten tut man sich gewiß bei Schülern, die im Rahmen einer vorberuflichen Tanzausbildung an einem (musischen) Gymnasium Grundlagen erarbeitet haben. Doch kann man dies in der Regel nicht erwarten und muß von anderen Voraussetzungen der Unterrichtsgestaltung ausgehen.

Die hier angesprochenen Grundprobleme der Tänzererziehung sind eines, ihre Lösung in einer weitgefächerten Ballettschule ein anderes. Der Schüler muß gefordert werden, sollte aber nicht überfordert sein. Die richtige Proportionierung des Lehrangebots ist dabei entscheidend. Es gibt einen Egoismus der einzelnen Sparten, der bis zur gegenseitigen Rücksichtslosigkeit führt. Der Fehler liegt darin, möglichst viel an den Schüler herantragen zu wollen. Daß der klassische Tanz im Mittelpunkt steht, ist unangefochten. Aber er sollte den Modern Dance nicht zweitrangig erscheinen lassen. Unterschätzt wird die Bedeutung des Historischen Tanzes. Immer wieder ist die Klage von Choreographen zu vernehmen, mit den Grundformen historischer Tänze nicht genügend vertraut zu sein; erst in der Praxis wird die Lücke spürbar. Natürlich ist eine kluge Auswahl geboten, um exemplarisch einen Zugang zu eröffnen, der es ermöglicht, in späteren Sonderkursen Wissen und Können zu erweitern. Weniger umstritten ist das Folklore-Fach, aber auch hier gilt es auszuwählen. Zum praktischen Funktionieren gehört die Unantastbarkeit jeder Sparte. Hier aber wird enorm gesündigt. So beanspruchen beispielsweise Schulaufführungen, auf die man gewiß nicht verzichten darf, entschieden zuviel Zeit und Anstrengung. Dabei leidet der Regelunterricht unverhältnismäßig. Zudem läßt man es mit einer Aufführung nicht bewenden und wiederholt sie, vor allem wenn sie erfolgreich war, an anderen Orten. Notwendige Umbesetzungen und erneute Proben zerstören jeden normalen Schulablauf. Besonders groß ist die Gefahr, wenn der Schule eine eigene Kompanie angegliedert wird, wie sich vor Jahren an der Brüsseler «Mudra»-Schule zeigte. Der Gewinn wird da unversehens zum Schaden.

Natürlich führt man immer wieder die notwendige Bühnenerfahrung ins Feld, aber jeder aufmerksame Beobachter weiß, daß Absolventen sich in überraschend kurzer Zeit auf der Bühne zurechtfinden, vorausgesetzt, sie haben überhaupt eine theatralische Begabung. Insofern ist auch die Beteiligung an Aufführungen großer Ensembles am Ort oder in der Nähe problematisch. Abgesehen davon, daß den Schülern meist Statistenaufgaben zufallen, beeinträchtigt der Zeitaufwand und das Engagement eine solide Arbeit in der Schule erheblich. Die Betroffenen spüren das genau, werden aber, da Honorar winkt, nicht aufmüpfig.

Besser, als solch übertriebenen Aktivitäten nachzugehen, sollte man der Einzelförderung verstärkt Beachtung schenken, obwohl diese dazu führen kann, ein Institut zu überfordern. Warum kann ein Schüler nicht über die normale Arbeit hinaus in einem bestimmten Fach zusätzlich gefördert werden, wenn sich eine besondere Begabung zeigt, zumal wenn in anderen Fächern die Leistung nicht gesteigert werden kann? Hier müßte der Schüler dann entlastet werden. Eine Differenzierung solcher Art, eine Spezialisierung beizeiten, erscheint in Ausnahmefällen durchaus berechtigt. Dies allerdings hat wohlüberlegt abzulaufen. Warnendes Beispiel einer verfehlten Spezialförderung ist der Ehrgeiz von Instituten, möglichst oft Schüler zu Wettbewerben abzurichten. Bei etlichen ist derartige «Förderung» nicht zu verantworten.

Die Erörterung einiger tanzpädagogischer Grundfragen zeigt, daß der Schlüssel einer angemessenen Erziehung zum Tänzer in der Qualität des Pädagogen, seinem Blick für die Problematik der speziellen Arbeitsweise und einem künstlerisch inspirierten und inspirierenden Unterricht liegt.

Soviel auch über Tanzpädagogik gesprochen, geschrieben und diskutiert wird, die wichtigste Aufgabe ist die Erziehung von Tanzpädagogen selbst. Nicht jeder gute Tänzer ist bereits ein guter Lehrer, aber wie viele versuchen sich nicht auf diesem Gebiet. Naturtalente sind selten, doch auch sie spüren den Mangel einer soliden Ausbildung für den neuen Beruf. Oft fehlen hinreichende Kenntnisse im Bereich der praktischen Vermittlung von tänzerischem Wissen, erst recht mangelt es an allgemeiner Bildung, sei es in der Musik, der Geschichte der Tanzkunst, des Theaters, der bildenden Kunst und der Literatur. Ästhetischen, dramaturgischen und soziologischen Fragen steht man oft hilflos gegenüber; der Zugang zu aktuellen Fragen und Zeitproblemen, die sonst jeden interessieren und bewegen, fehlt erst recht. Man ist auf den engen Bereich des Formalen und der Technik fixiert. Der Tanz ist eben «eine Welt für sich». Wir wollen niemandem unrecht tun und wissen sehr wohl, daß es auch «andere» Tanzpädagogen gibt, aber leider sind sie selten aufzufinden.

Wenn besonders auf den häufigen Mangel an psychologischem Gespür und elementaren Kenntnissen in Psychologie und Psychopathologie hingewiesen wird, geschieht das, weil Sensibilität und Sensitivität der Tanzstudenten den Pädagogen vor spezielle Probleme stellen, denen man allzuoft nicht gerecht wird. Man beobachtet ein ganz unterschiedliches Verhalten seitens der Erzieher. Nicht wenige verweigern die erforderliche persönliche Zuwendung gänzlich; andere behandeln jugendliche Schüler wie Kleinkinder und spüren nicht das Erstaunen und Befremden der Heranwachsenden darüber. Gerade bei Pädagoginnen stellt man gelegentlich eine Art Affenliebe fest, die nur mit der selbst gewünschten, aber eben nicht vorhandenen Mutterrolle zu erklären ist.

Am schwierigsten gestaltet sich das Abwägen von Verständnis und Führung in der Pubertäts- und Nachpubertätszeit. Hier ist eine menschliche Hilfestellung in der entscheidenden Entwicklungsphase vom Mädchen zur Frau, vom Jungen zum Mann und in ihrer Auseinandersetzung mit Zeitgeist und Gegenwartsbewußtsein dringend notwendig. Repressive Behandlung, nicht selten mit moralisierendem Unterton und von verletzter Eitelkeit des Pädagogen begleitet, führt hier zum Desaster und unter Umständen zum Abbruch der Ausbildung. In anderen Fällen «doktert» man mit unzureichenden Mitteln am Schüler herum, weil man ein temporäres Krankheitsbild nicht erkennt. Geschult wird der Tanzpädagoge für so heikle Aufgaben selten.

Tanzpädagogik ist eine Kunst, es gehört mehr «Wissen» dazu, als man annimmt, aber alles Wissen ist vergeblich, wo Persönlichkeit fehlt. Der Dichter Adalbert Stifter (1805–1868), der auch ein großer Pädagoge war, drückte es so aus: «Um zu unterrichten, muß man etwas können; um zu erziehen, muß man jemand sein.»

Horst Vollmer

Tanz und Schule – Zwei Paar Stiefel?

Zum problematischen Verhältnis von Allgemein- und Tanz(aus)bildung

Vornehm, wie das zu seiner Zeit üblich war, sprach Jean-Georges Noverre von der «stupidité» der Tänzer – einem Phänomen, das sich auf geheimnisvolle Weise bis in unsere Tage hinein erhalten hat. Doch von Stupidität spricht heute niemand mehr, wenn er sich mit dem allgemeinen geistigen Befinden von Tänzern befaßt. Auch die treffende deutsche Entsprechung «Geistesschwäche» wird tunlichst vermieden. Überhaupt achtet man peinlich darauf, im Gespräch über und mit Tänzern nicht zuviel von ihnen zu verlangen – man erwartet schließlich doch nichts, was über den von Bett, Ballettsaal und Bühne begrenzten Horizont dieser Spezies hinausgehen könnte. Jeder weiß Bescheid, nur eben die Tänzer nicht. Die – sagen wir's offen, was allenthalben gedacht wird – Dummheit der Tänzer wird als gottgegeben hingenommen und deshalb stillschweigend vorausgesetzt. Und für was brauchen sie denn auch einen analytisch geschulten Verstand, wozu mathematische oder physikalische oder – schon wieder dieses Wort! – «geistes»-wissenschaftliche Grundkenntnisse, wo sie sich doch auch ohne all das so hübsch drehen und hoch springen können!

Lauter Vorurteile? Wer schon einmal über oberflächlichen Small talk hinaus Kontakt mit Tänzern hatte; wer gelegentlich versuchte, einem Tänzer eine Stellungnahme dazu zu entlocken, wieso er tanzt und was er auf der Bühne tut; wer – nach deren privatem Bücherbord geurteilt – das ziemlich dürftige Lesefutter so mancher dieser Künstler sah, sich nach ihren sonstigen Interessen umtat – der ist bald davon überzeugt, daß jene Tänzerinnen und Tänzer, auf die all das gar nicht oder nur teilweise zutrifft, nur zu jener berühmten Ausnahme gehören können, die die Regel bestätigt.

Was hier pointiert dargestellt wurde, mögen für viele verständliche Schwächen der Gattung Bühnentänzer sein: Daß Tanzausbildung und -ausübung schon von jungen Jahren an viel Zeit in Anspruch nehmen und ein Full-time-Job ohnegleichen sind, das weiß man schließlich. Die Kehrseite davon heißt freilich oft Fachidiotentum – im wahrsten Sinne des Wortes. Ob da die Bezeichnung «Künstler» noch angebracht ist? Wenn ein Tänzer in erster Linie jemand sein soll, der die Technik des Tanzes kunstvoll beherrscht, dann vielleicht schon. Wohl kaum aber, wenn man Tänzer als mehr denn als technisch versierte und gut funktionierende Virtuosen begreift, nämlich als die sensiblen Darsteller alles Menschlichen, die den existentiellen Erfahrungen und Bedingungen des Menschseins echten Ausdruck zu geben vermögen.

In doppeltem Sinne «die Dummen» sind jene Tänzer ohne konkurrenzfähigen Schulabschluß aber auch dann, wenn aus irgendeinem Grund nichts aus der Bühnenkarriere wird: Unfälle, körperliche Fehlentwicklungen, mangelhafte Ausbildung – die Zahl so unvorhersehbarer wie unüberwindbarer Hindernisse auf dem Weg zur Bühne ist groß. Und was ist, wenn dem 19jährigen die grenzenlose Begeisterung für den Tanz, die er als 12jähriger empfand, plötzlich fremd wird?

Über die grundsätzliche Bedeutung der «geistigen Fächer» in der Tanzerziehung hat Helmut Scheier in seinem Beitrag zu diesem Band geschrieben. Wie er berief sich bereits in den siebziger Jahren Max Niehaus auf Jean-Georges Noverre, und zwar auf eben jenes auch hier eingangs erwähnte «stupidité»-Urteil des Ballettreformers. Seit Noverres Zeiten, ja selbst seit Niehaus' viel jüngeren Ausführungen zur «geistigen Schulung» [1] haben sich jedoch die Auffassungen darüber, wie der allgemeinen Stupidität unter Tänzern beizukommen ist, grundlegend gewandelt. Max Niehaus sah die Prioritäten noch allein im künstlerischen Bereich. Er schrieb in seinem «Kompendium»:

«Nur wenige Tänzer haben das Glück, neben einem sorgsam aufgebauten Training die vielseitige Ausbildung durchzumachen, wie sie die russische Schule, die Pariser Oper oder das Royal Ballet in London bieten. (...) Zum Studium künstlerischer Gebiete, zur Erweiterung des Bildungsumfanges, für die Entwicklung einer künstlerischen Persönlichkeit fehlt es an Zeit, an Geld oder auch an Lust. Deshalb stoßen wir so häufig auf Klagen über das geistige Niveau der Tänzer.» Niehaus konstatiert, daß junge Tänzer «selbst auf ihrem Fachgebiet oft eine erstaunliche Unkenntnis» an den Tag legen und folgert daraus, man müsse «jenen Lehrer als besten bezeichnen, der sich auch der Bildungsgrundlagen des Tänzers annimmt und ihn in alle Zweige der Kunst, in Malerei, Plastik, Musik, Kostümkunde, Theater- und Tanzgeschichte, einweiht». Später spezifiziert er selbst und anhand von Zitaten Tamara Karsavinas und nennt weiter «eine gute Kenntnis der griechischen und römischen Mythologie», «Fechten und Gesellschaftstänze der verschiedenen Zeiten» und «eine tiefergehende Beschäftigung mit Dichtung und Literatur».

Max Niehaus kommt es dabei nicht auf reine Wissensvermittlung an, auf bloße Fakten und Daten also, sondern vielmehr «auf die Läuterung des Geschmacks, der durch die Beschäftigung mit künstlerischen Dingen verfeinert wird».

Wer das Unterrichtsangebot der großen Akademien betrachtet (es ist im Anhang aufgeführt), stellt fest, daß diesen Forderungen heute weitgehend nachgekommen wird – zumindest nominell. Tatsächlich liegt im Bereich der (künstlerischen) «geistigen Schulung» so manches im argen (wie im Beitrag von Helmut Scheier deutlich wird) – in den staatlichen und halbstaatlichen Instituten und erst recht auf dem privaten Sektor, dessen Schulen in den seltensten Fällen über die finanziellen und personellen Kapazitäten verfügen, ihren Schülern die wünschenswerte «Erweiterung des Bildungsumfanges» zu ermöglichen. Grundsätzlich aber hat die Tanzerziehung die Notwendigkeit eines jeden der von Max Niehaus genannten Fächer erkannt (selbst die der «Kenntnisse der griechischen und römischen Mythologie», die allerdings nur noch entsprechend ihrer heutigen Bedeutung als Stoffquelle einer langen Reihe historischer Ballette Erwähnung finden dürften), und doch ist deren Einführung in die Ballettausbildung aus unserer Sicht noch nicht genug.

Die bedeutende Veränderung, die eingetreten ist, seit Max Niehaus seinen Katalog erstellte: Heute verstehen Tanzschüler, deren Eltern und sogar Tanzpädagogen unter «geistiger Schulung» immer öfter einen möglichst hohen allgemeinen Schulabschluß, sprich möglichst die Allgemeine Hochschulreife. Egal, ob sich manche Ballettlehrer einen längeren Schulbesuch ihrer Zöglinge einfach nur deshalb wünschen, um ihre eigenen Zeit- und Eignungsprobleme in der Vermittlung geistiger Inhalte zu umgehen: Tatsache ist, daß die nach wie vor viel zu hohe Quote von ausgebildeten Tänzern, die letztlich keinen Bühnenberuf erlangen können oder wollen, eine bestmögliche schulische Qualifikation der jungen Tänzer unabdingbar machen. Erst recht in Zeiten steigender Arbeitslosigkeit, in denen viele Bereiche der verschiedenen Arbeitsmärkte in zunehmendem Maße immer weniger Menschen mit immer besseren Zeugnissen zugänglich sind.

Betrachtet man schulische Bildung bis hin zum Abitur als eine Möglichkeit, körperlich-gesundheitlichen Unwägbarkeiten vorzubeugen, sowie dem geistigen Niveau der Tänzer und ihrer womöglich einmal akut werdenden Konkurrenzfähigkeit in der Wirtschaft auf die Beine zu helfen, so wird die Frage, ob Tanzausbildung und Gymnasiumsbesuch überhaupt nebeneinander her zu bewerkstelligen sind, eher zweitrangig. In den Vordergrund schiebt sich dann vielmehr die Feststellung, daß neben qualifizierter tänzerischer Ausbildung ein gleichzeitig möglichst hoher, also möglichst gymnasialer schulischer Abschluß einfach notwendig scheint. Das vorgeblich Unmögliche muß möglich gemacht werden; und ich bin überzeugt: Es kann möglich gemacht werden.

Um Mißverständnissen vorzubeugen: Es geht hier nicht darum, das Abitur zum A und O einer tänzerischen Berufsausbildung hochzustilisieren; auch geht es nicht darum, Menschen nach ihrem Schulzeugnis einzuordnen und zu bewerten, sie für «besser» oder «schlechter» zu erklären, sei es als Person oder als Künstler. Worum es geht, ist eine Schärfung des Bewußtseins für die Unvorhersehbarkeiten einer allzu einseitig fixierten Ausbildung gerade in jenen Jahren «höchster Bildungsfähigkeit», wie Kurt Peters schreibt. Natürlich gibt es die Tänzer und Tänzerinnen, die alles Glück dieser Erde gepachtet zu haben scheinen, die ohne nennenswerte Probleme auf die Bühne gelangen und ein Tänzerleben lang, ja sogar noch über die übliche «Pensionsgrenze» für Tänzer hinweg dort bleiben. Selbstverständlich gibt es die Naturbegabungen, denen das richtige Gespür für den Tanz, für die Kunst der Interpretation, denen Musikalität, Geschmack und künstlerischer Instinkt gleichsam in die Wiege gelegt worden sind. Ebenso gibt es aber auch die «Arbeiter», die nämlich, die sich ihr tänzerisches Weiterkommen in der Schule und auf der Bühne hart erkämpfen müssen – aus welchen Gründen auch immer – und deren Tänzerkarriere nicht in den grandiosesten und schillerndsten Farben schon vorgezeichnet ist. Ihnen müssen Chancen auch jenseits des Tänzerberufs offengehalten werden, in einem Bereich, der den Arbeitsuchenden eben zunehmend höhere und bessere Qualifikationen abverlangt. (Für alle «Tänzertypen» gilt jedoch, daß durch eine umfassendere schulische Bildung auch autonomere, entscheidungsfähigere und selbständigere Persönlichkeiten erzogen würden. Das wäre ein Umstand, der wohl allein solchen Choreographen und Direktoren gewisse Probleme bereiten würde, denen lediglich an einwandfrei parierendem Tänzer-«Material» gelegen ist.)

Eine generelle, eine institutionelle Vereinigung von tänzerischer und allgemein gymnasialer Ausbildung ist also nicht gemeint. Sie hätte, eben weil Tanzausbildung ein ungemein zeitintensives Geschäft ist, ohnehin nur geminderten Wert: Ein «Tänzerabitur», bei dessen Zustandekommen (wie Beispiele aus den Ostblock-Ländern zeigen) stets die allgemeinen Fächer auf die tänzerischen würden Rücksicht nehmen müssen, wenn außerplanmäßig Proben oder Vorstellungen für die Schüler anstünden – ein solches «Tänzerabitur» genösse auf dem «freien Markt» nicht annähernd das Ansehen eines gewöhnlichen Reifezeugnisses. Darüber hinaus wäre die soziale Isolation von Tanzschülern, die unter dem gleichen Dach auch ihren schulischen Werdegang absolvieren, noch weitgehender, als sie ohnehin schon ist. Die jungen Leute kämen dann aus einer Welt, in der sich mehr oder weniger alles ums Ballett und ums Tanzen dreht, gar nicht mehr heraus. Deshalb: Was hier gemeint ist, ist das Belegen beider Bildungsgänge, des tänzerischen und des akademischen, in unterschiedlichen Instituten, die, wie es bereits praktiziert wird, kooperieren.

Die bundesdeutschen Hochschulakademien nehmen Berufsschüler in der Regel freilich nur nach abgeschlossener Schulausbildung auf. Für junge Leute mit Bühnenambitionen kann das zweierlei bedeuten: Einerseits den Abbruch des allgemeinen Schulbesuchs spätestens nach der Mittleren Reife, um sich an der Akademie dem für angehende Profis ganztägigen Tanzunterricht zu widmen. Andererseits für diejenigen Tänzer in spe, die partout nicht auf die Allgemeine Hochschulreife verzichten wollen, daß sie wertvolle Jahre versäumen und nach dem Abitur meist schon zu alt sind, um eine professionelle Tänzerausbildung noch mit einiger reeller Aussicht auf Erfolg, das heißt mit Aussicht auf eine anschließende Tänzerlaufbahn, absolvieren zu können. (Der

Aspekt des Alters scheint übrigens vor allem Mädchen zu beeindrukken, die dort, wo sie die Gelegenheit dazu haben, sich öfters gegen den weiterführenden allgemeinen Schulbesuch entscheiden als Jungen. Die Vorstellung, man müsse mit 18 schon eine «fertige» Tänzerin sein, und die Vorbilder ausländischer Teenager-Ballerinen sind daran wohl nicht ganz schuldlos. Dabei würde nichts und niemand eine junge Tänzerin daran hindern, ihr Bühnenleben um die 20 herum zu starten, wenn sie nur vor dem abschließenden Vollzeitunterricht und bis zum Abitur eine gute parallele Ballettausbildung absolviert hat.)

Die Ballettschule der Wiener Staatsoper, die Münchner Ballett-Akademie (Heinz Bosl-Stiftung), die John Cranko-Schule Stuttgart und die Ballettschule der Hamburgischen Staatsoper sind prominente Beispiele für den angedeuteten dritten Weg, für die Zusammenarbeit mit allgemeinbildenden Schulen. (Private Institute, die erfolgreich professionelle Tanzerziehung und, parallel dazu, das Abitur ermöglichen, gibt es ebenfalls – sie sind aber herzlich selten, und ihre Ausbildungsmodelle und Arbeitsstrukturen sind nicht ohne weiteres auf «große» Schulen übertragbar.) Diese Zusammenarbeit steckt freilich noch überall in ihren Anfängen. Das Bedürfnis junger Tanzschüler, neben ihrer Tanzausbildung auch eine allgemeine Qualifikation auf hohem Niveau zu erlangen, ist schließlich erst in den letzten Jahren so enorm gestiegen (übrigens regional verschieden, wie zu hören ist: Im kühlen Norden der Republik soll schon von Elternseite her ein ungleich ausgeprägteres «Schulbewußtsein» herrschen als im scheint's unbekümmerteren Süden). Gleichzeitig beginnt eine junge Pädagogengeneration, ihre neuen künstlerischen Einsichten zu propagieren und nach Kräften in die Tat umzusetzen: Wer sich nicht schon frühzeitig ausschließlich auf Tanz festlegt, erhält sich eben auch die Chance zu größerer persönlicher Entfaltung, er kann mehr Erfahrungen außerhalb der engen Tanzwelt sammeln, mehr seiner eigenen Möglichkeiten, Talente und Interessen kennenlernen; die Erkenntnis, daß davon nicht nur der einzelne Tanzschüler, sondern die ganze Tanzkunst profitieren würde (nicht zuletzt im Hinblick auf das Fach Choreographie), ist so neu wie Jean-Georges Noverres vernichtendes Urteil über die Tänzer seiner Zeit. Heute endlich scheint diese Erkenntnis Folgen auf die Ballettausbildung zu haben – weil die Arbeitsmärkte die jungen Leute und die Auszubildenden ihre Ballettschulen in Zugzwang bringen.

In dieser Lage fehlt es nicht an neuen Initiativen. Aus Wien etwa wurde jüngst ein «Experimentalerziehungsprojekt» der Ballettschule der Staatsoper gemeldet, das einen Parallelunterricht von Ballettausbildung und voller allgemeiner Schulung vorsieht. Und an der National Ballet School in Toronto, um einmal über die Grenzen des deutschsprachigen Raums hinauszublicken, wird zur Zeit ein spezielles Tanzprogramm angeboten, das erst nach Abschluß der allgemeinen Schulausbildung beginnt.

Aber auch bei mindestens einer der bundesdeutschen Ballettschulen, die bereits mit allgemeinen «Partnerschulen» zusammenarbeiten, tritt diese Kooperation demnächst in ein neues Stadium. Die Ballettschule der Hamburgischen Staatsoper verspricht sich für die Zukunft ein noch engeres Zusammenrücken mit jenem Gymnasium, das in unmittelbarer Nähe ihres neuen Domizils im Hamburger Stadtteil Hamm liegt. Ein Tagesinternat, Hausaufgabenbetreuung und vor allem für Gymnasiasten die Möglichkeit, anstelle des für «Nur»-Tanzschüler üblichen Vormittagsunterrichts auch nachmittags ein vollwertiges Training zu absolvieren, haben bereits in der Vergangenheit den parallel verlaufenden Schulbesuch erleichtert. Die allgemeinen Schulen beziehungsweise deren Aufsichtsbehörden kommen ihrerseits den Ballettzöglingen mit Erlaß der Sportstunden, der zweiten Fremdsprache oder sogar mal eines Biologiekurses entgegen, dafür werden die zukünftigen Tänzer in die menschliche Anatomie eingeführt. Ähnliches gilt in Stuttgart für die John Cranko-Schule und deren «Partnerin». Dennoch vernimmt man gerade aus der schwäbischen Metropole immer wieder Beispiele von «Cranko»-Schülern, die wegen ihres Abiturwunsches mehrmals die letzte Klasse vor Eintritt in die ganztägige Theater-Akademie wiederholen mußten, oder sich aber bei anderen Instituten nach der Möglichkeit eines parallelen Gymnasiumsbesuchs erkundigten.

«Ein Nachholbedarf besteht in jedem Fall», sagt Ursula Ziegler, die Organisatorische Leiterin der Hamburger Staatsopernschule, «wenn gleichzeitig das Abitur gemacht wird.» In Hamburg scheint man freilich diesen Nachholbedarf individueller bemessen zu können, eben weil es für Abiturienten eine Art Zwischenklasse, nämlich zwischen Mittelstufe und Vollzeit-Theaterklasse, gibt. Ursula Ziegler weiter: «Wir raten niemandem, der das Abitur machen will, davon ab. Das wäre schon angesichts der heutigen Arbeitsmarktlage unverantwortlich. Aber wir versuchen, immer individuell vorzugehen. Schülern, die im Ballett weniger gut vorankommen, empfehlen wir schon eine zusätzliche Qualifikation. Andererseits wäre es aber doch ein Unsinn, einen wirklich begabten Tänzer ins Gymnasium zu drängen, wenn er sich dort sowieso schon schwertut.»

Es mag mit den unterschiedlichen Schulkonzepten und einem womöglich differierenden Trainingsaufwand und -plan zusammenhängen, daß man dagegen bei der Heinz Bosl-Stiftung/Münchner Ballett-Akademie gar nicht von der Vereinbarkeit von Tanz- und gymnasialer Schulausbildung überzeugt ist. Dort hat man mit einer Schülerin, die zusätzlich zum Ballett-Training ein Abendgymnasium besuchte, eher schlechte Erfahrungen gemacht. Ansonsten hat sich die Zusammenarbeit mit einer Münchner Realschule zwar bewährt, und die Kooperation mit einem Gymnasium befindet sich aller Skepsis zum Trotz «im Planungsstadium», aber dennoch geben sich Konstanze Vernon und Fred Hoffmann bei diesem Thema sehr zurückhaltend: Statt an ein gewöhnliches Abitur denken sie vorausblickend eher an den Einbau weiterer Fächer in die Ballettausbildung, die dominierend bleiben soll. Diese Erweiterung des Fächerangebots könnte vielleicht sogar im Rahmen eines eigens zu schaffenden Schultyps geschehen, der in Zukunft leicht einzurichten wäre, wenn erst einmal mehr und mehr Schulgebäude durch Pillenknick und Schulzusammenlegungen leerstehen werden und weiterhin arbeitslose Lehrer nach Anstellung suchen (eine Entwicklung, von der ja bereits das Ballett und die Ballettschule in Hamburg profitieren, deren weit und breit einzigartiges, 1988 bezugsfertiges «Ballett-Haus» in einer ehemaligen Mädchen-Oberschule untergebracht ist).

Horst Vollmer

Tänzer von morgen?

Das «Modell Essen-Werden»

Das musische Gymnasium Essen-Werden stellt in der tänzerischen und der schulischen Ausbildung einen bislang noch einmaligen Sonderfall dar. Es ist das einzige Gymnasium in der Bundesrepublik, ja das einzige vergleichbare Institut im gesamten deutschsprachigen Raum, dessen Schüler von der ersten Unterstufenklasse an bis hin zum Abitur das Fach Tanz belegen können. (Das sogenannte «Genfer Modell» verfolgt – mit einem grundverschiedenen Konzept allerdings – ähnliche Ziele. Nahezu identisch mit der Essen-Werdener Realität ist dagegen die Idee eines schweizerischen «Ballett-Gymnasiums» von Heinz Spoerli.) Wer die Schule mit dem Prüfungsfach Tanz verläßt, soll so weit sein, die Ausbildung in ein, zwei Jahren an einem der großen Institute vervollkommnen und abschließen zu können. Rosemarie Marin-Alarcon, die im Schuljahr 1978/79 ihre tanzpädagogische Tätigkeit am Werdener Gymnasium aufnahm und seit 1981 dessen Tanzabteilung leitet, weist aber nicht nur auf rein praktische Vorteile der besseren schulischen Qualifikation ihrer Schüler hin. Sie sieht darüber hinaus eine mit 19, 20 Jahren größere menschliche Reife der Schüler – und die erscheint ihr nicht nur in der individuellen weiteren Entwicklung des einzelnen Tänzers als überaus wichtig, sondern ebenso für das zukünftige Wesen der Tanzkunst an sich.

Marin-Alarcon: Wenn die jungen Leute in diesem Alter über solides tänzerisches Können und schulisches Wissen verfügen, können sie selbständig wählen, ob sie ein «normales» Studium ergreifen oder ihre Tanzausbildung weiterverfolgen möchten. Man muß sich einfach entscheiden: Will ich mich mit 14, 15, 16 Jahren schon endgültig festlegen und nur noch meine Beine hochtrainieren, oder will ich gleichzeitig meinen Verstand analytisch schulen, wovon ich ja noch dann profitiere, wenn ich meine Tänzerlaufbahn beendet habe und zur Pädagogik oder zur Choreographie wechsle, oder wohin auch immer. Ich stehe doch als Mensch ganz anders da. Und für meine Begriffe geht der Weg zum Tänzer eben nur über den Weg zum Menschen.

Wie muß man das verstehen, «über den Menschen zum Tänzer»?

Der Tanz wird als Kunst, als Ausdruck verschwinden, wenn alles nur noch auf bloße Virtuosität und nicht primär auf echte Bewegungsqualität hinausläuft, wenn die Beine immer höher gehoben werden, immer mehr gedreht wird, und man sich nicht mehr fragt, was will ich überhaupt damit bewirken, was will ich aussagen? Und genau das, finde ich, darf man jungen Menschen nicht nehmen. Für mich ist auch die relativ kurze Tänzerlaufbahn kein Argument, wenn um eines immer früheren Bühnenstarts willen die menschliche Reifung vernachlässigt wird. Ich fürchte, mit dieser Überzeugung schwimmen wir momentan gegen den Strom. Aber zusammen mit den Kollegen von der Folkwangschule sind wir ja immerhin schon ein gutes Dutzend...

Die Zusammenarbeit mit der Abteilung Tanz der Folkwang-Hochschule, die von Pina Bausch geleitet wird, ist sehr eng?

Ja. Der Lehrplan für die Tanzausbildung am Gymnasium ist in Zusammenarbeit mit den Hochschuldozenten erstellt und auf den der Hochschule abgestimmt worden. Das bedeutet, auch unser Curriculum gewichtet die drei Säulen Klassisch, Modern und Folklore etwa gleich. Wir sind uns mit den Lehrern der Hochschule einig, daß das den Anforderungen einer zeitgemäßen Tänzerausbildung entspricht. Im übrigen nehmen die Folkwang-Dozenten auch an den Prüfungen des Gymnasiums teil, und manche der bei uns angestellten Pädagogen haben gleichzeitig einen Lehrauftrag der Hochschule.

Wie ist die Tanzausbildung am Gymnasium aufgebaut?

Wir beginnen in der Unterstufe mit in der Regel zweimaligem Training pro Woche für alle Tanzinteressierten. In der achten Klasse, also zu Beginn der Mittelstufe, erfolgt dann die Unterteilung in Laien- und

Tänzerklassen. Die Laien erhalten weiterhin zweimal in der Woche Unterricht, während die «Profis» täglich mehrere Stunden zu absolvieren haben. Der Eintritt in die Tänzerklasse ist natürlich auch noch nach Beginn der Mittelstufe möglich. Die Entscheidung dazu soll nämlich ganz allein vom Schüler kommen, denn dann, das ist meine Erfahrung, arbeitet er mit einer viel intensiveren Energie. Übrigens sind unsere Tanzpädagogen dadurch, daß sie fest zum Lehrerkollegium des Gymnasiums gehören, ständig über die Fortschritte ihrer Schüler in den anderen Fächern informiert. Wenn da einer mal Schwierigkeiten haben sollte, besonders in der Umstellungsphase von Grundschule auf Gymnasium, kann kurzfristig das Training zurückgeschraubt werden, bis er sich wieder «gefangen» hat.

Das Stundenpensum in den allgemeinbildenden Fächern ist für Tänzer und Nicht-Tänzer identisch?

Ja. Darauf legen wir sehr großen Wert. Für die Tänzer entfällt lediglich der allgemeine Schulsport, an dessen Stelle sie aber Unterricht in Bühnenfechten und Akrobatik haben. Ansonsten ist unser «Tänzerabitur» genausoviel wert wie jedes andere Abitur auch, ja eigentlich sogar mehr – man hat damit ja eine doppelte Ausbildung.

Worin sehen Sie die Vorteile dieser doppelten Ausbildung?

Zunächst eben in der größeren geistigen, menschlichen und letztlich auch künstlerischen Reife des Tänzers, und natürlich in der Absicherung für den Fall, daß aus irgendeinem Grund der Tänzerberuf nicht ausgeübt werden kann. Dann in der Verbesserung der Situation eines Tänzers, der sich nach abgeschlossener Bühnenlaufbahn umschulen lassen will. Ein Wunschtraum von mir geht schließlich dahin, daß Tänzer, die einmal die Allgemeine Hochschulreife in der Tasche haben, an ihre Karriere ein spezielles Pädagogik-Studium anhängen könnten, bevor sie selbst unterrichten. Die bislang noch immer ungenügende Pädagogenausbildung hierzulande ist ja leider nur allzugut bekannt.

Zurück zum «Modell Essen-Werden». Die vielleicht gar nicht so unrealistischen Utopien Rosemarie Marin-Alarcons dürfen nämlich nicht übersehen lassen, daß (auch) die dort geleistete Arbeit noch in ihren Kinderschuhen steckt. Teil eins des Marschs durch die Institutionen hat man zwar hinter sich: Der Lehrplan ist vom zuständigen Kultusministerium geprüft, genehmigt, und die Tänzerpädagogen sind durch einen Sondererlaß ihren übrigen Kollegen am Gymnasium gleichgestellt worden. In der praktischen Arbeit jedoch muß sich die wirkliche Effektivität der Ausbildung erst noch erweisen, denn unter den ersten Abitursjahrgängen der ersten fünf Jahre war noch keiner, der einzig und allein in Essen-Werden ausgebildet worden wäre – die bescheidenen, aber ermutigenden Anfangserfolge erzielte man mit Schülern, die einen wesentlichen Teil ihres Könnens aus privaten Instituten mitbrachten.

Auch weitere gesetzliche und finanzielle Hürden wollen genommen werden. Das Verbot von Werbung für eine staatliche Schule, das auch für die Tanzabteilung des Essen-Werdener Gymnasiums gilt, mag darunter noch am ehesten zu vernachlässigen sein, denn, wie Rosemarie Marin-Alarcon sagt, «die Presse macht inzwischen durch ihre zunehmende Berichterstattung Werbung für uns, so daß wir nun mehr und mehr Bewerber selbst aus anderen Bundesländern bei unseren Auditions haben». Für notwendiger erachtet sie es, bei der Lehrerauswahl flexibler sein zu können, denn wer am Gymnasium unterrichten will, muß unbedingt ein entsprechendes Diplom vorweisen können, während eine noch so herausragende, aber eben «undiplomierte» künstlerische und pädagogische Begabung allein nicht genügt. Und schließlich mangelt es noch an ausreichenden Räumlichkeiten: an einem Internat für auswärtige Schüler vor allem, die jetzt noch in Gastfamilien untergebracht sind, während ein Neubau zum Schuljahr 1988/89 für Entlastung sorgen wird, was Ballettsäle und Aufenthaltsräume angeht.

Das «Modell Essen-Werden» durchlebt gegenwärtig – wie manche andere Initiative im Bereich der Tanzausbildung hierzulande auch – ihre Pubertätsphase. Rosemarie Marin-Alarcon selbst hält zur Errichtung einer soliden Ausbildungsstätte den Zeitraum von 15 bis 20 Jahren für realistisch. Hat ihre Pionierarbeit den erhofften Erfolg, dürfte sie für andere Institute im deutschsprachigen Raum Maßstäbe setzen.

III. Lagebeschreibung Zur Tanzausbildung im deutschsprachigen Raum

Horst Vollmer

Ein schon gesichertes Terrain?

Tanzausbildung in der Bundesrepublik Deutschland

Ob man wirklich noch einmal auf die Selbstverständlichkeiten hinweisen sollte? Auf die Notwendigkeit eines schönen Körperwuchses für Möchtegern-Tänzer; auf die medizinisch-physiologisch zu überprüfende körperliche Eignung für den Tanz; auf die robuste Konstitution; auf schnelles Auffassungsvermögen und das Gefühl für den eigenen Körper, für Rhythmus und Musik? Ob man in der Tat noch einmal betonen sollte, daß auch der beste Pädagoge stets nur eine bereits vorhandene Begabung fördern, diese aber nicht im Schüler «entstehen lassen» kann? Und ist tatsächlich der Hinweis erforderlich, daß seriöse und erfolgversprechende Tanzausbildung ihre «Jahreszeiten» hat – ein (ungefähres) Mindest- und Höchstalter für die Aufnahme des Studiums ebenso, wie für bestimmte Ausbildungsfortschritte, etwa die Spitzentechnik bei den Mädchen? Muß, last not least, auch noch einmal erwähnt werden, daß die Knochenarbeit, die Tanzschüler und Tänzer tagtäglich im Ballettsaal leisten, durchaus keine Fronarbeit ist, sondern eine bei aller körperlichen Verausgabung und Erschöpfung dennoch (oder gerade) freiwillig gewählte Betätigung?

Hier sollen Anmerkungen zur Ausbildungssituation in der Bundesrepublik im Vordergrund stehen, Anmerkungen, die keinen Anspruch auf eine lückenlose Darstellung der Lage erheben und natürlich ebensowenig auf Unfehlbarkeit. Die Auseinandersetzung um repressive Ausbildungsmethoden, die nicht selten dem akademischen Ausbildungsbereich mehr oder weniger pauschal unterstellt werden, soll hier nicht geführt werden. Nur soviel: Einzelne Pädagogen können sich repressiv verhalten, nicht aber Ausbildungssysteme, die erst durch den Erzieher und Vermittler mit Leben erfüllt werden.

Ein weiterer Hinweis: Die Schulprogramme, ausführliche Fakten, Meinungen und Selbstdarstellungen im Anhang ergänzen die hier gemachten Bemerkungen zu den «großen» bundesdeutschen Akademien.

Private Ausbilder

Kurt Peters hat die historische Entwicklung skizziert: Als sich etwa in Paris und Sankt Petersburg nationale Institute schon längst als Motor eines vielfältigen und vitalen tänzerischen Geschehens im Lande bewährt hatten, waren im «Deutschland» der Kleinstaaterei noch immer zahllose, oft französische Hofopernballettmeister neben der Führung ihres «höfischen» Tanzensembles auch für die Erziehung des Tänzernachwuchses zuständig. Aus der Vereinzelung konnte sich natürlich kein einheitliches, «deutsches» System der Balletterziehung entwickeln, ja nicht einmal die einzelnen Ausbilder waren in der Lage, hervorragende Talente ausfindig zu machen und zu bedeutenden Tänzern auszubilden. Also holte man Tänzer fremder Nationalität ins Land, um mit ihnen wenigstens die Solistenrollen in den aufzuführenden Balletten adäquat besetzen zu können. (Die Parallelen zur Gegenwart sind verblüffend: Läßt man einmal die Namen der Ersten Solisten unserer Ballettensembles Revue passieren, stößt man herzlich selten auf einen Namen deutschen Ursprungs, gleiches gilt für die Corps-Tänzer. Wenn auch viele Ausländer mittlerweile schon bundesdeutsche Schulen als Stätten ihrer Ausbildung angeben können, stellt sich doch die Frage, warum aus diesen Instituten nicht auch mehr und mehr deutsche Absolventen ins Bühnenleben entlassen werden.)

Aus den Hoftheatern wurden in unserem Jahrhundert städtische und staatliche, doch nach wie vor bildeten deren Ballettmeister und private Lehrer die jungen Tänzer aus. Erst nach dem Zweiten Weltkrieg änderte sich das Bild von Grund auf. Freilich nicht durch das Aufkommen des deutschen Ausdruckstanzes, der in den 20er und 30er Jahren begonnen hatte, auch die Ballettschullandschaft Deutschlands stark zu verändern – aber eben nur auf Zeit: Ohne übertragbare Technik war der Ausdruckstanz auf Dauer eine zukunftslose Erscheinung. (Spuren in einem weiteren Sinne hat er dennoch hinterlassen – etwa im Tanztheater der Pina Bausch und ihrer weiblichen und – wenigen – männlichen Kollegen.) Die grundlegende Veränderung unserer Tanzausbildung wurde importiert: Mit den ersten Gastspielen der großen internationalen Tanzkompanien, etwa George Balanchines New York City Ballet, orientierte sich die hiesige Ballettbühne zunehmend an den ästhetischen und tänzerischen Standards des westlichen Auslands. Mit ausländischen Choreographen reisten schließlich auch Tänzerinnen und Tänzer an, die besser und umfassender ausgebildet waren als ihre deutschen Konkurrenten. Das Gebot der Stunde hieß damals: Schaffung eigener, leistungsfähiger Tanzakademien, um einer totalen Kolonialisierung langfristig entgegenzuwirken – was denn wohl offenkundig noch nicht gelungen ist, bei 83 % nicht-deutschen Tänzern auf unseren Bühnen in der Spielzeit 1985/86. Dennoch: Die ersten, wenn auch noch bescheidenen Früchte dieser «Gründerzeit» werden heute geerntet. Tänzerische Begabungen können heute eher mit einer internationalen Maßstäben genügenden Ausbildung und Förderung rechnen – wenn auch nur an wenigen Instituten – als noch vor zwanzig, dreißig und mehr Jahren, als deutsche Spitzenstars, selten genug, aus den privaten Schulen einer kleinen Zahl wirklich fähiger deutscher oder in Deutschland arbeitender Pädagogen stammten. Die qualifiziertere Ausbildung an den aus staatlichen Kassen subventionierten Akademien hat im Zusammenwirken mit dem ungebrochen starken Andrang ausländischer Tänzer in die bundesdeutschen Kompanien allerdings nachteilige Auswirkungen für die privaten Ausbilder mit sich gebracht: Kaum einem ausschließlich privat ausgebildeten Tänzer gelingt heute noch der Sprung auf die Theaterbretter.

Natürlich bestätigen auch diese Regel Ausnahmen – Ausnahmen ganz unterschiedlicher Art sogar. Da gibt es die Absolventen privater Schulen, die sich die Berufs-Sylphide hinten links oder den undankbaren Part des «Begleiters» eines Titelrollenträgers ertanzen. In unteren Gagenklassen meist und in der Regel ohne Aussicht auf einen Karrieresprung. Manche private Ballettschule bringt freilich auch völlig selbständig «fertige» und konkurrenzfähige Profis auf die Bühne: Jede Schule, egal welchen Status sie besitzt, ist schließlich nur so gut wie ihre Lehrer. Taugen die nichts, nützt dem Schüler keine noch so große Begabung und kein noch so umfangreiches Fächerangebot, denn jedes Talent kann auch zielstrebig zunichte gemacht werden, und jede erfolgreiche Vermittlung von Lehrinhalten bedarf nicht nur der richtigen Lehrmethode, sondern noch weitaus mehr der pädagogischen Fähigkeiten des Lehrers. Eine dritte Kategorie der Ausnahmen bilden jene privaten Schulen, die die Zusammenarbeit mit den großen, subventionierten Akademien suchen. Ihre Leiter wissen um Möglichkeiten und Grenzen ihrer ganz speziellen Fähigkeiten und bilden ihre Schüler «nur» bis zu einem gewissen Alter, bis zu einem gewissen technischen Standard aus. Danach empfehlen sie ihnen eine Abrundung und Vervollkommnung der Ausbildung in einem Institut mit breiter gefächertem Angebot und dem Anschluß an eine professionelle Kompanie.

Das scheint mir für das Gros der seriösen privaten Ausbilder der gangbarste und akzeptabelste Weg zu sein. Unsere bundesdeutsche Tanzwelt ist von einer ungestörten, in sich ruhenden Entwicklung weit entfernt. Sie hat ein grobes Leistungsprinzip längst verinnerlicht: Tänzer müssen «perfekt» sein, und zwar schon beim Antritt ihres ersten Engagements, weil Ballettdirektoren, die ihrerseits unter Erfolgsdruck stehen, sie heute sofort vollwertig möchten einsetzen können.[1] Solange das aber so ist, muß sich die professionelle Tänzerausbildung, auch die private, an der Spitze nationaler Ausbildungsergebnisse orientieren und nicht an dem Schwanz von Verdienstskalen und Zukunftschancen, denn dort mühen sich nun einmal schon genug Hoffende vergebens ab – und wechseln dann schon überdurchschnittlich früh und zahlreich in einen anderen Beruf über. Wenn aber entsprechende Spitzenergebnisse in der Ausbildung nur durch das gezielte Zusammenwirken privater und staatlicher Institute zustande kommen können – warum nicht?

Es kann hier nicht die Rede davon sein, daß sich diese Kooperation bereits auf breiter Front durchgesetzt hätte. Mißtrauen herrscht auf beiden Seiten, Animositäten und Ängste bestimmen noch immer (und teils vielleicht ja auch zu Recht) das Bild vom anderen. Regelmäßige Kontakte, gar der gegenseitige Austausch von Erfahrungen zwischen Vertretern beider «Lager» sind auf regionaler Ebene schon ausgesprochen selten, im «großen Stil» fehlen sie ganz (was noch weniger erstaunt, wenn man weiß, daß selbst alle Leiter der fünf staatlichen Hochschulakademien, der Hamburger und Stuttgarter Kompanieschulen und der Münchner Heinz Bosl-Stiftung erst vor wenigen Jahren auf Initiative des Deutschen Berufsverbandes für Tanzpädagogik e. V. zum allererstenmal gemeinsam an einem Tisch saßen).

In der Hauptsache «lebt» der Private von den tanzenden Laien. (Dennoch gibt er aus verständlichen Gründen der Imagepflege und aus wirtschaftlichen Erwägungen heraus nicht jedes Bühnentalent in die Obhut des Molochs «Staatliche Akademie».) Nur ein äußerst geringer Prozentsatz der Kinder kommt mit dem von Anfang an feststehenden Berufswunsch Tanz zum Unterricht – und zwar selbst in «Balletthochburgen» wie Stuttgart und Hamburg nicht. Oft ist nur die körperliche Betätigung, die musische Erziehung generell der Antrieb. Und nicht selten führt der Weg in den Ballettunterricht über das Sprechzimmer eines Orthopäden. Der empfiehlt Kindern mit Haltungsfehlern, mit Hohlkreuz oder Fußschäden als erfolgversprechende Therapie oft ein klassisches Tanztraining.

Auf einem unüberschaubar gewordenen Ballettschulmarkt, angefüllt mit Tausenden privater Schulen aller nur denkbaren Ausprägungen, wird auch hart um ein scheinbar kaum mehr wachsendes Laienreservoir gekämpft. Alteingesessenen und renommierten Privatschulen verursachen dabei gleich mehrere Entwicklungen Kopfschmerzen. Unter ihresgleichen wuchert der Wildwuchs – so unergründlich wie die exakte Zahl privater Studios ist oft die fachliche und pädagogische Qualifikation ihrer Leiter. Kein gesetzliches Regelwerk bestimmt schließlich die Voraussetzungen zur Eröffnung einer Ballettschule. (Private Ballettschulen haben in der Regel in allen Bundesländern den Status von Ergänzungsschulen, die keiner Genehmigungspflicht oder der Aufsicht einer Kontrollbehörde unterliegen. Darüber hinaus ist der Begriff «berufsausbildend», den nicht wenige Privatschulen überaus werbewirksam einzusetzen wissen, nirgends im Bundesgebiet gesetzlich geschützt. Seine Verwendung ist damit an keine konkreten Ausbildungsinhalte und -ziele gebunden.) Doch davon abgesehen erwächst den bislang existierenden Privatschulen auch auf einem ganz anderen Feld starke Konkurrenz. Viele ihrer potentiellen Kunden leben das im Zuge von Aerobic-, Breakdance- und Bodybuildingwelle neu gewonnene Körperbewußtsein nicht, wie es sich vor wenigen Jahren wohl noch angeboten hätte, in den Ballett- oder Jazzgymnastikkursen herkömmlicher Tanzschulen aus, sondern gleich in den schicken, massenhaft neugegründeten Fitneß-Centern, die die jeweiligen Modetrends ohnehin gewiefter an Mann und Frau zu bringen wissen.

Ihren von einer Bühnenkarriere träumenden Schülern bieten private Lehrer ein durch eigene Ausbildung und tänzerische Praxis, räumliche und finanzielle Gegebenheiten begrenztes Programm (und hin und wieder sogar Stipendien, meist in Verbindung mit einem die Schule unterstützenden «Förderverein», der gegebenenfalls eine Reduzierung des Schulgeldes ermöglicht, ja manchmal sogar bei der Beschaffung günstiger Wohnmöglichkeiten behilflich sein kann). Dabei ist es eben nicht immer das pädagogische Können des Schulleiters und / oder Lehrers, das den Unterschied zur staatlichen Schule ausmacht. Hier wie dort dominiert das klassische Training (natürlich entspricht die Ausbildungsszene weitgehend dem tänzerischen Geschehen auf den Bühnen), entsprechend mehr oder weniger aufgefächert in einzelne Teilbereiche und meist im russischen Stil. Private bieten im wöchentlichen Stundenplan oder kursweise auch moderne oder Jazz- oder Folkloretechniken an – freilich kaum alle drei gemeinsam und nicht immer in ausreichendem Maße. Was private Ausbilder jedoch vor allem von den Professoren, Dozenten und Lehrbeauftragten der staatlichen Akademien unterscheidet, ist ihr erforderliches Profitum in weitaus mehr als «nur» dem pädagogischen Fach. Denn ihre Schule nimmt sie nicht nur als Lehrer in Anspruch (viele Private scheinen sich übrigens geradezu geniale Fähigkeiten zuzutrauen, wenn sie unbekümmert als alleiniger Multispezialist für alle Altersstufen zwischen Kinder- und Theaterklasse in einem oder gleich mehreren Fächern agieren), sie sind oftmals auch als ihr eigener Sekretär und Manager, als Buchführer und Public-Relations-Fachmann gefordert. Der in den letzten Ausbildungsjahren vor dem Bühnenstart erforderliche Ganztagsunterricht und weitere ergänzende praktische und theoretische Fächer wären da schon rein zeitlich schwer zu bewältigen, selbst bei vorhandener Eignung und Qualifikation des Pädagogen.

Manches, das über das rein tänzerische Ausbildungsangebot hinausgeht, für eine wirklich umfassende, professionelle Schulung aber ausschlaggebend sein kann, findet sich im Angebot privater Institute ohnehin nur in ausgesprochenen Glücksfällen. Dazu gehört eine permanente medizinisch-orthopädische Begleitung der Ausbildung, die Schäden und Fehlentwicklungen des Tänzerkörpers frühzeitig erkennen und korrigieren hilft, sowie die Vermittlung von Bühnenerfahrung. Ein einmaliges und gewiß nicht ohne weiteres auf andere Fälle zu übertragendes «Modell» findet sich in (West-)Berlin, wo die (private) «Tanzakademie» Gert Reinholms außerordentlich eng mit der Deutschen Oper zusammenarbeitet, deren Ballettdirektor Reinholm ist, ja sogar einst der Oper angegliedert werden soll, wenn Reinholm seine Vorstellungen denn verwirklichen kann. Von dieser Ausnahme abgesehen ist die Teilnahme privater Ausbildungsschüler an professionellen Ballettaufführungen höchst selten. Noch am ehesten dürfte es sie in der sogenannten Provinz geben, wo Ballettdirektoren ihr nicht immer bühnenfüllend bestücktes Ensemble für einzelne Produktionen durch ältere, schon erfahrenere Tanzschüler vergrößern. Nur mit viel gutem Willen (und dem Zudrücken meist beider Augen) mag man den Beteuerungen so manches privaten Schulleiters Glauben schenken, auch die jährlichen Schulaufführungen sorgten schließlich für Bühnenpraxis. Abgesehen von der Einmaligkeit solcher Veranstaltungen und alle tanzpädagogischen Details außer acht gelassen: Durch das häufige Fehlen fast jeglichen Bezugs zum zeitgenössischen Ballettschaffen erreichen Schulaufführungen nicht selten das Gegenteil einer Hinführung auf die Bühnenpraxis. (Kinder-)Ballettkitsch und choreographische Wolkenkuckucksheime mögen Onkeln und Tanten «mal was anderes» zu bieten haben, mit der Realität auf unseren Ballettbühnen haben sie herzlich wenig zu tun. Gesegnet also jene Schule, die zeitgenössische Choreographen für sich zu gewinnen versteht.

Die Konkurrenz auf dem westdeutschen Tänzermarkt ist hart. Um bestehen zu können, ist eine technisch und geistig höchst anspruchsvolle Ausbildung unverzichtbar. Über die pädagogischen und finanziellen Kapazitäten, den entsprechenden Allroundunterricht durchzuführen, verfügen aber nicht einmal alle staatlichen Schulen der Bundesrepublik. Wieso also keine gezielte, zweigeteilte (sich letztlich aber ergänzende) Entwicklung beider «Lager»? Bei den Staatlichen hin zur besseren, umfassenderen Theater-Ausbildung. Bei den Privaten hin zur bestmöglichen Früh- und Vorausbildung. Gerade in den unteren Klassen, die das wichtigste wirtschaftliche Standbein privater Schulen sein dürften, gehen allzuoft Talente «kaputt» oder verkümmern an unzureichender Förderung (woher denn auch das generelle Mißtrauen der staatlichen gegenüber den privaten Akademien rührt). Als Reservoir des Tänzernachwuchses – das die Gesamtheit der Privaten nach wie vor in einzigartiger Weise darstellt – für die Auswahl und Vorbereitung der Begabten zu sorgen, die dann, nach einem abgestimmten Wechsel, im Vollzeitunterricht staatlicher Akademien für den Tänzerberuf geformt werden könnten, wäre im berufsausbildenden Bereich die von den Privaten primär zu erfüllende Aufgabe.

Freiberufliche Tanzpädagogen, die solche Vorstellungen hegen, gehören freilich auch meist zu jenem scheint's doch begrenzten Kreis privater Ausbilder, für die ihr oft bekundetes Verantwortungsgefühl gegenüber ihren Schülern mehr ist als ein schnell abgelegtes Lippenbekenntnis. Zu diesem Verantwortungsgefühl gehört die ständige fachliche Weiterbildung des Pädagogen. Solange es freilich schon an der grundlegenden Pädagogenausbildung hapert... Verschiedene Berufsverbände (der größte und namhafteste ist der Deutsche Berufsverband für Tanzpädagogik e. V. in Essen) versuchen durch die systematische Schulung ihrer Mitglieder eine Steigerung des Ausbildungsniveaus zu erreichen. Daneben bieten heute alle Hochschulakademien in der Bundesrepublik Studiengänge für Tanzpädagogik an. Deren «Ausstoß» ist allerdings nicht von der Qualität, die von einer bereits ausreichend verbesserten Pädagogenausbildung hierzulande sprechen ließe. Auch Tanzpädagogik ist letztlich ein Talentberuf (und könnte deshalb, wie in traditionsreicheren Ballettländern, auch schon im Kindesalter gefördert werden; statt dessen wird das Feld fast ausschließlich den zurückgetretenen oder gescheiterten Tänzern überlassen), bei dem tänzerische Praxis und wissenschaftliche Zusatzfächer nicht das Flair, die Intuition, also die Begabung für die Vermittlung des Lehrstoffs und den Umgang mit Schülern ersetzen können. Und doch hätten gesetzlich vorgeschriebene Mindestanforderungen an Pädagogen, etwa ein spezielles Diplom für Tanzpädagogik, durch das überhaupt erst die Eröffnung einer privaten Ballettschule möglich wäre (wenigstens das!), zweifellos positive Auswirkungen auf die allgemeine Verfassung der privaten (und nicht nur professionellen) Ballettausbildung hier. Noch sind die Voraussetzungen dafür freilich nicht geschaffen: Es herrscht der Grundsatz «Wer will, der darf!», Narrenfreiheit öffnet jedweder Scharlatanerie Tür und Tor (so ist etwa selbst die Berufsbezeichnung «Ballett- und Tanzpädagoge» durch nichts geschützt) – und seriöse Privatschulen müssen angesichts zwielichtiger Konkurrenz nicht selten um ihre wirtschaftliche Existenz bangen.

Staatliche und halbstaatliche Schulen

Eine vor noch gar nicht allzu langer Zeit schlicht unvorstellbare Tanzbegeisterung – und zwar längst nicht nur in den Zentren des bundesdeutschen Ballettschaffens; von Jahr zu Jahr steigende Vorstellungszahlen der einzelnen Kompanien und parallel dazu mehr und mehr Zuschauer für nahezu alles, was sich in der einen oder anderen Form tänzerischer Ausdrucksmittel bedient – all das verleitet offensichtlich zu völlig falschen Annahmen. Denn falls die Bundesdeutschen tatsächlich zu so etwas wie einer «Ballettnation» geworden sind, dann bestenfalls zu einer passiven, einer konsumierenden Ballettnation.

Ausländerquoten um die 80% in deutschen Ballett- und Tanzensembles bei gleichzeitigen Ausbildungsergebnissen, die, zumindest an der Spitze der subventionierten Schulen in der Bundesrepublik, heute besser sind denn je zuvor – das ist nur ein scheinbarer Widerspruch. Einerseits sind nämlich die rund fünfzig festen Ballettkompanien an den Theatern im Westen Deutschlands mit ihren circa 1200 Stellen nach wie vor ein begehrter Arbeitsmarkt für zahllose Tänzer aus europäischen, amerikanischen und asiatischen Ländern, wo weit mehr Nachwuchskräfte ausgebildet werden, als die heimischen Kompanien je aufnehmen können (umgekehrt ist es namentlich im angloamerikanischen Raum für ausländische Tänzer schier unmöglich, einen festen bezahlten Job in Tanzkompanien zu bekommen). Und andererseits finden einfach nicht genug talentierte Deutsche den Weg in die Ballettschulen.

Gerade das steht aber im Gegensatz zum allgemeinen Tanzenthusiasmus unter deutschen Theatergängern (und im Gegensatz zum immer breiter werdenden Angebot tänzerischer Bildungsmöglichkeiten, die offenbar vornehmlich unter dem Aspekt einer hobbymäßigen Beschäftigung wahrgenommen werden). Die gleichen Eltern, die ihre Kinder bereitwillig mit in die Ballettvorstellungen nehmen, zeigen sich scheint's ausgesprochen unwillig, wenn ihre Sprößlinge sie mit dem Wunsch nach einer Ballettausbildung konfrontieren.

Die Gründe dafür sind vielfältig. Vielen Eltern würde die Entscheidung für den Ballettschulbesuch ihrer Kinder wohl erleichtert, wenn die gleichzeitig auch einen qualifizierenden Schulabschluß in Angriff nehmen könnten – um gegen alle Eventualitäten gewappnet zu sein. Anderen würde eine bessere soziale Lage der Tänzer während und vor allem nach ihrer schon so früh endenden aktiven Zeit eine Beruhigung sein. Einer dritten Kategorie wäre – wenigstens in den ersten Jahren der Ausbildung – eine möglichst nah am Heimatort gelegene Schule wichtig, oder zumindest, wenn es denn unbedingt Hamburg oder Stuttgart oder München sein muß, ein gut geführtes Internat (was denn die großen Schulen in den genannten Städten auch zu ihrem Angebot zählen). Und einer vierten Gruppe müßte zunächst glaubhaft gemacht werden, daß Tänzerinnen nicht notwendigerweise magersüchtig und Tänzer ebensowenig zwangsläufig homosexuell werden, wenn sie nur erst einmal in der Höhle des Löwen untergebracht sind. (Es soll hier aber durchaus nicht verschwiegen werden, daß im Ballett – wie in jedem künstlerischen und vielen freien Berufen übrigens auch – prozentual weit mehr Homosexuelle ihr Auskommen suchen als in anderen Bereichen des beruflichen oder gesellschaftlichen Lebens.)

Gegen die mangelnde Bereitschaft deutscher Eltern, ihren Nachwuchs den Ballettschulen anzuvertrauen, gehen einzelne Schulen und Ensembles zwar getrennt, aber mit dem gleichen Ziel vor. Das Ziel heißt Imageaufbesserung und Aufklärungsarbeit und wird – beispielsweise – von Günter Pick und seiner Truppe des Staatstheaters am Gärtnerplatz ins Visier genommen, wenn, wie erstmals im März 1987, unter dem Titel «Ballett und Schule» Treffen und Gespräche zwischen Schülern und Tänzern ermöglicht, wenn Ballettdemonstrationen veranstaltet werden. Ebenfalls in München organisierte vor Jahren die Heinz Bosl-Stiftung, damals noch vorwiegend auf das Anwerben männlichen Tänzernachwuchses bedacht, ein Ballett-Training mit eben männlichen Spitzensportlern, um dem klassischen Tanz in den Augen der anwesenden Jungen das Weichliche und Feminine zu nehmen. Und die Ballettschule der Hamburgischen Staatsoper bot 1987 «Probe-Ballettstunden» für sieben- bis dreizehnjährige Jungen und Mädchen aus Hamburg und Umgebung an, die bislang noch nichts mit Ballett zu tun hatten.

Bis all diese Maßnahmen Wirkung zeigen, wird aber wohl weiterhin mehr oder weniger der Zufall bestimmen, wer in die Tanzschulen kommt. Unsere allgemeinbildenden Lehranstalten vernachlässigen die musische Erziehung ihrer Schutzbefohlenen nicht nur im Fach Tanz, aber da besonders. (Sport-)Lehrer, die schon in frühen Jahren eine womöglich vorhandene tänzerische Eignung eines Kindes erkennen könnten, gibt es nicht, eine entsprechend frühzeitige Empfehlung zum Besuch einer Ballettschule kann folglich nicht gegeben werden. So erwächst der kümmerliche Rest talentierten Nachwuchses elterlichen, gar ärztlichen Ratschlüssen. Sei's, glücklicherweise, ein musisches und erst noch dem Tanz gegenüber aufgeschlossenes Elternhaus (was in unserer allseits von Bewegungsarmut geprägten Gesellschaft nicht unbedingt naheliegt); sei's, und das ist bei aller Klischeehaftigkeit wohl auch nicht eben selten, das verhinderte Schwanen-Dasein der Mutter, die wenigstens in ihrer Tochter die eigenen Träume verwirklicht sehen möchte (armes Kind!); oder sei es der durch Tanzunterricht zu kurierende Haltungsschaden (für dessen gehäuftes Auftreten man eigentlich dankbar sein müßte). Dieses bunt gemischte Völkchen trifft sich nun wiederum seltener in den Kinder- und Vorbereitungsklassen der staatlichen Akademien als in Privatschulen: das nächste Netz, in dem zu viele hängenbleiben, die guter, den physischen und psychischen Entwicklungsstufen des Kindes angepaßter, nicht einmal unbedingt künstlerisch anspornender Unterricht hätte weiterbringen können. Wenn dann aber erst einmal die Entscheidung ansteht, die bis dahin parallel absolvierte allgemeinbildende Schule zu verlassen und einer etwa zweijährigen, ganztägigen Theaterklasse beizutreten, die man als diplomierter Jungtänzer später wieder verläßt, dann spielen die alles andere als rosigen Aussichten im Tänzerberuf – bei lückenhafter sozialer Absicherung herrscht ein harter Konkurrenzkampf – eine überaus ungünstige Rolle...

Welches Bild bietet sich nun aber jenem offensichtlich recht seltenen deutschen Wesen, das sich partout in den Kopf gesetzt hat, an einer der staatlichen Ballettakademien eine Ausbildung anzutreten? Von den Tanzabteilungen der Musikhochschulen in Essen, Frankfurt, Hannover, Heidelberg/Mannheim und Köln genießen in der Tat nicht alle «Popularität und tragende Frequenz», wie Max Niehaus das schon 1978 in seinem Buch «Ballett-Faszination» formulierte.

Heidelberg/Mannheim und Hannover arbeiten mehr oder weniger im verborgenen – niemand weiß so recht Stellung zu nehmen, wenn man auf sie zu sprechen kommt. In Frankfurt hat Egbert Strolka der Akademie zu einigem Ansehen verholfen, vor allem was die Ausbildung männlichen Nachwuchses betrifft. Eine eigens gegründete «Junge Ballettkompanie Hessen», die sich aus den Studenten der Akademie zusammensetzt, reist durch die Lande und vermittelt ihren Mitgliedern jene Bühnenerfahrungen, die in der Zusammenarbeit mit William Forsythes Frankfurter Ballett wohl nicht mehr zu erwarten waren. Köln verfügt über verschiedene kleinere Schülerensembles, macht aber sonst mehr durch Gerüchte über ständig neue Querelen und Mißstände innerhalb der Leitung seines «Instituts für Bühnentanz» auf sich aufmerksam als durch die geleistete Ausbildungsarbeit. Essen schließlich stellt einen Sonderfall unter den staatlichen Ausbildungsstätten in der Bundesrepublik dar. Pina Bausch in der ersten Ausgabe der Zeitschrift «Bühnenkunst»: «Ich habe in Essen bei Kurt Jooss studiert. Das Besondere an ihm war, daß er etwas öffnete. ‹Folkwang› ist keine Schule, die eine bestimmte Technik lehrt. Es waren verschiedene Techniken: klassisch, modern, europäische Folklore.» Kurt Jooss, der die Folkwang-Schule in den 20er Jahren mitbegründete, scheint mit seiner eigenwilligen Idee einer Verbindung von klassischer, kodifizierter Unterrichtsmethode und freiem Ausdruck noch heute präsent zu sein – allerdings in einer etwas oberflächlich die gemeinte Synthese nachahmenden Kombination aus etwa gleichgewichtigem Unterricht in klassischer, moderner und Folklore-Technik. Daraus erwuchsen bislang eine imposante Reihe höchst schöpferischer (Choreographen-)Persönlichkeiten, aber weniger fähige klassische Tänzer (das Placement des Tänzerkörpers kann nach Ansicht «klassischer» Pädagogen nicht abgeschlossen werden, wenn, wie in Essen, schon früh das akademische Training zugunsten freier Techniken reduziert wird). Der berufliche Tätigkeitsbereich der bei Folkwang ausgebildeten Tänzer ist allerdings schon traditionell der moderner Truppen (von denen in der Bundesrepublik nur zwei an festen Häusern arbeiten: das Kölner Tanz-Forum und das – akut gefährdete – «Ballett» des Musiktheaters im Revier in Gelsenkirchen) und Tanztheaterensembles – und nicht zuletzt der eigener, freier Gruppen, die gerade ehemalige Folkwangschüler immer wieder ins Leben rufen.

Allen Ballettakademien der Musikhochschulen wird, und das wohl nicht ganz zu Unrecht, bürokratische Behäbigkeit nachgesagt. Eingebunden in Entscheidungsprozesse, an denen stets mehrere Instanzen und Funktionsträger beteiligt werden müssen, bleibt ihnen die notwendige Flexibilität in der Ausbildungsarbeit weitgehend versagt. Weil zusätzliche Professorenstellen oft nicht genehmigt werden, behilft man sich mit einer Schar von Lehrbeauftragten. Weil der Fortbestand der

Klassen (und damit des Ausbildungsbetriebs überhaupt) gewährleistet werden soll, werden gelegentlich auch kaum aussichtsreich scheinende «Begabungen» immatrikuliert. Verbindliche Studienordnungen, ohne die es, einerseits, im staatlichen Ausbildungsbereich nicht geht, stehen andererseits der pädagogischen Freiheit im Weg. Sie bieten den Studenten indes einen (zweifelhaften) Vorteil, nämlich den überdurchschnittlich langer (Semester-)Ferien. Gerade auch deshalb wird die an den Hochschulakademien geleistete Arbeit oft äußerst skeptisch beurteilt. Übrigens wäre es eben im Bereich staatlicher Tänzerausbildung äußerst aufschlußreich, mehr über den weiteren Berufsweg der einmal mit Diplom-Urkunden ausgestatteten jungen Tänzer zu erfahren. Keine Schule, keine private und keine staatliche, im gesamten deutschsprachigen Raum führt meines Wissens eine entsprechende Kartei. Weder der innerschulische Werdegang wird aktenkundig und damit nachvollziehbar (und nachprüfbar) gemacht noch der spätere berufliche. Ihn zu kennen wäre für die richtige Beurteilung der insgesamt an einem bestimmten Institut geübten Ausbildungspraxis aber von großem Wert.

Die spektakulärsten und andauerndsten Erfolge bundesdeutscher Tänzerausbildung haben drei Institute erzielt, die zwar vor allem mit staatlichen (im Falle der Heinz Bosl-Stiftung auch mit privaten) Geldern arbeiten, durch ihren Status als halb staatliche, halb private Einrichtung und/oder die Anbindung an eine professionelle Kompanie aber unabhängiger und berufsbezogener auszubilden in der Lage sind. Die Rede ist von der John Cranko-Schule in Stuttgart, der Münchner Heinz Bosl-Stiftung (Münchner Ballett-Akademie) und der Ballettschule der Hamburgischen Staatsoper.

Die Stuttgarter John Cranko-Schule bildet schon seit einigen Jahren das Schlußlicht dieser Troika. Von John Cranko, dem legendären Begründer des «Stuttgarter Ballettwunders», und Anne Woolliams, seiner nicht weniger legendären Ballettmeisterin, zielstrebig zur Talentschmiede für die Stuttgarter Kompanie ausgebaut, war sie in den 70er Jahren die erste, Vorbild gebende bundesdeutsche Schule ihrer Art: mit ganztägigem, professionellem Unterricht, mit der direkten Zusammenarbeit zwischen Schule und Ballettensemble und – erstmals hierzulande – einem Internat, das auch auswärtigen Schülern von da an eine Ausbildung in Stuttgart ermöglichte. Die früheren Ausbildungserfolge waren nach dem Tod Crankos, Woolliams' Weggang nach Australien (heute leitet sie die Schweizerische Ballett-Berufsschule in Zürich) und dem Antritt von Heinz Clauss als Schulleiter nicht mehr so zahlreich und aufsehenerregend. Der einst nach dem englischen Ausbildungssystem gehaltene Unterricht wurde jüngst von der Einführung des russischen, auf Agrippina Waganowas Methoden fußenden Systems abgelöst. Inwieweit sich ein nicht ganz unbedeutender Rest in den Schuldiensten verbliebener, ursprünglich «englischer» Lehrer darin zurechtfindet und welche Ergebnisse eine «russische» John Cranko-Schule einst erzielen wird, bleibt abzuwarten. Tatsache ist, daß den Bemühungen um eine Reorganisation der schulischen Arbeit und der Zusammenarbeit zwischen Schule und Kompanie, die sich zeitweilig in einem desolaten Zustand befunden haben muß, ein Rückschlag widerfuhr: Michèle Rabier, auf der als stellvertretender Direktorin der Schule große Hoffnungen geruht haben, hat Stuttgart verlassen.

Zum Wechsel vom englischen zum russischen Ausbildungssystem wurde die Stuttgarter Akademie nicht zuletzt durch die bemerkenswerten Erfolge gedrängt, die in München die Ende der 70er Jahre gegründete Heinz Bosl-Stiftung mit ihrer russisch orientierten Förderung des Tänzernachwuchses erzielt hat. Fred Hoffmann, Vorsitzender der Stiftung und Gatte von Konstanze Vernon, der Co-Direktorin der Staatlichen Ballett-Akademie in München, weiß selbst: «Für Außenstehende ist es sehr schwer, die beiden Institutionen auseinanderzuhalten.»

In der Tat: Die Tätigkeitsbereiche beider Schulen wurden in den vergangenen Jahren mehr und mehr identisch – was vor allem eine immer stärkere Verlagerung ursprünglicher Arbeitsfelder der Stiftung in die staatliche Verantwortung der Hochschule und ihrer Ballett-Akademie bedeutet. Hochschul- und «Bosl»-Studenten werden von den gleichen Pädagogen unterrichtet, ja selbst die Studenten, die hier als Hochschul-, dort als Schützlinge der Stiftung geführt werden, sind, zumindest in den oberen Klassen, ein und dieselben.

Auf jeden Fall aber profitiert die Staatliche Ballett-Akademie von der Initialzündung der Heinz Bosl-Stiftung für die Münchner Ausbildungsszene, wenn sie als Ballett-Akademie denn überhaupt wahrgenommen wird. Fred Hoffmann: «Ich möchte sagen, wir sind ein ‹Verlöbnis› – noch keine ‹Ehe›! – mit der Hochschul-Akademie eingegangen.

Was dort, im Rahmen einer festgelegten staatlichen Ausbildung nicht möglich ist, übernehmen wir – die zusätzliche, gezielte Förderung der Begabtesten.» Die, so Hoffmann, sollen aber in jedem Fall eingeschriebene Studenten sein (zwecks Versicherungsschutz) und sind damit eben in der Regel Mitglieder der Ballett-Akademie. Den Abschluß der strikt berufsorientierten Ausbildung bei «Bosl» bilden denn auch die Diplomprüfungen der Hochschule. Bis 1987 hat man 76 Diplome erteilt, mit denen ausnahmslos alle 76 Absolventen in ein Engagement gelangt sind.

14 ihrer Absolventen der Theaterklassen wurden bislang von der Ballettschule der Hamburgischen Staatsoper ins Hamburger Ballett übernommen, darunter die ersten ausschließlich in eigener Verantwortung ausgebildeten Schüler – ein noch immer äußerst seltener Fall in der Geschichte der großen Akademien hierzulande (von Stuttgarts Cranko-Schule und ihrer Pionierarbeit einmal abgesehen), die nach wie vor überwiegend Talente ausbilden, die bereits mit wesentlichen Vorkenntnissen in die Schule eintreten. Schon durch ihre – wie mir scheint – vorbildlich enge und dadurch unerreichte Zusammenarbeit mit dem Ballett der Staatsoper unter John Neumeier wurde in Hamburg etwas Einmaliges geschaffen. Das dürfte in dem neuen, großzügigen «Ballett-Haus» für Schule und Kompanie auch seinen äußeren Ausdruck finden, das 1988, im zehnten Jubiläumsjahr der Gründung der Ballettschule der Hamburgischen Staatsoper, bezogen wird. John Neumeier spricht übrigens vom Ende der Aufbauphase seiner Schule. Damit beschreibt er treffend auch die allgemeine Ausbildungssituation in der Bundesrepublik: «Aufbauphase» – es ist nicht nichts geschaffen worden, aber auch noch nicht alles Nötige und Mögliche. Die Heinz Bosl-Stiftung wartet auf den ersten «reinen» «Bosl»-Jahrgang, Stuttgart sattelt um vom englischen aufs russische System, im musischen Gymnasium Essen-Werden versucht man die Verbindung von Tanz- und Schulausbildung, Berufsverbände und regionale Initiativen von Ballettschulen versuchen das private Ausbildungsniveau zu verbessern, laufend entstehen neue Projekte im Bereich der Tänzer- und Pädagogenausbildung... Offensichtlich ist sich die «Szene» bewußt, daß noch lange kein Anlaß gegeben ist, sich auf den ersten Lorbeeren auszuruhen.

«Elevenklassen» der Opernhäuser

Früher sorgten sie neben den privaten Schulen maßgeblich für Tänzernachwuchs, heute sind sie praktisch ganz verschwunden: die Ballettklassen (von «Schulen» kann wohl kaum die Rede sein) der Opernhäuser. Gemeint sind nicht Akademien vom Typ der John Cranko-Schule oder der Ballettschule der Hamburgischen Staatsoper, die, angebunden an eine Ballettkompanie, eine umfassende, langjährige Ausbildung anbieten. Gemeint sind Ballettklassen der Musiktheater, die als Überreste früherer Ausbildungsstrukturen noch heute speziell für das hauseigene Repertoire «Gruppenmaterial» erziehen – mit einem Schmalspurprogramm, was die Zahl der Pädagogen, der Fächer und die Dauer der Ausbildung angeht. Die Bayerische Staatsoper in München ist eines der wenigen, wenn nicht sogar das einzige bundesdeutsche Opernhaus, das, ungeachtet aller Erkenntnisse um die Notwendigkeiten einer soliden Ausbildung, noch heute eine solch mangelhafte tänzerische Schulung anbietet. Ihre Elevenklasse hat freilich eine große Vergangenheit: Der früh verstorbene Heinz Bosl, die großartige Eva Evdokimova und Heidrun Schwaarz, zu ihrer aktiven Zeit eine der profiliertesten deutschen Ballerinen, gehörten ihr einst als Schüler an. Darauf verweist auch Eva-Elisabeth Fischer in der «Süddeutschen Zeitung» und fährt fort:

«Seit über dreißig Jahren bietet die Oper jungen Leuten, die Tänzer werden wollen, einen dreijährigen Elevenvertrag an, der den Anwärtern nach vollendeter Schulpflicht Ausbildung und Bühnenpraxis zugleich bieten soll. (...) Den letzten Solisten hat die Elevenklasse vor zehn oder 15 Jahren hervorgebracht. (...) Immerhin, so könnte man einwenden, werden vom heurigen Jahrgang zwei Mädchen und ein Junge ins Corps des Opernballetts übernommen. Doch welche Chancen haben sie? Und die anderen? Auf sie warten Engagements in Koblenz oder Regensburg.» Nach Angaben von Stefan Erler, dem kommissarischen Leiter des Balletts der Bayerischen Staatsoper, finden von den Schülern der Elevenklasse dreiviertel überhaupt ein Engagement, während der Rest gleich nach der Ballett-«Ausbildung» in einen anderen Beruf wechselt.

Eva-Elisabeth Fischer über die Bühnenpraxis der Staatsopern-Schüler: «Die Eleven sind verpflichtet, bei allen Proben anwesend zu sein.

Sie lernen das Repertoire des Corps bei Ballett- und Tanzeinlagen in den Opern mit. Wird jemand krank, muß ein Eleve einspringen. Oder er wird eingesetzt als einer der vierzehn Engel in ‹Hänsel und Gretel›, da ‹muß schön geschritten werden›, wie Erler das ausdrückt. Statisten können nicht so schön schreiten, also nimmt man die Balletteleven, was darüber hinaus auch noch viel billiger ist. Denn so ein Eleve bekommt pro Abend, je nachdem ob Kostüm-, Schmink- oder Gefahrenzulage gewährt wird, zwischen 18 und 25 Mark gezahlt. (...) Tradition hin oder her – in der Elevenklasse trifft sich ‹Tänzermaterial› zweiter Wahl, dem eine mögliche Karrierechance vorgegaukelt wird, um billige Statisten rund um die Uhr am Haus zu haben.»[2]

Berufseinstieg – wie?

Paritätische Prüfungskommissionen, «Tänzerbörse», Vortanzen und Tänzerwettbewerbe: Anmerkungen

Es ist paradox: Diplom-Abschlüsse, Zertifikate, Reifeprüfungen, Zeugnisse – die Götzen unserer Leistungsgesellschaft haben gerade dort keine Macht, wo das Leistungsprinzip in Reinkultur herrscht, im Ballett. Dennoch werden mehr und mehr solcher «Befähigungsnachweise» produziert, von Hochschulakademien, von Paritätischen Prüfungskommissionen, ja sogar von privaten Ausbildern. Doch egal, wer einem Tänzer die Urkunde in die Hand drückt: Beim Vortanztermin in den Theatern, unter den Augen von Ballettmeistern, Choreographen und Ballettdirektoren, die über ein Engagement zu entscheiden haben, ist das Dokument nicht mehr als das Papier wert, auf dem es gedruckt ist. Dann zählen nur tänzerische und künstlerische Fähigkeiten, zählen Körperbau, Typ, Alter, Berufserfahrung (und natürlich das Geschlecht) – mehr nicht, aber auch nicht weniger, und schon gar nicht Qualitäten, die man zwar schriftlich nachweisen kann, aber nicht zu *zeigen* in der Lage ist.

Die Paritätischen Prüfungskommissionen der Genossenschaft Deutscher Bühnen-Angehöriger (GDBA) und des Deutschen Bühnenvereins (DBV), die in sechs größeren Städten des Bundesgebiets und in Berlin eingerichtet sind, genießen unter Tanzschaffenden einen überwiegend negativen Ruf. Dagegen wissen Tanzpädagogen je nach persönlicher Erfahrung zu unterscheiden: Sie nennen Kommissionen, denen sie ihren Nachwuchs regelmäßig und vertrauensvoll zur Beurteilung schikken, und solche, deren Wertungen sie schlicht für wertlos halten, weil sie unter unzureichenden Voraussetzungen zustande kommen (es mag freilich auch Schulleiter geben, die ihre Zöglinge dort die gut klingende «Bühnenreife»-Prüfung ablegen lassen, wo sie am leichtesten scheint). Eine ausführliche Prüfungsordnung legt die Verfahren für die Eignungs-, Zwischen- und Bühnenreifeprüfungen minutiös fest. Aber wie so viele «Ordnungen», die auf dem Papier zu überzeugen vermögen, muß auch diese erst einmal mit Leben erfüllt werden. Eine bürokratisch behinderte Praxis der Kommissionsbildung scheint dabei das größte Hindernis: Nicht selten wird der personifizierten Inkompetenz das Feld zur Beurteilung tänzerischer Qualitäten überlassen. Gerade für den privaten Ausbildungssektor, der über keine allgemein verbindlichen Kontrollinstanzen verfügt, könnten die paritätischen Prüfungen aber außerordentlich wichtig sein – wenn sie nur auf dem überall gleichen, und zwar auf dem überall gleich hohen Niveau stattfänden.

Was in anderen Bereichen der Tanzerziehung gilt, findet man übrigens auch hier: Statistiken werden nicht geführt. Jedenfalls keine, die den weiteren Berufsweg von Bühnenreife-Prüflingen der Paritätischen Kommissionen nachweisen könnten. Es steht ohnehin zu vermuten, daß solche Zahlenspiegel vor allem die weitgehende Bedeutungslosigkeit der Kommissionsprüfungen zutage fördern würden: Die Zahl derer, die durch, mit oder trotz eines paritätischen Reifezeugnisses in ein dauerhaftes Arbeitsverhältnis (als Tänzer wohlgemerkt!) gelangt sind, dürfte unerheblich sein.

In Frankfurt wiederholt sich Monat für Monat ein trauriges Schauspiel: Dort führt die ZBF, die Zentrale Bühnen-, Film- und Fernsehvermittlung der Bundesanstalt für Arbeit, seit Jahren «Tänzerbörsen» durch, die Ballettdirektoren und Choreographen mit Tänzern und Tänzerinnen zusammenführen sollen. Die Abwicklung der Geschäfte erfolgt nach festgelegten Modalitäten: Während eines mehrteiligen, umfassenden Trainings (das auch schon einmal von einem Ballettmeister geleitet wird, der seinerseits einen neuen Job sucht) wird die «Ware» von ihren potentiellen «Käufern» begutachtet. Die werden, wenn's gut läuft, auf den einen oder die andere aufmerksam und erkundigen sich bei den Leitern der Veranstaltung im Flüsterton nach Herkunft und Ausbildung, nach Alter und Bühnenerfahrung der betreffenden «Nummer». Anschließend wird man, wenn die Käuferseite es wünscht, einander vorgestellt, die jeweiligen Wünsche an ein Engagement werden ausgetauscht, ein weiterer Termin zum Training mit der Kompanie wird vereinbart. Und wer nicht zu den Auserwählten gehört (das sind die meisten), der wird mit den schriftlichen Bedarfsmeldungen verschiedener Ballettdirektoren, die nicht persönlich erschienen sind, konfrontiert, und je nach Eignung, also wenn Geschlecht, Größe, Alter und tänzerisches Know-how stimmen, zur Bewerbung ermuntert.

Das Traurige an all dem ist nicht so sehr die Tatsache, daß die Frankfurter Tänzerbörse viel von ihrer ursprünglichen Attraktivität für Ballettleiter und Tänzer verloren hat und die durch ihre Choreographen vertretenen Häuser oft nicht eben das sind, was sich ein junger Tänzer wünschen mag. Weitaus deprimierender ist das Bild, das die Gruppe derer bietet, die hier ihre Haut zu Markte tragen. Die «Tänzerbörse» steht jedem offen. Wer sich zum angekündigten Zeitpunkt einfindet, darf am Training teilnehmen. Voraussetzungen, welcher Art auch immer, sind nicht zu erfüllen (von Selbstverständlichkeiten wie Trainingszeug und Ballettkenntnissen einmal abgesehen). Folglich trifft man hier auf eine bunt zusammengewürfelte Truppe. Da absolviert der begabte Nachwuchs auf der Suche nach einem ersten Engagement seine Enchaînements neben geradezu tragisch hoffnungslosen Fällen, die ohne Chance von einem Vortanztermin zum anderen jagen, und denen auch hier nicht gesagt wird, daß ihr tänzerisches Vermögen, ihr Typ, ihr Alter – oder auch alles zusammen – unüberwindbare Handicaps darstellen. Ausländische Bewerber unterschiedlichen Niveaus, die mit der Hoffnung nach Frankfurt kommen, sich hier kostspielige Reisen zu den einzelnen Kompanien ersparen zu können, konkurrieren mit Profis, die in ein anderes Engagement wechseln möchten, und mit zu klein oder zu groß Geratenen, die trotz womöglich guter Technik auch diese Gelegenheit nutzen müssen, um auf sich aufmerksam zu machen.

Viele Ballettkompanien führen jährlich mindestens eine «Audition» in ihrem Stammhaus durch, nach deren Termin man sich am besten telefonisch erkundigt (kein Theater hat es nötig, einen aufwendigen Schriftverkehr zu führen, um genügend Bewerber für eine frei werdende

Stelle im Ballett zusammenzutrommeln). Darüber hinaus lassen aber fast alle Direktoren und Choreographen auch individuell zu vereinbarende Vortanztermine zu, ja manche legen sogar ausdrücklich Wert darauf, die Bewerber nicht (nur) unter den Bedingungen eines allgemeinen Vortanzens zu begutachten, sondern beim Training mit der Kompanie.

Die meisten Neuengagements dürften noch immer bei diesen «hausinternen» Vorstellungsterminen in die Wege geleitet werden – obwohl (oder gerade weil) sie völlig unspektakulär und unter weitgehendem Ausschluß der Öffentlichkeit vonstatten gehen. Gerade das kann von Tänzerwettbewerben nicht behauptet werden. Sie sind notwendigerweise auf «Sensation» und Public Relations angelegt (jüngstes Beispiel in einem verwandten Bereich ist der Zigarettenkonzern Philip Morris, der den neuen Lausanner Choreographen-Wettbewerb sponsert und natürlich schon deshalb an größtmöglicher Medienwirksamkeit des Ereignisses interessiert ist, weil sein Name den Titel der Veranstaltung ziert). Ob Wettbewerbe für Tänzer darüber hinaus auch für die einzelnen Teilnehmer wichtige Erfahrungen bereithalten? Zweifel daran hegen nicht nur zahlreiche Kritiker einer Wettkampf- und Plazierungsmentalität im Vergleich künstlerischer Fähigkeiten, Zweifel daran hegen auch Tanzschaffende und Tanzpädagogen – nicht zuletzt sogar solche, die ihre Schützlinge (dennoch) immer wieder an entsprechenden Konkurrenzen teilnehmen lassen.

Der «Internationale Ballettwettbewerb» in Varna, der 1964 vom bulgarischen Ministerium für Kultur ins Leben gerufen wurde, war der erste seiner Art. Moskau folgte 1969 mit einem Tänzerwettbewerb im Vierjahresrhythmus, Tokio, Lausanne und Jackson schlossen sich an. Jeder der Wettbewerbe versucht durch unterschiedliche Zulassungskriterien, Prüfungskategorien und -jahrgänge eigenes Profil zu gewinnen. Ebenso der Münchner Ballettwettbewerb «Jugend und Ballett». Noch jüngeren Datums und in der Regel zweijährlich von der Heinz Bosl-Stiftung veranstaltet, ist er für bundesdeutsche Ballettschüler gedacht, die noch kein Engagement angetreten haben. Zielrichtung der Bosl-Stiftung ist die Schaffung einer dem «Jugend musiziert»-Wettbewerb vergleichbaren, regelmäßigen Veranstaltung. Vorläufig scheint es dabei vor allem am tänzerischen Können der Teilnehmer zu hapern. Immerhin wird dadurch aber das allgemein nach wie vor mangelhafte

Niveau bundesdeutscher Ballettausbildung immer wieder in Erinnerung gerufen – während ein anderer, nämlich der wohl weltweit jüngste Tänzerwettbewerb mit seiner Vorspiegelung einer in rosarote Farben getauchten heilen Ballettwelt zum rundum Abstoßendsten gehört, das bislang in diesem Bereich denkbar schien (zumindest gilt das für seine 1987er Ausgabe): Der «2. Internationale Eurovisionswettbewerb für junge Tänzer» versammelte auf der Schwetzinger Schloßtheaterbühne lauter Opfer eines oberflächlichen TV-Spektakels, das in seiner aufgeplusterten Leere dem Schwesterwettbewerb um den «Grand Prix» für das «beste» Euro-Schlager-Liedchen in nichts nachstand. Pas de deux konkurrierten da mit Soli, Klassik wetteiferte mit der Moderne, Showtanz mit zeitgenössischem Ballett. Arrivierte Profis standen neben Ausbildungsschülern auf dem Siegerpodest, künstlerisch gereifte Tänzer neben 14jährigen Baby-Ballerinen, die technisch einwandfrei, aber seelenlos ihre Variationen mit Höchstschwierigkeitsgrad abspulten.

Andere Veranstalter, seriösere Sitten – gewiß. Dennoch scheint der Gewinn für die jungen Wettkämpfer generell fraglich. Ein Bühnenauftritt, etwas Hineinschnuppern in die Berufspraxis, sich messen mit Schülern anderer Institute und Nationalität – rechtfertigt das bißchen an «Erfahrung» wirklich den Stress einer Wettbewerbsteilnahme, das monatelange Hinfiebern darauf und die Einstudierung einer Rolle, einer klassischen Variation, deren wettbewerbsfähiger, perfekter Beherrschung womöglich andere Ausbildungsziele zeitweilig geopfert werden müssen? Ich denke: Nein. Vorzuziehen ist da allemal das weitaus organischere Hineinwachsen junger Tänzer aus den letzten Ausbildungsklassen in den professionellen Kompanie- und Repertoirebetrieb. Aber eben: Wie viele Schulen bieten das schon?

Trotz aller Kritik und offenkundigen Nachteile scheint die Masse der Wettbewerbe in aller Welt eine gewisse Eigendynamik entwickelt zu haben, der sich einzelne Schulen scheint's kaum mehr entziehen können. Ich erinnere mich an ein Gespräch mit Konstanze Vernon, in dem sie mir schilderte, wie ihre Schüler, wenn sie einmal nicht mit dem erhofften Erfolg in der Tasche von einem Wettbewerb zurückkehren, von den Lehrern der Münchner Stiftung «aufgefangen» werden. Sie stünden nicht verlassen da und würden die Enttäuschung deshalb schnell überwinden. Die Frage, ob man denn nicht lieber ganz auf die Teilnahme an Tänzerwettbewerben verzichten sollte, war freilich unangebracht: Gerade durch ihre Erfolge bei internationalen Schaukämpfen machte die Heinz Bosl-Stiftung nachhaltig auf sich und ihre Tänzerförderung aufmerksam – in der Tanz-Öffentlichkeit und vor allem bei privaten Geldgebern und staatlichen Stellen, die das Weiterleben und Wachsen der Stiftung mitbestimmen.

Und was danach?

Anmerkungen zur sozialen Sicherung von Tänzern

Anderswo ist natürlich alles besser. Die staatlichen Ballettschulen der DDR sind verpflichtet, ihren Absolventen zu einem Platz in einer der volkseigenen Ballett-Truppen zu verhelfen. Dort gibt's auch schon nach 15 Berufsjahren eine Mindestrente von etwa 800 Mark (Ost), und zwar gleichgültig, wo die aktiven Jahre geleistet wurden. In den Niederlanden erhalten selbst Tänzer fremder Nationalität nach nur wenigen Jahren Anspruch auf einen relativ großzügigen monatlichen Rentenbetrag. Großbritannien zahlt ehemaligen Tänzern nach Beendigung der Bühnenlaufbahn automatisch einige tausend Pfund Sterling zur Finanzierung einer zweiten Berufsausbildung. Und Schweden stattet seine Tänzer, zehn Jahre Berufspraxis vorausgesetzt, schon ab dem 41. Lebensjahr mit einer monatlichen Rente aus... Die Liste ließe sich fortführen, auch andersrum: In der Bundesrepublik erwirbt sich ein Bühnenangehöriger nach 15 Jahren Bühnentätigkeit das Recht auf angemessene Weiterbeschäftigung – wohlgemerkt nach 15 Jahren am selben Haus, was zur Folge hat, daß viele Tänzer spätestens nach dem vierzehnten Jahr, in dem sie zur gleichen Truppe gehörten, auf der Straße stehen.[3] Von einer Verpflichtung der staatlichen Schulen zur Plazierung ihrer Schüler an einem Theater kann keine Rede sein, und das Wort «Mindestrente» ist bei liberalen Wirtschaftsministern mindestens ebenso verpönt wie ein Rentenalter um die Vierzig für Tänzer. Doch – beispielsweise – auch in den USA, dem großen Bruderland, können Künstler von ähnlichen sozialen Sicherungen wie in unseren europäischen Nachbarstaaten meist nur träumen. Doch ist das ein Trost?

Diese Stimmen hört man auch hierzulande: Zuviel Sicherheit schadet der künstlerischen Arbeit. Wohl nicht von ungefähr kursiert der böse Spottname von den «Tänzerbeamten» der Wiener Staatsoper... Gert Reinholm, Ballettdirektor der Deutschen Oper Berlin, verweist darauf, daß nirgendwo sonst die Urlaubs- und Freitageregelungen so großzügig gehalten seien wie in der Bundesrepublik einschließlich West-Berlins. Darüber hinaus gälten heute, «zumindest an den großen Häusern», in jeder Hinsicht gleiche Bedingungen für Ballettkompanien und Opernchöre (lange genug hat's ja gedauert), und schließlich habe jeder Tänzer, der seine Laufbahn beendet, den Anspruch auf eine staatlich finanzierte Umschulung. Auf der anderen Seite vernimmt man regelmäßig Klagen über echte oder vermeintliche soziale Ungerechtigkeiten für Tänzer. Im Oktober 1987 etwa: Da protestierte der Bonner «Deutsche Tanzrat/Deutsche Ballettrat e. V.» gegen geplante «Massenentlassungen» an den Opernhäusern der Bundeshauptstadt und in Wiesbaden, die jeweils Revirements in den Chefetagen des Balletts und damit weitgehende Umbesetzungen der Ensembles angekündigt hatten. «Der Willkür einzelner Theaterleiter und Choreographen» müsse Einhalt geboten werden. Ist das also mit mehr sozialer Sicherung für Tänzer gemeint: jahrelanges Ausharren-Dürfen in ein und derselben Kompanie, allen künstlerischen Richtungswechseln zum Trotz? Wohl kaum. Befristete Vertragsverhältnisse ganz ohne automatischen Verlängerungsanspruch haben sich durchaus bewährt, ja sie sind notwendig, denn ein gewisser Leistungsdruck scheint der tänzerisch-künstlerischen Potenz einer Kompanie einigermaßen förderlich... Die Verkrustung und Überalterung der Personalstrukturen von Ballettensembles wird ohnehin niemand ernsthaft wünschen. Die damit zwangsläufig einhergehende künstlerische Stagnation mit all ihren negativen Auswirkungen wie Attraktivitätsverlust der Truppe und Publikumsschwund hätte letztlich doch weiter nichts als den Abbau von Stellen oder gar die Auflösung ganzer Kompanien zur Folge – und das dann wohl zu Recht. Der Schuß ginge also nach hinten los. In diesem Fall, der die Bonner Tanzräte auf die Barrikaden brachte, scheint mir etwas anderes wichtig: daß die soziale Sicherung nach dem mehr oder weniger plötzlichen Ende eines Engagements «greift» und eine womöglich länger andauernde Übergangszeit durchzustehen hilft.

«Es geht überhaupt nicht darum, die künstlerische Berufsgruppe

Tänzer sozial zu privilegieren, sondern darum, ihre soziale Unterprivilegiertheit im Verhältnis zu anderen künstlerischen Berufsgruppen im Sinne der Normen der Sozialstaatlichkeit aufzuheben», schrieb Ulrich Tegeder 1985 im «Ballett-Jahrbuch».[4] Das zielt vor allem auf das frühe Ende einer Tänzerlaufbahn. Das liegt, wenn alles gutgeht und nicht körperlich-gesundheitliche Gründe zu einem noch früheren Bühnenabschied zwingen, zwischen dem 35. und 40. Lebensjahr – zwanzig bis fünfundzwanzig Jahre vor dem Rentenanspruch. Wer bis dahin keine Reichtümer angehäuft hat (und wer kann das schon? 1985 verdiente ein einfaches, lediges Mitglied in den am besten eingestuften Ballettensembles der Gagenklasse 1 a etwas mehr als DM 3000,– monatlich), steht vor dem Problem, nicht nur sein Leben rundum neu gestalten zu müssen, sondern auch neue Quellen zur Finanzierung seines Lebensunterhalts aufzutun, sprich: einen neuen Beruf zu erlernen – und das in einem Alter, in dem sich «normale» Berufstätige «nur» mit den Fährnissen der Midlife Crisis herumschlagen.

Mag mit etwas Glück und einer stabilen Konstitution die aktive Zeit des Tänzers in sozial einigermaßen «geordneten» Bahnen verlaufen sein – jetzt eröffnet sich ihm (und seiner Umwelt) die soziale Unterversorgung der Berufsgattung Tänzer mit einem Schlag. Einige Alternativen stehen immerhin zur Wahl – aber alle müssen mit dicken Fragezeichen versehen werden.

Eine Ballettschule eröffnen? Die am häufigsten von gewesenen Tänzern gewählte neue Existenzgrundlage ist auch eine der zweifelhaftesten. Nicht für die Schulen selbst und ihre Leiter, die können sich mit Unterrichten meist recht gut über Wasser halten, aber für ihre Schüler, die wir an dieser Stelle ganz bewußt «Opfer» nennen: Opfer oft unzureichend, wenn überhaupt qualifizierter Pädagogen, Opfer aber auch der mangelnden sozialen Sicherung dieser ehemaligen Tänzer. Eben weil diese Sicherung praktisch nicht existiert, ist ein beruflicher und rechtlicher Freiraum wie der der privaten Ballettschulen nötig – wem nicht geholfen wird, der soll sich wenigstens ohne Rücksicht auf irgendwelche amtlichen Richtlinien selbst helfen können. Wenn das kein mustergültig liberales Sozialstaatsprinzip ist!

Vorzeitige Auszahlung der Zusatzrente? «Der Hinweis von offizieller Stelle, Tänzer könnten sich ihre zusätzliche Altersversorgung auszahlen lassen, um eine neue Existenz zu gründen, kann nur als zynisch empfunden werden. Wer riskiert schon eine noch so kleine Zusatzrente (Münchener), wenn die staatliche Altersrente (BfA) schon wegen der geringen Anrechnungsjahre in der Regel bescheiden sein wird. Nur Musiker und Sänger (und Schauspieler) können ihren Beruf fast bis an die Erreichung des normalen Pensionsalters ausüben.»[5] Im übrigen ist es für den Wert der heute üblichen Alterssicherung von Tänzern bezeichnend genug, daß sich die Heinz Bosl-Stiftung die Verbesserung der «sozialen Lebensbedingungen alter Tänzer» glaubt zur Aufgabe machen zu müssen und schon für ihre Studenten Versicherungen zur Altersvorsorge abschließt.

Eine Umschulung? Fragt sich zunächst, welcher Beruf heute noch Zukunftschancen eröffnet, zumal für 40jährige Lehrlinge. Dann, was naheliegt, ein Beruf innerhalb des Theaters? Masken-, Kostüm- oder Bühnenbildner zum Beispiel, Verkäufer an der Tageskasse, Theatermaler... Oder, noch viel enger mit dem ehemaligen Beruf als Tänzer verknüpft: Ballettmeister, Choreograph, Inspizient, Ballettkritiker, Ballett-historiker, Choreologe, Ballettdramaturg, Ballettsekretär, Masseur, Ballettschuldirektor, Ballettschul-Sekretärin, Ballettfotograf, Ballett-direktor. Die Crux bei all diesen Berufen (die zuletzt genannten hat Rudolf Liechtenhan so in seinem Buch «Arbeitsfeld Bühnentanz» aufgezählt und zu erläutern versucht): Sie sind, wenn überhaupt, in nur sehr begrenztem Umfang «vakant» – gar nicht zu sprechen von der in den meisten Fällen unabdingbaren «Begabung» und/oder der wissenschaftlichen Vorausbildung, die zur Ausübung der Berufe nötig ist, und dem sozialen Abstieg, den mancher dieser Berufe eindeutig bedeuten würde (freilich nur, wenn man sich *nicht* der Meinung anschließt, die mir während meiner Recherchen zu diesem Buch aus dem Munde eines ehemaligen Tänzers zu Ohren kam: «Wenn ein Tänzer zwanzig Jahre lang tanzen durfte, wenn er das tun durfte, was er stets tun wollte, wieso soll er dann danach nicht als Kellner oder etwas ähnliches arbeiten? Anderen Menschen ist es in ihrem ganzen Leben nicht vergönnt, ihren Traumberuf auszuüben!» Eigentlich egal, wer das sprach, denn die Ansicht ist verbreiteter, als blauäugige Gemüter annehmen mögen, und doch pikant: Der Zitierte leitet heute eine große Ballettakademie).

Abhilfe muß geschaffen werden – nur wie? Vielleicht sollte zunächst der Begriff der «sozialen Sicherung» in einem viel weiteren Sinne als dem der (in der Regel) finanziellen Unterstützung durch den Staat verstanden werden. Mit Blick auf die Tänzerausbildung schrieb Hartmut Regitz: «Wie (die) ‹Vorsorge› auszusehen hätte, kann man sich unschwer vorstellen. Ein Bildungsprogramm, so umfassend und vielseitig, daß jederzeit neue Interessen entwickelt werden können, sollte als soziale Sicherung eigentlich selbstverständlich sein.»[6] Das läßt sich weiterdenken: Möglichst hohe allgemeine Schulabschlüsse «sichern» nicht nur den angehenden Tänzer bei einem frühen, erzwungenen Abbruch seiner Ausbildung oder Bühnenlaufbahn, auch den ehemaligen Tänzern bieten sie ganz individuelle Vorteile, die letztlich sogar eine Rückwirkung auf das Niveau der hiesigen Pädagogenausbildung haben könnten. Rosemarie Marin-Alarcon hat sie im Kapitel «Tänzer von morgen?» beschrieben: «Ein Wunschtraum von mir geht schließlich dahin, daß Tänzer, die einmal die Allgemeine Hochschulreife in der Tasche haben, an ihre Karriere ein spezielles Pädagogik-Studium anhängen könnten, bevor sie selbst unterrichten.»

Dem Tänzer die Chance offenhalten, früher oder später mit ausreichenden Qualifikationen und Wissensgrundlagen sich neue Interessengebiete zu erschließen oder alte unter berufsspezifischen Aspekten zu vertiefen: Solange sich weit und breit kein Trend zum geriatrischen Ballett abzeichnet, scheint das die vernünftigste Verbesserung der sozialen Sicherung von Tänzern.

Richard Merz

Ohne Basis

Ballettausbildung in der Schweiz

Zur allgemeinen Lage

Das große, als Tanzexplosion bezeichnete Geschehen im Bereich des Tanzes in Amerika und Westeuropa nach dem Zweiten Weltkrieg hat auch in der Schweiz stattgefunden – mit einer schlagartig in Erscheinung tretenden allgemeinen Begeisterung für Ballettaufführungen und Tanzvorstellungen jeglicher Art, begleitet von einem plötzlich intensiven Interesse vieler für Unterricht in allen Sparten, als Freizeitbeschäftigung oder gar als Vorbereitung auf eine berufliche Laufbahn als Tänzer. Explosionen sind zwar immer überaus kraftvolle und in ihrem gewaltigen Ausbrechen auch tief beeindruckende, spektakuläre Vorgänge, aber sie pflegen im allgemeinen nicht ordentlich und organisch sich entfaltende Wirkungen auszulösen, sondern bringen einiges an Turbulenzen und Chaos mit sich. Die Tanzexplosion in der Schweiz jedenfalls hat auf dem Gebiete des wild wuchernden Ausbildungsangebotes spürbar Durcheinander und Verwirrung gebracht.

In Ausbildung Begriffenes erträgt Explosionen und Turbulenzen am allerwenigsten. Eine Ausbildung stellt die Basis jeder Tätigkeit dar und kann nur solide sein, wenn sie in sich fundiert ist. Über eine solche Basis aber verfügt die Tanzausbildung in der Schweiz nicht, zumindest nicht über eine so breit und fest angelegte, die das Fundament für den rasch und hoch aufgeschossenen heutigen Bau sein könnte.

Der Musikunterricht hat eine jahrhundertelange Tradition und seinen festen Platz in der öffentlichen und privaten Ausbildung für Kinder. Es existieren von der Öffentlichkeit getragene Ausbildungsstätten, die von einer großen Zahl von diplomierten Musiklehrern, die aus diesen Ausbildungsstätten hervorgegangen sind und die ganz bestimmten Anforderungen an Können und Wissen genügen müssen, um ihre offizielle Anerkennung zu erhalten, betreut werden. Vergleichbares gibt es für Tanzunterricht nicht. Von einigen Sonderfällen abgesehen kann von jahrhundertelanger Tradition keine Rede sein. Außer der allgemein beliebten «Tanzstunde» zur Erlernung der Gesellschaftstänze wurde kaum irgendwo jemals fundierter Tanzunterricht angeboten. Besonders Ballettunterricht war außerhalb etwaiger – auch nach heutigen Begriffen eher dürftigen – Theatertanzschulen nirgends zu belegen. Was sonst an Tanzunterricht angeboten wurde, gehörte in den Bereich des freien Tanzes, des Ausdruckstanzes. In der Zeit um den Zweiten Weltkrieg gab es etwa am damaligen Stadttheater Zürich eine Tanzschule, mit Kinderklassen am Mittwoch- und Samstagnachmittag, welche auch von den Tänzerinnen des hauseigenen Ensembles besucht wurden, wenn diese zum Beispiel nicht auf der Spitze tanzen konnten und in einer Aufführung doch eine Spitzenschuh-Balletteinlage vorgesehen war. Erst in jenen Jahren begannen die ersten ernst zu nehmenden Schulen ihre Tätigkeit aufzunehmen, die in der Folge die Grundlage professionellen Tanz-Unterrichtes boten.

Doch konnte die Entfaltung auf dieser Grundlage nicht organisch erfolgen. Das stürmische Verlangen nach Tanzunterricht infolge der Tanzexplosion und die günstige Gelegenheit, unabhängig von eigener pädagogischer Eignung und Fähigkeit jedes Tanzstudio sofort mit begeisterten Schülern nicht nur zu füllen, sondern aus den Nähten platzen zu lassen, ließ Tanz-, besonders Ballettschulen nur so aus dem Boden schießen. In dieser Situation, ohne allgemeine Erfahrungswerte von seiten der Lehrer wie Schüler, was denn Tanzunterricht nun eigentlich sei und wie er auszusehen habe, war einfach so ziemlich alles möglich. Heute gibt es rund 500 Schulen, von denen ca. 100 eine solide professionelle Ausbildung anbieten sollen. Genaue Zahlen zu ermitteln, dürfte schwerfallen. Denn in der Schweiz darf jeder eine Ballett- oder Tanzschule eröffnen. Zur Gründung wird kein Zeugnis oder entsprechender fachlicher Qualifikationsnachweis verlangt.

Apropos Kontrolle und Unterstützung der Ausbildungsstätten

Staatliche Kontrolle

Daß die Zahl der Schulen sich in der gegebenen Situation schwer feststellen läßt, ist das kleinste Übel. Gefährlicher ist, daß keinerlei Kontrolle über Fähigkeit und Ausbildung der praktizierenden Lehrkräfte besteht.

Weder «Tänzer» noch «Tanzlehrer» gilt in der Schweiz als eine offiziell anerkannte und geschützte Berufsbezeichnung. Wer immer Lust hat, kann sich Ballettlehrer nennen. Das mag dem viel beschworenen Geist der Freiheit der Kunst entsprechen und spontan natürlicher Lehrbegabung ungehindert Entfaltungsmöglichkeit bieten. Aber nicht jeder Begeisterte ist wirklich zum Lehrer geboren, und eine eigene passable oder sogar gute Tanztechnik stellt keine Garantie für die Fähigkeit dar, dies weitergeben zu können. Was das Ergebnis unkontrollierten Ballettunterrichts ist, wird sichtbar beim Vortanzen für Stipendien und Preise. Neben fundiert ausgebildeten Schülerinnen und Schülern treten da immer viele andere auf, die nach jahrelangem Unterricht nicht nur ungenügende, sondern schlechte und sogar technisch falsche Tanzleistungen und deformierte Körper zeigen.

Der Schweizerische Berufsverband für Tanz und Gymnastik (SBTG), der seit dem Zweiten Weltkrieg die organisatorische Grundlage der Schweizer Tanzszene bildet, besonders auf dem Gebiet der Ausbildung, hat seit Jahrzehnten, lange schon vor dem großen Aufschwung, für eine schweizerische Anerkennung der Berufsbezeichnungen Ballettlehrer/Tanzlehrer gekämpft. Doch erhielt er von den zuständigen Behörden, dem Bundesamt für Bildung und Wissenschaft und dem Bundesamt für Industrie, Gewerbe und Arbeit, immer die ablehnende Antwort, daß die rechtlichen Grundlagen für eine solche Anerkennung durch den Bund fehlen. Aktuell laufen weitere Bemühungen, auch dem Beruf des Tänzers offiziell Anerkennung zu verschaffen, mit Vorstößen sogar im Bundesparlament, die wohl auf die gleichen rechtlichen Hindernisse stoßen werden. Ob je – und wann – für eine solche Anerkennung die gesetzliche Basis geschaffen wird, bleibt abzuwarten.

Private Kontrolle

Um die tänzerische Ausbildung nicht völlig dem individuellen Ermessen zu überlassen, haben Berufsverbände Anforderungskataloge aufgestellt, die innerhalb des Verbandes als verbindlich gelten. Wer vom SBTG als Pädagoge anerkannt werden will, muß eine verbandsinterne Prüfung ablegen. Daneben gibt es andere Verbände, die von Lehrkräften getragen werden, die nach einer bestimmten Methode unterrichten, zum Beispiel nach derjenigen der Royal Academy of Dancing in London. Hier wird die Zugehörigkeit von der Erfüllung der Ausbildungsbestimmungen des betreffenden Systems abhängig gemacht. Doch diese bloß an die – freiwillige – Mitgliedschaft in einem Verband gebundene Kontrolle ist nur beschränkt wirksam, weil sich ihr nur Lehrkräfte unterziehen, deren Berufsverständnis ohnehin problembewußt ist. Gerade fragwürdige Schulen werden also nicht erfaßt. Dennoch ist die Ausübung dieser begrenzt freiwilligen Kontrolle von immenser Bedeutung. In der Praxis sind alle Eltern nicht in der Lage, die Qualität einer Schule aufgrund eigener Kriterien zu beurteilen. Wenn sie ihr Kind einer Lehrkraft anvertrauen, die von einem wichtigen, bewährten Verband anerkannt wurde, haben sie wenigstens eine gewisse Gewähr, daß in deren Unterricht zumindest die Grundlagen stimmen. Aber selbst staatliche Kontrolle würde nicht garantieren, daß jedes Kind zu einem fähig guten Lehrer kommt.

Über die aktuelle Orientierungsmöglichkeit und Absicherung von Interessenten hinaus schaffen die freiwillig geleisteten Anforderungen und die auf eigenen Wunsch erfolgten Kontrollen Maßstäbe. Sie üben zunehmend Druck auf die allzu freien Schulen und auf die Behörden aus und sind zur Zeit in der Schweiz der einzig wirksame Garant für fundiert verantwortbaren Ballettunterricht.

Auch der Schweizerische Dachverband der Fachkräfte des künstlerischen Tanzes (SDT) nimmt Beurteilungen von Schulen vor. Wer sich um die Aufnahme in die Liste der vom SDT empfohlenen Schulen bewirbt, wird strengen Kontrollen unterworfen. Hier liegt das Problem vor allem darin, daß der Verband selber auf einem ungesicherten Fundament steht. Er wurde vor rund zehn Jahren überstürzt gegründet – aus zum Teil nicht fachbezogenen Motiven und vor allem ohne die notwendige abklärende, abgrenzende und integrierende Zusammenarbeit mit den andern Verbänden, vor allem mit dem SBTG. Anstatt alle Kräfte geschlossen nach außen wirken zu lassen, wurden wertvolle Energien sinnlos nach innen verpufft, entstanden Spannungen und Kompetenzstreitereien, Doppelspurigkeiten und lähmende Patt-Situationen. Gerade in bezug auf die Kontrolle der Ausbildung hat der SDT mühsam Schritte wiederholt, welche der SBTG längst unternommen hatte, und heute steht man beim SDT nach vielen Anstrengungen genau da, wo der SBTG schon vor der Gründung des SDT stand.

Staatliche Unterstützung von Schulen

Eine Unterstützung von Schulen und Studenten auf Bundesebene und aus Bundesgeldern ist in der Schweiz nicht möglich, da die Belange von Erziehung und Kultur den Kantonen übertragen sind. Jeder Kanton besteht auf eigenem Vorgehen und eigenen Richtlinien. Kantonsübergreifende Projekte können nicht Bundessache werden, sondern müssen mit Übereinkünften und Konkordaten zwischen den Kantonen abgewickelt werden.

Anders als auf dem Gebiet der Musik mit den zahlreichen städtischen Musikschulen und Konservatorien gibt es für den Tanz bis heute keine vergleichbaren Institutionen. Die Schulen für Ballet und Tanz tragen ganz allein die Lasten und Risiken, welche natürlich bei der Berufsausbildung besonders hoch sind.

In Zürich allerdings nahm im Herbst 1987 eine Ballettberufsschule ihre Tätigkeit auf, welche von Stadt und Kanton Zürich mit hohen Beiträgen unterstützt wird. Sie wurde durch eine energische private Initiative aufgrund langjähriger Vorstudien ins Leben gerufen und in Zusammenarbeit mit Fachkräften und Behörden zu einem Projekt ausgeweitet, das von der Qualität des Unterrichtes wie vom breiten Angebot des Lehrplanes her eine Ausbildungsstätte schaffen möchte, die dem Vergleich mit großen ausländischen Schulen standhalten soll.

Auf das jahrelange große Wehklagen der Tanzszene darüber, daß der Staat so gar keine Mittel an Schulen für Tanz vergab, erfolgte aber kein Anzeichen von Erleichterung oder gar Freude über diese erste Öffnung. Die ersten Schritte zu Veränderungen gingen vielmehr in den Reaktionen von Enttäuschung, Kränkung und zum Teil aggressiver Wut darüber unter, daß vieles, was in stilistischer, organisatorischer oder personeller

Hinsicht vielleicht auch wünschenswert gewesen wäre, nicht durchgesetzt wurde. Inwieweit dieses Verhalten der Tanzszene der Sache selbst dient und das Verhältnis der Öffentlichkeit und den Behörden gegenüber verbessert, bleibt zumindest fraglich.

Schon seit einiger Zeit gibt es eine staatliche schulische Unterstützung der Tanzausbildung in Genf, mit Erleichterungen der allgemeinen Schulpflicht für Anwärter auf eine professionelle Tanzausbildung. Ballettinternate, in welchen der allgemeine schulische und der tänzerische Unterricht im gleichen Hause und aufeinander abgestimmt erfolgen, existieren in der Schweiz nicht. Die Schulpflicht muß erfüllt werden, der Tanzunterricht muß parallel erfolgen. Begabte Tanzschüler, die sich nach Abschluß der Schulpflicht zum Tänzer ausbilden lassen wollen, müssen aber schon zuvor mehr als eine oder zwei Ballettstunden pro Woche absolvieren. Der wünschenswerte Stand von täglich einer Lektion aber läßt sich nicht, oder nur unter schwersten Belastungen, durchführen, wenn die Schüler neben dem Normal-Stundenplan noch täglich ihre irgendwo zwischen Schule und Elternhaus gelegene Ballettschule besuchen müssen.

Für sportlich begabte Kinder stellt sich das gleiche Problem. Die Stadt Genf hat nun für begabte Tanz- und Sportanwärter Sonderklassen geschaffen – mit reduziertem Stundenplan zum Beispiel auf dem Gebiet des Turnens, und mit günstiger Blockanordnung der Fächer, welche den Schülern mehr und günstigeren Raum für die intensive Ausbildung bietet, die im Alter von 12 bis 15 Jahren notwendig ist, wenn eine Berufsausbildung einigermaßen Aussicht auf Erfolg haben soll. Obwohl diese Sonderklassen noch nicht lange bestehen, gibt es bei Stipendien-Vortanzen bereits Anzeichen dafür, daß von den Anwärtern aus Genf ein hoher Prozentsatz erfolgreich abschneidet. Das hängt natürlich in starkem Maß von den guten Schulen am Ort ab, deren Einfluß nun durch die günstigen äußeren Umstände zunimmt.

Auch in Zürich sind solche Klassen geplant. Überhaupt fehlt es nicht an Plänen. Ein großes Projekt für eine Schweizerische Ballettakademie wurde vor wenigen Jahren sehr genau ausgearbeitet, die Idee eines Ballett-Gymnasiums wird zur Zeit diskutiert. Doch werden solche und weitere Pläne noch einige Zeit bis zu ihrer Realisierung benötigen. Was auf dem Gebiet des Musikunterrichtes in so vielen Jahren langsam gewachsen ist, das kann im Tanz nicht einfach mit einem Sprung erreicht werden. Der Tanzunterricht kann dies auch deshalb nicht leisten, weil noch nicht einmal annähernd allgemein klare Vorstellungen darüber herrschen – auch nicht unter Tänzern –, wie denn eine tänzerische Ausbildung auszusehen hat. Bei allen Musikern zum Beispiel gibt es viel klarere Vorstellungen über die Notwendigkeit zur Beherrschung des eigenen Handwerkes und des eigenen Instrumentes als im Tanzbereich. Ein Instrument spielen und Komponieren sind in den Vorstellungen und im Konzept der Musikszene zwei viel deutlicher getrennte und klarer unterschiedene Bereiche, als dies in der Tanzszene beim Tanzen und Choreographieren der Fall ist. Daraus resultiert ein heilloses Durcheinander in den Vorstellungen über die praktischen Anforderungen an eine Tanzausbildung.

Daß etwa ein Musiker gleich ein ganzes Konservatorium eröffnet, ist schwer denkbar, daß ein Tanzschaffender aber eine eigene Tanzschule begründet – und nicht nur Stunden in seinem eigentlichen Fach ankündigt –, das ist geradezu eine Selbstverständlichkeit.

Weder die Notwendigkeiten im Bereich der tänzerischen Ausbildung noch deren Legitimation konnten bisher auch nur ansatzweise befriedigend erörtert, geschweige denn erkannt und namhaft gemacht werden. Daher sind alle Pläne immer unsicher und immer umstritten. Es gibt durchaus Stimmen, die es als fraglich erachten, ob es überhaupt notwendig sei, in der Schweiz Ballettberufsschulen einzuführen. Unklar sei, ob die Schweiz überhaupt ausreichend begabte Tanzstudenten (die in ihrem Heimatland während der Ausbildung gar nicht mit beispielhaften Ballettinszenierungen konfrontiert würden) aufbieten könne. Lebendiges Tanzrepertoire könnten sie nur in einem echten Zentrum, in Paris oder London erleben und in aktuellen Aufführungen studieren. Musikstudenten sollten bekanntlich auch mehr als drei Konzerte im Jahr hören können. Deshalb, so heißt es, solle man in der Schweiz besser alle Kräfte auf die Optimierung der vorberuflichen Ausbildung konzentrieren und dann die gut vorbereiteten Schüler in diese Zentren schicken.

Andere meinen, daß eine konzentrierte Berufsschule weder notwendig noch sinnvoll sei. Sie plädieren dafür, die bestehenden Schulen, welche eine Berufsausbildung anbieten, zu unterstützen. Diese Ansicht stößt wiederum auf Ablehnung bei denen, die betonen, daß das Fächerangebot solcher kleiner Schulen zu beschränkt sei und daß die notwendige vergleichende Auseinandersetzung mit einer ganzen Klasse ungefähr gleich Begabter in diesen Schulen völlig fehle, was wiederum zu einer gefährlich falschen Selbsteinschätzung bei Lehrer und Schüler führen könne. Die Zürcher Ballettberufsschule wird nun in den nächsten Jahren ihren Weg nach dem Konzept der großen Ballettschulen gehen. Ihr Fortgang wird konkrete Ergebnisse für die Entscheidung liefern, was denn für die Verbesserung der schweizerischen Ausbildungssituation primär geleistet werden muß.

Zur Unterstützung der Auszubildenden

Staatliche Maßnahmen

Die Kantone können Stipendien zur Unterstützung der Berufsausbildung erteilen. Für die vorberufliche Ausbildung während der Schulpflicht werden keine Stipendien vergeben. Die Haltung der einzelnen Kantone gegenüber Gesuchen um Stipendien für eine berufliche Tänzerausbildung ist unterschiedlich. Kenner der Materie betonen, es gebe Kantone, die Ballett-Berufswünschen gegenüber ausgesprochen aufgeschlossen sind und solche, die sich ihnen gegenüber von vornherein deutlich abweisend verhalten. Die Bedingungen für die Bewilligung eines solchen Stipendiums sowie seine Höhe und die Art der Auszahlung sind von Kanton zu Kanton verschieden.

Private Initiativen

Fast jeder Tanzstudent ist auf private Unterstützung angewiesen. Es gibt in der Schweiz zum Beispiel eine große Anzahl kultureller, zweckgebundener Stiftungen. Das «Handbuch der öffentlichen und privaten Kulturförderung» ist ein umfangreicher Band, den durchzublättern sich für jeden Tanzstudenten lohnt, denn keiner seiner Ratgeber wird und kann alle diese Stiftungen und Stiftungsbestimmungen im Kopf haben.

Die spektakulärste private Institution zur Unterstützung der Tanzausbildung ist in der Schweiz der «Prix de Lausanne». Für die allgemeine Förderung von Schweizer Tänzern und der Tanzkunst generell spielt die Preisvergabe allerdings keine große Rolle. Wie alle aus dem Boden schießenden Tanz-Preise ist der «Prix de Lausanne» so sehr auf große, fernsehgerechte Show ausgerichtet, daß er im allgemeinen vor allem die hochgefährliche Tendenz, das moderne Ballett zur bloßen Unterhaltung zu degradieren, unterstützt, zu feuerwerkartiger Virtuosität durch hochgezüchtete Technik, welche den Tanz immer mehr bloß zu einer weiteren Form von Leistungssport werden läßt. Deshalb versammelt der «Prix de Lausanne» auch alle frühen Spitzen-Techniker der Welt, die sich am Genfer See treffen und miteinander messen. Die Veranstaltung stellt so weit mehr ein Gipfeltreffen und eine Zurschaustellung der ohnehin schon hoch Geförderten dar, als eine effektive Hilfe für die Schweizer Tanzstudenten zu sein.

Die wichtigste und umfangreichste Förderung der Tanzausbildung leistet der größte Kultur-Mäzen der Schweiz, der Migros-Genossenschaftsbund. Die Migros ist ein auf Genossenschafts-Basis organisierter Betrieb der Lebensmittelbranche mit einem dichten Netz von Läden in der gesamten Schweiz. Die ursprüngliche Absicht war, durch eine Politik der niedrigen Preise bei hoher Qualität eine soziale Aufgabe zu übernehmen. Später wurde die soziale Verpflichtung als weiter gehend erlebt. Daraus resultierte der Gedanke des «Kulturprozentes». Von diesem «Kulturprozent» werden neben vielen anderen kulturellen Engagements jährlich hohe Millionenbeträge zur direkten Förderung und Unterstützung der Kunst-Ausbildung und -Ausübung verwandt. Für den Tanz werden jährlich 20 Stipendien zu monatlich höchstens 1000 Franken zur Verfügung gestellt, und zwar nur für die abschließende Berufsausbildung. Die Bewerber werden in einem streng von jeglicher Öffentlichkeit abgeschirmten Vortanzen beurteilt, von einer Jury, die wie diejenige des «Prix de Lausanne» aus illustren Persönlichkeiten der internationalen Tanzszene besteht.[1] Das Stipendium wird nur für ausgewiesene, von der Migros ausgesuchte Schulen erteilt. Das Befinden und die Leistung der Stipendiaten werden auch während des Jahres verfolgt, um etwaige Krisen rechtzeitig erkennen und auffangen zu können.

Aufgrund trauriger Erfahrungen bei den Vortanzterminen bietet die Migros seit einigen Jahren auch eine frühzeitige Ballett-Beratung für Kinder an, die vorhaben, sich später einmal der professionellen Tanzausbildung zuzuwenden. In diesen Beratungen werden Talent, Möglichkeiten und bisherige Schulung begutachtet und beurteilt. Das ermöglicht es, frühzeitig vor ganz und gar hoffnungslosen Erwartungen und Unternehmungen zu warnen. Zur Beratung gehört die medizinisch-orthopädische Untersuchung, die durch einen speziell ballettversierten Orthopäden erfolgen muß. Es gibt anatomisch bedingte, durch kein Training – was immer auch eilfertige Ballettlehrer da sagen mögen – zu verändernde Eigenheiten des Knochenbaus und der Gelenke, die eine berufliche tänzerische Entfaltung des Körpers nicht zulassen und die der vorhersagbare und vorhersehbare Grund für ein früher oder später sicher eintretendes Scheitern im Beruf – meist mit bleibenden gesundheitlichen Schäden – sind. Daß die elementare Abklärung, ob denn der Körper, das heißt das Instrument des Tänzers, überhaupt für die Ausübung der ersehnten Kunstform geeignet ist, weiterhin so oft nicht stattfindet und daß das Wissen um trainierbare und um nicht zu überschreitende Grenzen des Körpers noch sowenig verbreitet ist, gehört zu den höchst betrüblichen Seiten der Ausbildungssituation, und das nicht nur in der Schweiz. Den Preis zahlen die Studenten, die nicht richtig und nicht rechtzeitig beraten wurden.

Nach der Ausbildung

Die Situation des freien Künstlers ist immer schwierig; die des Tänzers ist es möglicherweise in noch höherem Maße. Man hat die Schwierigkeiten der Schweizer Tänzer, ein Engagement zu finden, oft mit den mangelnden Ausbildungsmöglichkeiten in Verbindung gebracht. Die haben bestimmt ihren hemmenden Einfluß. Doch trotz der nur teilweise verbesserten Ausbildungsmaßnahmen liegt es im wesentlichen am «Goodwill», der Bereitschaft zur Leistung des Auszubildenden. Mit einer zunehmenden Verbesserung des Ausbildungsangebotes verschärft sich das Problem, so daß die Zahl der Ausbildungswilligen zusehends wächst, die Zahl der offenen Stellen jedoch – im Unterschied dazu – stagniert. Selbst wenn der Staat bereit sein sollte, weit mehr Tänzer und Tanzgruppen wirksam zu unterstützen, würde dies das Problem nicht lösen. Alle Ausgebildeten, selbst alle gut Ausgebildeten, würden doch nicht eine Stelle finden. Dazu kommt, daß die Zahl der Besucher von Tanz- und Ballettvorstellungen, sowohl wie deren Kapazität, Aufführungen zu besuchen, sich nicht beliebig steigern läßt – es sei denn, man erwäge, den schon von Karl Valentin vorgeschlagenen allgemeinen Theaterzwang endlich einzuführen. In der Schweiz, besonders im Raume Zürich, zeichnet sich bereits deutlich eine Überfülle des Angebotes beim Publikum ab.

Die Chance, ein Engagement zu finden, von dem man leben kann, existiert in der Praxis nur für den seriös klassisch ausgebildeten Tänzer. Gesicherte Jahresverträge sind nur in den theatereigenen Truppen zu erhalten. Allerdings ist die Zahl der Bewerber riesig, so daß es auch für den gut ausgebildeten Tänzer sehr schwierig bis unmöglich sein kann, ein Engagement zu finden.

In diesem Zusammenhang herrscht viel Unmut darüber, daß der Prozentsatz der Schweizer Tänzer in den Schweizer Ballettkompanien meist eher gering ist. Besonders von seiten jener Schulen, die erfolgreich Berufsschüler ausbilden, wird dies immer wieder als Mißstand angeprangert, meist verbunden mit dem Hinweis, an der Qualität könne es nicht liegen, da die Schüler im Ausland durchaus Engagements erhielten. Das führt allerdings zu einem gedanklichen Engpaß: Der Vorwurf, daß in der Schweiz so viele Ausländer engagiert sind, und die Genugtuung darüber, daß Schweizer ihrerseits im Ausland Engagements erhalten, passen eigentlich nicht so recht zusammen – es sei denn, die Schweizer Tänzer möchten für sich eine Regelung, wonach in der Schweiz möglichst keine Ausländer engagiert werden, im Ausland Schweizer aber durchaus. Militärdienstpflichtige Schweizer Tänzer werden ohnehin nach Möglichkeit ein Engagement im Ausland suchen. Wenn sie in der Schweiz angestellt sind, gibt es fast keine Möglichkeit, ihren Militärdienst nicht absolvieren zu müssen.

Zur Zeit haben Tänzer ohne sehr gute klassische Ausbildung in der Schweiz praktisch keine Möglichkeit, ohne zu unterrichten ein auch nur annähernd gesichertes minimales Einkommen zu erzielen. Zwar wächst sichtbar die Bereitschaft vieler kantonaler Behörden zu weit höherer Unterstützung des freien Tanzschaffens. Aber auch wenn die dazu zur Verfügung gestellten Summen im Vergleich zu früher sehr viel höher sind, so sind sie doch noch weit entfernt davon, einer nur kleinen Schar von freien Tanzschaffenden ein jährlich gesichertes Einkommen garantieren zu können. Die Hoffnung, welche sich einzelne für ihre eigene Situation in der Zukunft angesichts der höher werdenden Subventionen machen, ist trügerisch; zu viele andere mit der gleichen Hoffnung warten schon lange. Die Zahl derer, die sich um Unterstützung bewerben, wächst derart an, daß die Chancen des einzelnen trotz erhöhter Beiträge wieder gleich niedrig sind wie früher oder sogar noch geringer. So bleibt vorläufig und wohl noch auf lange Zeit hin gesehen jede tänzerische Ausbildung ein künstlerisches und wirtschaftliches Risiko – in der Schweiz sowohl wie anderswo –, das jeder einzelne bereit und vorbereitet sein muß, auf sich zu nehmen.

Peter Kaufmann

Ein Ballett-Gymnasium für die Schweiz

Im Gespräch mit Heinz Spoerli

Heinz Spoerli, international erfahrener und gefragter Ballettdirektor in Basel, propagiert seit Jahren schon seine Idee eines schweizerischen Ballett-Gymnasiums. Wie in der Bundesrepublik liegt auch in der Schweiz die Schulaufsicht bei den einzelnen Landes-(sprich Kantonal-) Behörden. Bei den Ämtern hat Spoerli bislang noch wenig Gegenliebe für seinen Plan wecken können. Wie wünschenswert und zeitgemäß eine solche Institution in der Schweiz wäre, belegt aber nicht zuletzt der große Zuspruch, den das «Modell Essen-Werden» bei jungen Tanzinteressierten findet. Von den in der Schweiz bereits ins Leben gerufenen Initiativen zur qualitativen Verbesserung der professionellen Tänzerausbildung unterscheidet sich das Projekt Ballett-Gymnasium durch seine klare Zielsetzung einer gleichzeitigen und gleichwertigen Schul- *und* Tanzausbildung. Im Gespräch mit Peter Kaufmann nimmt Heinz Spoerli nicht nur zu seinem Vorschlag Stellung, sondern auch zur Ballettschulsituation in der Schweiz und allgemeinen Ausbildungsfragen.

Vor Jahren noch war die Russische Schule das Maß aller Dinge im klassischen Ballett. An welchen Kriterien muß man heutzutage eine gute Ballett-Berufsschule messen?

Heinz Spoerli: Eine Ausbildung in klassischem Tanz ist auch heute noch die wichtigste Grundlage für jeden professionellen Tänzer. Es ist aber kaum die Methode allein, die eine gute Ballettschule ausmacht. Die Vielseitigkeit der Ausbildung und die pädagogischen Fähigkeiten der Leiter und Lehrer sind zwei wichtige Faktoren, die zu guten Resultaten führen können. Wohl für alle, die von Berufs wegen dem Tanz und dem Ballett verpflichtet sind, gibt es vor allem ein Hauptkriterium für eine gute Ballettschule: Möglichst viele ihrer ehemaligen Schüler sind am Theater oder in einer anerkannten Ballettkompanie tätig. Diese Aussage hören zwar viele nicht-professionelle Tanzschaffende, aber auch Leiter von Ballettschulen nicht sehr gern. Ihnen ist aber entgegenzuhalten, daß es heute international einen hochstehenden Standard in der technischen und fachlichen Ausbildung gibt, dem Tänzer genügen müssen. In der Schweiz erfüllen nur wenige Schulen die Minimal-Anforderungen einer umfassenden Ausbildung, wie sie beispielsweise in London, Paris oder in den Ostblockländern gewährleistet ist.

Was heißt «eine umfassende Ausbildung»?

Eine Ausbildung sollte sich über sechs bis acht Jahre erstrecken. Bei den Fächern dominiert der Tanz, wobei «Klassisch» die Grundlage bildet. Selbstverständlich gehören aber auch Modern Dance, Jazz Dance, Volkstanz und anderes zu diesem Fach. Ein professioneller Tänzer sollte Pantomime beherrschen, fundierte Kenntnisse der Geschichte des Tanzes, der Musik, der Kunst und des Theaters aufweisen, ein Instrument spielen und Noten lesen können, Grundkenntnisse der Anatomie und der Psychologie erarbeitet haben und mehrere Sprachen beherrschen, mindestens Englisch, Französisch und Deutsch. Die Beschäftigung mit Musik aller Stilrichtungen und das Verständnis für moderne Kunst und Literatur erleichtert ihm die Berufsarbeit. Kurz: Gefordert ist eine schulische Ausbildung, die Maturitätsniveau hat, also den Zugang zu den Hochschulen ermöglicht. Das Zeitalter der ungebildeten, bloß körperlich talentierten Tänzer – wenn es das je gegeben hat – scheint mir endgültig vorbei zu sein. Die Ansprüche an die körperlichen und geistigen Fähigkeiten professioneller Tänzer sind in den beiden letzten Jahrzehnten unaufhörlich gestiegen. Diesem Umstand muß auch die schulische Ausbildung Rechnung tragen.

Diese gründliche Ausbildung scheint mir kaum von einer privaten Schule geleistet werden zu können. Wie stellen Sie sich die Einrichtung eines Ballett-Gymnasiums in der Schweiz vor?

Es scheint mir kaum möglich, daß jeder Kanton für sich ein solches Ballett-Gymnasium aufbaut. Mir schwebt vor, daß in der Deutschschweiz eine einzige Schule eingerichtet wird und sich möglichst viele Kantone auf Konkordatsbasis an der Finanzierung beteiligen.

Ein Internat müßte angeschlossen werden, damit auch begabte Kinder und Jugendliche aus Randgebieten die Schule besuchen können. Die Schüler sollten im Alter von elf, zwölf Jahren parallel zur Schule mit der Tanzausbildung beginnen können.

Am schwierigsten dürfte wohl – neben dem Finanzierungsproblem – die Standortfrage zu lösen sein.

In Frage käme am ehesten ein Ballungsgebiet wie etwa der Großraum Zürich. Wichtig scheint mir die Nähe zum Theater. Recht ideal als Standort fände ich beispielsweise Winterthur. Diese mittelgroße Industriestadt besitzt ein eigenes kleines Theater für Gastspiele, eine Bühne, die man vielleicht für gewisse Aufführungen der Schule mitbenützen könnte. Die Nähe zur Stadt Zürich ist gegeben. Die zentrale Lage erleichtert und ermöglicht es aber auch den Internatsschülern, übers Wochenende nach Hause zu fahren.

Finden sich in der Schweiz genügend Lehrer, die eine fundierte Ausbildung an einem Ballett-Gymnasium garantieren können?

Das Ballett ist international. Es wäre wichtig, daß man vor allem bei der technischen Ausbildung teilweise anerkannte Fachkräfte aus dem Ausland holen würde, aber auch in der Schweiz professionell Tätige beiziehen könnte. Der Unterricht in den theoretischen Fächern könnte wohl größtenteils von Schweizer Gymnasiallehrern und Theaterpädagogen übernommen werden. Wichtig wäre es auf jeden Fall, daß die Qualität der Schule durch in- und ausländische Experten ständig überprüft würde.

Das Schulwesen ist in der Schweiz nicht Sache des Bundes, sondern der einzelnen Kantone. Sie haben schon mehrmals Vorstöße unternommen und versucht, Kantonsregierungen für Ihr Anliegen zu gewinnen. Haben Sie irgend etwas bewirken können?

Bis jetzt leider nicht. Meine Anregungen sind zwar immer wieder auf großes Verständnis gestoßen, aber konkret ist nichts unternommen worden. Zu leiden haben darunter recht viele junge Schweizer Tanztalente und ihre Eltern. Es ist schließlich nicht jedermanns Sache, seine Tochter oder seinen Sohn mit zwölf, dreizehn oder fünfzehn Jahren auf eine teure Schule in einer ausländischen Großstadt wie London oder auch Budapest und erst noch in eine ungewisse Zukunft zu schicken. Das kostet wirklich sehr viel und ist daher trotz gewisser Stipendienunterstützungen nur wohlhabenden Familien möglich. Allein schon dieser soziale Aspekt spricht für eine Schule in der Schweiz. Hinzu käme aber ein weiterer Vorteil: Das Maturitätszeugnis eines schweizerischen Tanz-Gymnasiums gibt den Schülern nicht nur die Möglichkeit zur professionellen Berufsarbeit als Tänzer, sondern öffnet ihnen auch den Zugang zu den Universitäten und damit zu anderen Studienfächern – je nach Vorliebe.

Karl Regensburger

Schauplatz Österreich

Spitzentanz und seine Alternativen

Statements

Ismael Ivo:
Künstlerischer Leiter der «Internationalen Tanzwochen von Wien», bei einem Gespräch am 6. Juni 1987

Ich kann eigentlich nur meine ganz eigenen Erfahrungen als Tänzer beschreiben, den Prozeß, die Herausforderungen, die Schwierigkeiten und die Belohnungen. Es ist jedenfalls eine schwierige Laufbahn und für manche recht kurz.

Der klassische Tanz: Sein Konzept erkennt den Tanz des 85jährigen Kazuo Ohno nicht an, für mich aber ist er phantastisch.

Maja Slattery:
Tanzstudentin, 20 Jahre, aus Wien, bei einem Gespräch am 2. Juni 1987

Ich habe im Musischen Zentrum in Wien mit Improvisation und Ausdruckstanz begonnen. Der Tanzboom in den Wiener Tanzstudios hat mich befremdet, denn ich wollte weder schön noch sportlich, noch manipuliert werden und auch nicht so gut wie möglich nachmachen – ich wollte nur berührt werden, Impulse bekommen.

1986 arbeitete ich mit einer deutschen Ausdruckstänzerin, die mir durch ihre Tanzphilosophie, durch ihre Art, Tanz von innen entstehen zu lassen, verbunden mit theatralischen Elementen, ein ganz neues Körperbewußtsein ermöglicht hat. Als Persönlichkeit war sie freilich zu stark, und so habe ich eigene Wege gesucht.

Ismael Ivo:
Meine persönliche Erfahrung als Tänzer wurzelt zuallererst in meiner Liebe, Tänzer zu sein. Diese Liebe ist der Weg, die wahre Bedeutung des Tänzers herauszufinden.

Maja Slattery:
Von meinem 15. Lebensjahr an habe ich regelmäßig bei Aufführungen im Musischen Zentrum mitgewirkt. Sehr wichtig für mich war die Rolle der Elektra in einem Projekt unserer Laientanzgruppe. Die «Elektra» von Sophokles tänzerisch umzusetzen hieß große Gefühle, hieß Tod, Mord, Blut, Trauer. Gleichzeitig habe ich gejobbt.

Ismael Ivo:
Ich sehe Tanz mit dem Leben selbst verknüpft als die Offenbarung des Menschen. Im Tanz kann ich all das sammeln, was ich selbst verstehe, was ich ersehne zu haben, zu erleben oder zu leben in dieser Welt. Tanz ist das Tor, die Welt zu sehen, zu kommunizieren mit meinen Augen, meinem Körper, meinen Gefühlen.

Bei einem Blick auf das klassische System sehe ich an Freunden, daß viele nach einer gewissen Zeit, in der sie dieser strengen Disziplin folgen, frustriert sind. In einer Kompanie versuchen sie ihren Weg vom Corps de Ballet zum Solisten und zum Star zu machen. Viele haben nicht genug Zeit, das zu erreichen. Sie fühlen sich alt. Nach dem klassischen Ballett geurteilt, scheint der Tanz nur gebunden an die Kraft der Jugend. Das ist für mich nicht wahr. Wenn Tanz die Offenbarung des Lebens ist, dann ist Tanz in jedem Alter und in jeder Phase der Entwicklung möglich.

Maja Slattery:
Die Erarbeitung des Stücks hat mich in meiner Kreativität sehr gefordert und meinen Gestaltungswillen geweckt. Mein erstes Solo, «A Moment of Dance», war von Formexperimenten bestimmt. In diesem Prozeß der Improvisation und Komposition habe ich erfahren, daß ich noch in gelernten Formen gefangen bin.

Es war schwierig, alleine zu arbeiten, ohne Unterstützung und mit der Angst, daß es nicht gut wird, daß es abgelehnt wird.

Ismael Ivo:
Und heute öffnet sich ja in der Tat die formale Tanzerziehung mehr und mehr gegenüber den modernen Tanzsystemen und flirtet vorsichtig mit ihnen.

Ismael Ivo:
Österreich braucht ein Kulturzentrum, das eine Brutstätte für neue Ideen sein kann, für eine neue Generation von Tänzern, die auf eigenen Wegen ihre Energien umsetzen und sich nicht nur den bereits bekannten Stilen unterwerfen.

Ismael Ivo:
Wir müssen versuchen, offen zu sein, einen Platz zu etablieren, an dem die Menschen neben den allgemeinen Informationen auch mit den neuesten Tendenzen und Erfahrungen konfrontiert werden und während der Studienzeit in sich selbst schöpferische Kraft entwikkeln – ohne das gibt es für mich keinen Tanz.

Ismael Ivo:
Wenn ich versuche, meine Erfahrung weiterzugeben, so sehe ich es nicht nur als Prozeß des Lehrens, sondern als Erfahrung selbst, an der ich in gemeinschaftlichen Experimenten teilhabe.

Maja Slattery:
Durch Gelegenheitsarbeiten verdiente ich mir das Geld, um nach Amsterdam, Rotterdam und Paris fahren zu können, wo ich mir Schulen anschaute, Aufnahmeprüfungen mitmachte – denn in Wien konnte ich nicht bleiben, das war klar.

Maja Slattery:
Ich begann einen dreimonatigen Selektionskurs an der Theaterschule Amsterdam – es war alles ganz anders. Ich war nicht gewöhnt, mit meiner Phantasie zu tanzen. Es war ein anderes Bewußtsein, die Leute dort tanzten ihre Ideen.

Maja Slattery:
Gut ist, daß die Studenten im hauseigenen Theater der Theaterschule Amsterdam schnell auf die Bühne können. So werden viele Experimente gemacht, jeder schafft eigene Stücke. Auch für Licht, Technik und Videofilm ist man selbst verantwortlich.

Maja Slattery:
Ich vermißte aber die Technik. Es hat mir sehr gefallen, und dennoch wußte ich nicht, ob es das war, was ich wollte... So suchte ich weiter nach einer Schule, die kreative Arbeit und Technik vereint. Die Rotterdamer Tanzakademie *ist* eine technische Schule, autoritär, elitär. Kaum Zeit, deinen Stil zu finden.

Warum Holland? Weil es dort staatliche Hochschulen für Tanz gibt – so wie für andere Kunststudien auch. Paris ist zwar unheimlich reich an Möglichkeiten. Intuitiv habe ich aber erfaßt, daß der moderne Sektor nicht so gut unterstützt wird wie in den Niederlanden. Ich habe mich also entschieden, an der Tanzakademie Rotterdam zu beginnen – mit Tanzpädagogik.

Ismael Ivo:
Neue Gefühle, neue Menschen, eine neue Tänzergeneration sind gefragt! Der Tanz kann ohne die Persönlichkeit des Tänzers nicht existieren. Wenn du nicht gegenwärtig bist als Tänzer – dann bist du kein Tänzer.

Realitäten

Wenn wir in unserem ersten Satz die Tanzszene in Österreich mit dem vergröbernden und bedrückenden Wort «Mangel» charakterisieren, werden wir zum Tanzen motivierte Seelen wohl abschrecken. So lassen wir uns lieber auf die Kennzeichnung «ruhendes Potential» ein.

Unschwer wird der Leser begreifen, daß sich nahezu alles Nachstehende auf die einzige Großstadt unserer Nation, Wien, bezieht. Ansätze mag man auch in Salzburg erkennen, wo die aktive (Hoch-) Schülerschaft, alternative Organisatoren und der Musik und Tanz integrierende Studiengang am Carl Orff-Institut ihr Bestes geben, um junge avantgardistische Tänzer in ihrer Stadt heimisch zu machen. Sie schaffen so eine Art Gegenkultur zu dem Giganten namens Salzburger

Festspiele und zur Ideologie von Kunst und Geld, die die Festspiele beherrscht.

Die Bundeshauptstadt Wien will sich dem ausländischen Tourismus, auf den man stets besonders bedacht ist, noch immer als die walzertanzende Metropole der klassischen Musik aufdrängen. Alle experimentellen Künste haben verglichen mit anderen europäischen Großstädten wie Paris, Amsterdam oder London hier einen relativ schwachen Stand, Tanz traditionell und Moderner Tanz wohl den schwächsten.

Und dennoch – seit einigen Jahren erwachen neue Jazztanz-Studios und alte private Ballettschulen wieder zum Leben, und Institutionen wie Volkshochschule, Musisches Zentrum, Posthof Linz oder WUK («Verein zur Schaffung offener Kultur- und Werkstättenhäuser») erhalten neue Impulse, Tanzunterricht anzubieten. War es der Tanzboom in Amerika – dort bereits legendär, da im Verfall begriffen –, der mit einiger Verspätung auch uns erreichte? Oder waren es die (wenigen) Tänzer des modernen Faches aus dem In- und Ausland, die sich in Wien niederließen und sich mit Laienunterricht über Wasser hielten? Hier müssen wir festhalten, daß jeder ohne jegliche fachbezogene Auflage, ohne Konzessionspflicht, ohne pädagogische Ausbildung, ohne Tanzzertifikat einem willigen Publikum beibringen darf, wie wunderbar Tanzen ist.

Das von den Sozialpartnern seit kurzem nur mehr wehmütig belächelte Papstwort, wonach Österreich eine «Insel der Seligen» ist, wird im Tanzbereich zu einem Bild von eher un-seligen Inseltänzern im österreichischen Meer des Desinteresses, der Ignoranz und des Hochmutes. Die eigenbrötlerischen Tänzer steigen oft nicht einmal in ein Boot, um miteinander zu kommunizieren, um sich – über alle Unterschiede hinweg – zusammenzuschließen. Die wenigen Kompanien und die noch spärlicher vorhandenen Ausbildungsstätten haben sich der Isolation als Arbeitsgrundlage verschrieben. Jeder einzelne fühlt sich gezwungen, allein um seine Existenz zu streiten, sich gegen andere abzugrenzen, sich ohne die anderen im Alltagsleben durchzusetzen. Konkurrenzkampf um Marktanteile prägt das Verhältnis zwischen den privaten Tanzstudios. Sie verfolgen im allgemeinen die Linie des größtmöglichen finanziellen Ertrags. Und das vor allem mit Unterricht in klassischem Ballett und Jazztanz als vergnügliche, schweißtreibende Freizeitbeschäftigung für Jugendliche und Erwachsene. Mitunter scheuen sie weder davor zurück, Pädagogen unterrichten zu lassen, deren Qualifikation fraglich ist, noch davor, die Illusionen ihrer bezahlenden Kunden über die Scheinprofessionalität fleißig zu nähren.

«Ich bin eigentlich zuständig für Gesellschaftstanz, gar nicht für Ballett; das heißt, ich erteile Konzessionen für Tanzschulen. Es gibt keinen Zuständigen für künstlerischen Tanz – und so ist es auf mich gefallen.»

Annemarie Terl (Kulturamt Wien)

In den Bundesministerien – dem Bundesministerium für Unterricht und Kunst sowie dem für Wissenschaft und Forschung – sagen die diversen Sachbearbeiter bis jetzt generell «Nein» zu ihrer Kompetenz in Sachen Tanzförderung. Auf dem geraden, abgesicherten Weg der Kulturpolitik (ein Spiegel der allgemeinen politischen Verhältnisse) kann sich der tanzende Österreicher keine Hilfe erwarten. Wenn aber der Kuchen klein ist, beginnt man plötzlich, auch mit denen zu streiten und auf die Füße zu treten, die letztlich doch im gleichen Boot sitzen, die genauso leiden unter der Nicht-Anerkennung und die noch ihre kleinsten Erfolge mit eiserner Vehemenz für sich beanspruchen und nicht teilen. Das trifft auf die Gruppe der Tanzkünstler allemal zu. So gibt es keine «Verbündeten», die sich gemeinsam stark machen könnten in der Öffentlichkeit, in Ministerien und Stadtverwaltungen: Eine Zersplitterung, deren Nutznießer letztlich eben diese Stellen sind – denn Forderungen einzelner Künstler, kleiner Fische, kann man, wo es nicht einmal klare (wenn überhaupt) Kompetenzen gibt, leicht abwehren. Und der «Mann von der Straße und mit dem Fernseher daheim» kennt ohnehin meist nur das Wiener Staatsopernballett aus den Tanzeinlagen beim Neujahrskonzert, das vom Österreichischen Rundfunk alljährlich in Bild und Ton übertragen wird.

Tanzunterricht ist nicht in den allgemeinen Lehrplan an Grund- und höheren Schulen integriert. Bewegungserziehung und die Selbstentfaltung des Kindes über den Umgang mit dem eigenen Körper jenseits der sportlichen Leibeserziehung sind bisher – ungleich der Musikerziehung – als pädagogischer Ansatz, geschweige denn als frühe Förderung künstlerisch begabter Kinder, nicht anerkannt.

«Es fehlt an Leuten, die Enthusiasmus mitbringen für den Tanz in den Schulen. Österreich ist zu klein, um sich nur auf Spitzentänzer zu spezialisieren. Ich möchte mehr tanzende Österreicher sehen!»

Liz King (Tanzgruppe «Tanztheater Wien»)

Die Mankos geben einander die Hand. Es wäre zum jetzigen Zeitpunkt nicht einmal durchführbar, Tanz in öffentlichen Schulen auch nur als Ergänzungs- oder Wahlfach zu realisieren. Woher sollen nämlich auf einmal die qualifizierten Tanzpädagogen kommen? Wie könnte man ihre Fähigkeiten prüfen? Es gibt schließlich kein staatliches Zertifikat für Tänzer und Tanzlehrer (wohl aber für Skilehrer).

Ein anderer wunder Punkt: Es gibt keinen Verband in Österreich, der die Interessen von Tänzern und Tanzpädagogen wahrnimmt. Niemand unter den Aktiven fand bislang die Gründung und Führung einer solchen Interessengemeinschaft der Mühe wert.

So sehr war (und ist) man in den Alltagskampf des eigenen Lebens verstrickt...

«Ich erlebe es seit 10 Jahren. Es gibt diese österreichische Trägheit, Bequemlichkeit, ja Schlamperei.»

Gerhard Brunner (Ballettdirektor/Staatsoper Wien)

Erst 1986 begann man in öffentlichen Diskussionsrunden, gemeinsam das löchrige Netz der österreichischen Tanzwelt auszubreiten, die Mankos zu benennen und die Fäden zu suchen, um die größten Lükken zu stopfen. Und zwar auf Initiative eines neugegründeten Vereines privaten Rechts[1], der mit seinen Mitteln möglichst viele zur Teilnahme an der Diskussion zu motivieren suchte, bei der sich dann manche aus der «Szene» erstmals persönlich gegenübersaßen. In diesen Gesprächen unter Tanzschaffenden und -vermittlern wurde jenes Stichwort viel herumgereicht, an dem auch wir uns angesichts all der Probleme und der unterschiedlichen Aspekte der Infrastruktur des Tanzes in Österreich reiben: «Tanzbewußtsein». Es durch Aufzeichnung von konkreten Ereignissen aus seiner Abstraktion zu befreien, ist hier unser Anliegen.

Österreich ist ein Land mit überwältigender Musik- und Theatertradition – die ungemein differenzierten Gattungen wie Oper, Operette,

Konzert, Kammermusik, Musiktheater und Musical zeugen davon. Vom Tanz existiert im allgemeinen Bewußtsein nur die klassische Ballettkompanie à la Staatsopernballett und seit fünf Jahren – nämlich so lange, wie das Theater an der Wien die Österreicher Tag für Tag mit «Cats» füttert – auch die amerikanische Gattung des Musicals.

Der Direktor des Wiener Staatsopernballetts, Gerhard Brunner, sorgte 1982 für einen wesentlichen Impuls für die Entwicklung eines breiteren Tanzbewußtseins mit der Organisation von Tanzfestwochen, die von ihrem Gründungsjahr an im Zweijahresrhythmus in der Staatsoper, im Theater an der Wien und in der Secession über sechs Wochen lang internationales Tanzgeschehen in die Bundeshauptstadt bringen. Laut Festivalleiter Brunner zeigen die hohen Besucherzahlen, daß es durchaus ein tanzbegeistertes österreichisches Publikum gibt. Inwieweit dieses Besucherinteresse aber langfristig anhält, scheint fraglich. Das enge administrative Korsett der Ballettdirektion vereint erstaunlicherweise administrative und künstlerische Aufgaben in einer Person. Die Abhängigkeit vom Operndirektor, dem Dr. Brunner strukturell unterstellt ist, hat in der Vergangenheit oft zu Zwistigkeiten über Premieren- und Probentermine, über das Verhältnis von Opern- zu Ballettabenden und über die Budgetverteilung geführt. Das ruhmvolle Haus der Oper setzt Tanz oft als Lückenbüßer ein, ohne auf dessen ureigene Gesetzmäßigkeiten als Kunstform einzugehen. Motivation genug für Dr. Brunner, außerhalb des Opernbetriebes der Wichtigkeit des Tanzes Aufmerksamkeit zu verschaffen. Das Kulturamt der Stadt Wien unterstützte ihn großzügig von Anfang an. Der österreichische Nachholbedarf, was die Präsentation von Größen der Tanzwelt angeht, prägt das Konzept: breiteste Vielfalt und Gegensatz der Stile als allumfassendes Thema. Neben den «big events», den Gastspielen klassischer Kompanien, von Modern Dance-Truppen aus Amerika und deutschen Tanztheaterensembles, fand in der Secession die Reihe «New Dance – Next Wave» großen Anklang, die eher experimentelle Truppen und Solisten – wenn auch schon mit Insider-Reputation – zeigte. Für das Staatsopernballett selbst war es eine großartige Möglichkeit, sein ganzes Potential zu nutzen. Schmerzhaft machen die vergangenen drei Festivals jedoch bewußt, wie sehr das Niveau «überall sonst», voran in den USA, Großbritannien, Frankreich und den Niederlanden, von dem bei uns differiert. Leider haben die Gastspiele bisher eher wie ein Überfall gewirkt – nach Abzug der Gäste blieb wenig zurück. So folgten keine großen innerösterreichischen Ereignisse als Antwort und Gegengewicht zu diesen «Kurzfeuerwerken». In der professionellen Tanzausbildung hat der Erfolg der Festivals noch in keiner Weise Niederschlag gefunden. Nach wie vor gibt es nach der Schließung der Tanzabteilung an der Musikhochschule Wien im Jahre 1980 keine Hochschule in ganz Österreich, die eine professionelle Bühnentanz- und Tanzpädagogenausbildung anbietet. Nach wie vor gibt es für Tanzkünstler keine Auslandsstipendien, wie es sie – selbstverständlich – für alle anderen Künste gibt.

«Man sollte den jungen Menschen abraten, Tanz zu lernen, denn sie bekommen bei uns ohnehin keinen Job.»

Annemarie Terl

In den Bundesministerien wird Tanz nicht als gleichwertig gegenüber den etablierten Kunstformen wie Oper, Konzert oder Theater angesehen, während zahlreiche amerikanische Universitäten, die Pariser Sorbonne und in Großbritannien an die Hochschulen angeschlossene Institute Tanzstudien mit Magister- und Doktorabschluß anbieten.

Die Mühlen der öffentlichen Stellen arbeiten langsam, in einem anderen Zeitmaß, als man wünschen möchte. Nach engagiertem Einsatz ist es nun immerhin der Leiterin des Carl Orff-Institutes, Frau Vent, gelungen, vom Bundesministerium für Unterricht und Kunst die Zusage von Subventionen für den Aufbau der ersten in ein Hochschulinstitut integrierten Tanzvideothek zu bekommen.

Tänzer beginnen allmählich, gemeinsam um ihre Anerkennung zu kämpfen. Die großartige Chance, an der Basis mit Public Relations für Tanz anzufangen, damit er als Unterrichtsfach in die allgemeinen Lehrpläne aufgenommen wird, hoffen viele in der Zukunft verwirklicht zu sehen. Das schüfe jungen Tanzinteressierten schon früh den Kontakt zum Tanz und könnte damit einen Grundstein zum Verständnis und zur Offenheit gegenüber dieser Kunstform legen.

«Für mich ist die Information im Tanz das Erlebnis selbst. In England bekommt man in der Volksschule einmal in der Woche Tanz, freien Tanz. Man tanzt herum und nimmt dieses Erlebnis mit nach Hause.»

Liz King

Mit viel Optimismus darf man annehmen, daß bei Buchlegung erste konkrete Gespräche über eine Zusammenarbeit der Tänzer erfolgreich beendet sind. Die Stoßrichtung ist der Plan einer kleinen Tanzbühne, die sowohl etablierten Kompanien und den Tanzfestivals als auch jungen experimentellen Künstlern als Aufführungsplatz ganzjährig offenstehen soll. Ein Ort, der das Tanzgeschehen konzentrieren, den Informationsaustausch wesentlich erleichtern und eine zentrale Adresse für alle Tanzinteressierten darstellen kann. Bis jetzt gibt es keine mittelgroße Bühne in Österreich, die vor allem dem Tanz zur Verfügung steht. Tanzabende finden größtenteils in Sprechtheatern statt, abhängig von diesen und deren Bereitschaft, dem Tanz in ihrem Haus Raum zu geben.

«In den Ämtern und Ministerien gibt es ja nur wenig Interessierte für Tanz, und die wenigen sagen: na ja... Staatsopernballett und aus. Genau wie bei den Beamten ist es auch im Volk.»

Annemarie Terl

Ein Beispiel dafür, daß die Beamten dazuzulernen versuchen, vor allem aber dafür, daß die Bürger den Beamten voraus sind, ist die im Jahre 1987 vom halbamtlichen «Kulturservice» eingeleitete Aktion «Tanz in den Schulen». Einzigartig ihr jähes Ende... Ausgangspunkt war ein an alle österreichischen Pflichtschulen gerichtetes Angebot des Ministeriums, während eines Monats im Schuljahr ein- bis zweimal in der Woche Tanzunterricht für die Schüler zu organisieren. Die Idee war, Schüler und Schulen mit Tanz bekannt zu machen. Das Echo war unerwartet groß, so unerwartet groß, daß die Verantwortlichen im Unterrichtsministerium die Einstellung des Versuchs anordneten, weil er den budgetären Rahmen sprengte. Oder anders gesagt: Die Aktion war von vornherein nicht auf Erfolg «angelegt», und nun, da er sich einstellte, scheiterte sie an ihrem Erfolg. Trotz engagierten Einsatzes der mit der Aktion Betrauten wurde sie abgewürgt. An alle Schulen ging ein Absageschreiben – auch an die rund 50 Schulen (ein Zehntel der Interessierten) im Raum Wien, die bereits gemäß dem ministeriellen Angebot Tanzunterricht abhielten. Kurz: Die Aktion, die von Anfang an auf große Resonanz bei den Angesprochenen stieß, wurde aufgrund unerwarteten Erfolges möglichst unauffällig für die Umwelt eingeschläfert. Eine Totgeburt.

Zehnjähriges Jubiläum feierte 1987 der Verein der Freunde der Wiener Staatsoper mit der «Wiener Ballettwerkstatt – Junge Choreographen», die ein- bis zweimal jährlich als Matinee im Theater an der Wien stattfindet und satzungsgemäß jungen Choreographen die Möglichkeit bietet, sich Publikum, Kritik und Jury für die Vergabe des Christl-Zimmerl-Preises vorzustellen. Ohne Vorauswahl, nach nur schriftlicher Anmeldung, darf jeder allein oder mit Gruppe einmal auf die große Theaterbühne. Das allerdings unter schwierigen Bedingungen: Einmalige Bühnenbesichtigung, einmalige technische Probe unter Zeitdruck am Vortag, nicht immer sind alle Jurymitglieder bei der Aufführung dabei (Videoaufnahmen sind dann der ungleiche Ersatz bei der Preisentscheidung), dem großen Tag folgt bis auf eine kurze Zeitungsnotiz nichts, und fast alle sinken in ihre Anonymität zurück.

Einige wenige bewiesen in der «Wiener Ballettwerkstatt» ihr Standvermögen als Choreographen und wirken nun schon seit einigen Jahren mit ihren ständigen oder ad hoc zusammengestellten Gruppen auf unseren Bühnen: Manfred Aichinger (Tanztheater Homunculus), Liz King (Tanztheater Wien), das Salzburger Bewegungstheater Vorgänge, Peter Wissmann und – etwas im Abseits – Sebastian Prantl. Andrea Campianu und Bernd Bienert vervollständigen die Liste der in Österreich tätigen Choreographen des eher jungen Tanzes. Sie alle arbeiten unter nicht gerade rosigen Voraussetzungen: Als Tänzer, Choreographen und Künstler müssen sie vielfach auch ihr Management, die Werbungsarbeit und den Bühnenaufbau übernehmen – ganz zu schweigen vom schon angedeuteten Problem der nicht-existenten Tanzbühne für freie Gruppen.

Truppen klassischer Tradition genießen zumindest nach außen hin Anerkennung durch die Öffentlichkeit, wenn sie auch lange nicht über die Selbständigkeit und Freiheit verfügen, die ihnen gebührt. Neben dem Wiener Staatsopernballett, das noch immer der Macht der Oper untertan ist, gibt es das Wiener Volksopernensemble, das, nach seinem jahrelangen Dienst an der im Hause heimischen Operette, in der Saison 87/88 dank der Initiative der neuen Direktorin Susanne Kirnbauer seinen ersten reinen Ballettabend gab. Die Mitglieder der Ballettkompanien an den Stadt- und Landestheatern in Linz, Graz, Salzburg, Innsbruck, Klagenfurt, St. Pölten und Baden führen ein kärgliches Dasein, das sich meist in Balletteinlagen für Musik- und Sprechstücke erschöpft. Die Beamtenmentalität an den Theatern – pünktliches Kommen und Gehen in der Hoffnung auf möglichst arbeitsfreie Anwesenheit – tut ein übriges und tötet den Geist der Kunst: Nach zehn Jahren Engagement an den Bundestheatern gibt es zur Belohnung «Pragmatisierung», was heißt: Unkündbarkeit. Es erübrigt sich, über die hemmende Wirkung, die diese Gewerkschaftsregel auf die Entwicklung eines Ensembles hat, zu sprechen.

Die Initiative für die aktive Seite des Tanzens – bisher blieben die Zugänge zum Tanz die des gewöhnlichen Kulturkonsumenten – ergriff der «Verein zur Förderung des Künstlerischen Ausdruckstanzes», der seit 1984 mit den «Sommer- und Wintertanzwochen Wien» mehrwöchige Tanz- und Musikworkshopreihen im Universitätssportzentrum Wien veranstaltet, bei denen internationale Größen (nationale sind sehr rar) des modernen und klassischen Tanzes in- und ausländische Studenten unterrichten. Die Wiener Halbschlafszene wachrüttelnd, hat diese im Halbjahresrhythmus stattfindende Veranstaltung wohl den bislang breitenwirksamsten Effekt überhaupt sowohl bei Laien- als auch bei professionellen Tänzern erzielen können. Nebenveranstaltungen wie öffentliche Diskussionen, Filmmatineen, Videothek, Ausstellungen oder Abschlußvorführungen fördern eine gerade aus den Kinderschuhen herauswachsende österreichische Tanzkultur. Der künstlerische Leiter, der Brasilianer Ismael Ivo, bereitet den Weg zur Förderung junger professioneller Tänzer mit der Integration von choreographischen und experimentellen Seminaren – zuvor existierten diese persönlichkeitsfordernden Seminare in der Praxis nicht. Mit diesen Impulsen sollen die jungen Tänzer weiterarbeiten können, sich weiterentwickeln, sich aus der allgemeinen Stagnation befreien und vielleicht (mit viel Krafteinsatz) gegen die Überschwemmung durch Ausländer – die schwimmen derzeit noch besser – ankämpfen.

Die – auf verschiedenen Pfaden erfolgende – Wanderung zur Tanzkultur läßt den Schluß zu: Der Tanz in Österreich ist untrügerisch im Aufwind!

Schulen

Vier öffentlich geförderte Schulen mit mehrjähriger Tanzausbildung existieren in Österreich:

- die Ballettschule des Bundestheaterverbandes in Wien (Ballettschule der Wiener Staatsoper)
- das Carl Orff-Institut, eine Sonderabteilung der Hochschule für Musik und Darstellende Kunst, des «Mozarteums» in Salzburg
- das Konservatorium der Stadt Wien
- die Musicalschule des Theaters an der Wien

Ballettschule des Bundestheaterverbandes in Wien

«Tanz in Österreich ist wie der österreichische Fußball – es gibt einige Talente, die gehen ins Ausland und kommen dann aus Heimweh wieder zurück. Für mich ist es momentan die Stunde Null in der Tanzausbildung.» Michael Birkmeyer

Nach großen internen Schwierigkeiten in früheren Jahren hat Michael Birkmeyer, langjähriger Solist im Ballettensemble der Wiener Staatsoper, vor zwei Jahren die Leitung übernommen und mit der Unterstützung einer erfahrenen, in Monaco tätigen Ballettpädagogin einen veränderten Lehrplan und neue Lehrmethoden eingeführt.

In den Verband der Bundestheater eingegliedert und staatlich subventioniert, ist die wesentliche Aufgabe der Schule, Nachwuchs für das Staats- und Volksopernensemble heranzuziehen. Erwartungsgemäße Charakterisierung: puristisch klassische Technik, wie es die Orientierung am ästhetischen Ideal des Spitzentanzes erfordert, ein Leiter, der keine tänzerische Alternative zu seinem Fach gelten läßt (und Kinder, die mitunter von einer amerikanischen Broadwaytänzerin, einer unter sehr vielen, im Jazz- und Musicaltanz unterrichtet werden, «um die fließenden Bewegungen des modernen Tanzes zu erlernen»).

Nach den Vorbereitungsklassen für sieben- bis zehnjährige Kinder, in denen das Hauptaugenmerk auf die Korrektur von Haltungsfehlern, die Entwicklung der Standfestigkeit und des Balancegefühls sowie auf die musikalische Schulung gelegt wird, folgen acht Ausbildungsjahre, die parallel zu den acht Jahren des Gymnasiums laufen. Allgemeinbildung über die Unterstufe hinaus, jenseits des Pflichtschulalters, wird den körperlich arbeitenden Kindern aber freigestellt, die Nebenfächer sind die jeder anderen Akademie.

Aufnahmebedingung ist in erster Linie die physische Eignung, das heißt: ein wohlgeformter, extrem schlanker Kinderkörper, starke Auswärtsdrehung der Hüftgelenke und große Beweglichkeit.

«Klassisches Ballett ist starker Drill von dir an dir selbst. Du mußt dich immer überwinden zu trainieren, zu trainieren, zu trainieren, und du mußt immer besser werden. Du darfst aber nie deine Kreativität außer acht lassen.»

Michael Birkmeyer

Deshalb bekommen die Kinder immerhin einmal pro Woche eine Viertelstunde Zeit, mit oder ohne Musik frei zu tanzen, den anderen «ein kleines Tänzchen» zu zeigen. Den höheren Klassen wird angeboten, Choreographien mit ihren Mitschülerinnen einzustudieren, die, wenn sie der Leitung gefallen, in die Jahresabschlußveranstaltung integriert und damit an verschiedenen Orten in ganz Österreich gezeigt werden – im Rahmen eines Werbefeldzuges durch die Bundesländer mit dem Ziel, dem klassischen Ballett allgemein und der Schule im besonderen einen größeren Bekanntheitsgrad zu verschaffen, um anschließend unter mehr Kindern bei den Aufnahmeprüfungen, die sehr hart sind, auswählen zu können. (1986 wurden von 600 Kindern 80 ausgewählt.)

Birkmeyer selbst weiß darum, daß die Wiener Schule mit anderen Akademien in Europa, allen voran Frankreich, nicht mithalten kann, hat aber ernste Ambitionen, dies in Zukunft zu ändern. Noch beteiligen sich die Kinder nicht an internationalen Wettbewerben, doch die Schulleitung hält das für eine gute Chance: «So sehen die Schüler, wo sie stehen. Das Selbstvertrauen wird gesteigert oder zerstört – beides kann manchmal ganz gut sein.»

Birkmeyer bemüht sich um Offenheit und übersieht die eigene Fixiertheit auf ein antiquiertes Tänzerbild; er vergleicht die hehre Tradition des Balletts und dessen Vorsprung gegenüber jeder anderen Art des Tanzes mit der historisch gewachsenen und damit (tatsächlich?) gültigen Ästhetik der Spanischen Hofreitschule zu Wien – und vielleicht auch mit deren Erfolg als touristisches Aushängeschild. Giselle und Lipizzaner, welch eine Symbiose!

«Nur ein klassisch ausgebildeter Tänzer ist ein vollwertiger Tänzer!»
Michael Birkmeyer

Im Herbst 1987 wird man mit einer Pädagogenausbildung für Ballettlehrer von Kindern im Alter zwischen sieben und zehn Jahren beginnen. Langfristig soll erreicht werden, daß die Vorbereitung der Kinder schon vor Eintritt in die Wiener Schule in deren System vollzogen wird und daß alle Kinder von Anfang an nach einem einheitlichen Lehrplan unterrichtet werden.

Auch Birkmeyer klagt über die in Österreich fehlende Anerkennung des Tanzes als eigenständiger Kunst und über die schwache Stellung der Ballettensembles in der organisatorischen und künstlerischen Umarmung durch Oper und Operette, obwohl sich gerade der klassische Tanz von allen Tanzrichtungen am nachhaltigsten im Kulturbetrieb der westlichen europäischen Gesellschaften festgesetzt hat. Er betrachtet es als eine seiner Aufgaben, den Tanz geschickt zu verkaufen, ihn markttüchtig zu machen und die Tanzerziehung auf eine gesetzliche Basis zu stellen. Denn: Es gibt zu viele Dilettanten unter den Pädagogen.

«Die höchste Vollendung des klassischen Balletts ist für mich, wenn es so einfach ausschaut, daß der Zuschauer sagt: Mein Gott, das kann ich auch. Die Überhöhung des Tanzes: Ballett ist so unnatürlich, daß es, wenn man es ganz toll macht, wieder natürlich ausschaut. Der Irrsinn, daß man den mathematisch abstrahierten Prozeß des Trainings durchgemacht haben muß, um wieder natürlich zu wirken. Den anderen Tanzarten ist das zu mühsam – sie sind den direkten Weg zur Natürlichkeit gegangen ohne den Umweg des klassischen Balletts. Aber sie werden nie die Klasse haben, die ein gut trainierter Körper an Ausdrucksstärke haben kann.»

Das Carl Orff-Institut

Im benachbarten Sonnensystem, in Salzburg, am anderen Pol des Verständnisses von Tanz, ist man – gänzlich unabhängig von der klassischen Technik und befreit vom reinen Virtuositätsdenken – lebhaft damit beschäftigt, Tanz als unlöslich verbunden mit Leben, Theater, Kunst und Erziehung zu erfassen.

Das Institut bietet einen Studiengang «Musik- und Tanzerziehung» mit unterschiedlichen Schwerpunkten und Spezialisierungsmöglichkeiten. Es ist der pädagogischen, künstlerischen und wissenschaftlichen Erschließung der Musik- und Tanzerziehung auf der Grundlage der integrativen Konzeption von Carl Orff (Einheit von Musik, Tanz, Sprache) verpflichtet.

Nach zweijährigem Grundstudium kann der Studierende als einen möglichen Schwerpunkt Tanz wählen. Die Absolvierung des ersten Studienabschnittes (8 Semester) gilt als Lehrbefähigungsprüfung für Musik und Tanz. Der zweite Studienabschnitt (weitere 4 Semester) dient der Weiterentwicklung zur Übernahme von Leitungs- und Gestaltungsaufgaben bzw. zur Befähigung selbständiger Arbeit und schließt mit dem akademischen Grad «Magister der Künste».

«Elementarer Tanz» darf als Schlüssel für das künstlerische Verständnis der Institution gelten. Wesentlicher Faktor in der Förderung des kreativ-gestaltenden Potentials der Studenten sind Improvisations- und Kompositionsunterricht, Mitwirkung an fächerübergreifenden Projekten und die Unterstützung der Bühnenarbeit von Studenten.

Neben physischer Belastbarkeit und Vorkenntnissen in verschiedenen Bewegungs- und Tanzbereichen muß die Aufnahmeprüfung mit Improvisationsaufgaben, Koordinationsübungen in Raum, Zeit und Dynamik sowie mit der Demonstration einer vorher erarbeiteten kurzen Tanzstudie bestanden werden.

Dieser ganz spezielle Zugang macht klar, daß nicht primäres Ziel ist, Bühnentänzer und Choreographen im konventionellen Sinn auszubilden, sondern vielmehr Protagonisten im Rahmen der ästhetischen Erziehung des Menschen überhaupt, und zwar aus ganzheitlicher Sicht.

Seit Jahren setzen sich Institutsmitarbeiter und Studenten durch Mitwirkung an pädagogischen Konzepten der Ministerien, durch direkte Projektarbeit an Schulen und durch regelmäßige Publikationen und

Symposien für Tanz in Grund- und Höheren Schulen ein. Die großen Lücken im allgemeinen Tanzbewußtsein können sie natürlich nicht alleine stopfen. Bislang arbeiten die Absolventen selbständig in Gruppen oder finden Arbeitsstellen in Musik- und Tanzschulen, die offen für grenzüberschreitende Arbeitsweisen sind.

Das Konservatorium der Stadt Wien

Wie im Carl Orff-Institut und in der Bundesballettschule ist im Konservatorium kein Schulgeld zu bezahlen. Das kann aber nicht darüber hinweghelfen, daß die mehrjährigen Ausbildungen in klassischem Ballett und in Tanzpädagogik nach dem System Rosalia Chladek im internationalen Vergleich nicht mithalten können. Lange Jahre der Intrige gegen Professor Chladek – verbunden mit der Engstirnigkeit öffentlicher Stellen, die Tanz teilweise bis heute mit Gymnastik zu verwechseln scheinen und ihren Ausweg aus angespannten Budgetsituationen in Zynismen gegen neue Entwicklungen suchen – ließen letztlich auch diese Institution zu einer Laienschule «verkrüppeln». In jüngster Vergangenheit arbeitet man jedoch wieder daran, auch für professionelle Tänzer eine gute Basis zu schaffen.

Die Musicalschule des Theaters an der Wien

Um dem verblüffend hohen Anteil an ausländischen Tänzern in Peter Wecks Musicaltheater mit seiner Mehrjahresshow «Cats» langfristig zu trotzen, wurde vor wenigen Jahren eine Musicalausbildung angeschlossen, die die Tänzer und Darsteller der Zukunft dieser Branche heranbilden soll (gegen relativ teures Schulgeld). Ein rühmenswerter Versuch, der jedoch in seiner derzeitigen Form noch Tänzer produziert, die hinter dem internationalen Ideal des Broadwayniveaus kräftig hinterherhinken.

IV. Aus der Reihe tanzen…

– Alternative(n) (zur) Tanzausbildung
– Alternativen im Tanzbetrieb

Marianne Forster

(Fast) Ein Ding der Unmöglichkeit

Zur professionellen Modern-Dance-Ausbildung

Eine Ausbildung in Modernem Tanz innerhalb der deutschsprachigen Länder zu erwerben, ist ein schwieriges Unternehmen. Es mangelt an professionellen Vorbildern und Tanzkompanien, die anregend und wegweisend sein könnten. Und weil solche Vorbilder und Kompanien kaum existieren und daher wiederum keine Jobs vorhanden sind, wird die Ausbildung vernachlässigt, und nur schwer sind Stipendien erhältlich. Moderner/Zeitgenössischer Tanz ist deshalb oft (und meines Erachtens nicht zu Unrecht) vom Odium des Laienhaften umgeben. Hierzulande sind die wenigen Profis größtenteils Ausländer und ihr Verbleiben ist somit vom Wohlwollen der Behörden abhängig. Die staatliche Anerkennung des Tänzerberufs[1] und dementsprechend die Qualitätsanforderungen an die Ausbildung liegen im argen.

Der Tanzboom brachte es mit sich, daß der Drang, in die tänzerischen Berufe einzusteigen, sprunghaft zugenommen hat. So sind in den letzten Jahren viele private Schulen eröffnet worden, die den steigenden Bedarf aufzufangen versuchen. Um ihre wirtschaftliche Existenz zu sichern, müssen sie allerdings oft Bewerber aufnehmen, denen man objektiv gesehen on einer Ausbildung abraten müßte – wegen fortgeschrittenen Alters, mangelnden Talents, lückenhafter Vorausbildung und anderem mehr. Dies drückt aufs Niveau. Wer zu alt ist, um klassisch ausgebildet zu werden, ist nicht automatisch jung genug für den modernen Bereich. Zwar sind die Anforderungen in körperlicher Hinsicht weniger rigoros: Die Hüftgelenksrotation muß nicht 180 Grad betragen, überdurchschnittlich klein oder groß gewachsene Tänzer/innen haben eher Chancen, da Persönlichkeiten gesucht sind. Trotzdem: Die Anforderungen werden im allgemeinen unterschätzt.

Die nachfolgenden Ausführungen sollen der Information dienen und bei der Entscheidungsfindung eine Hilfe sein. Der Ausdruck «moderner Tänzer» möge bitte für beide Geschlechter verstanden werden (um so mehr, als sich auf diesem Gebiet eh die Männer emanzipieren müssen…).

Der Gebrauch der Termini «Moderner Tanz» und «moderner Tänzer» erfolgt darüber hinaus nicht im engen Sinne des nordamerikanischen Modern Dance/Contemporary Dance (für dessen stilistische Spielarten und verschiedene Techniken Namen stehen wie Martha Graham, May O'Donnell, Doris Humphrey und Charles Weidman, José Limón, Hanya Holm, Alwin Nikolais und Murray Louis, Merce Cunningham, Lester Horton, Erick Hawkins), sondern soll im weitesten Sinne all jene Stilrichtungen umfassen, die erst im 20. Jahrhundert entstanden sind und auf professionellem Level existieren (also auch Überreste des Ausdruckstanzes, Neuer Künstlerischer Tanz, Tanztheater, New Dance, Post Modern Dance, Minimal Dance etc.).

Zur Berufssituation

Wer Tänzer werden will, muß sich darüber im klaren sein, daß er – wenigstens bei uns im Westen – nur im günstigsten Fall überhaupt in seinem Beruf wird arbeiten oder gar davon leben können. In der Regel ist der moderne Tänzer innerhalb des deutschen Sprachraums nicht Angestellter einer staatlichen oder kommunalen Kompanie.[2] In der freien Szene aber sind längerfristige Anstellungen selten und die Honorare niedrig.[3] Der Weg mit dem Ziel «moderner Tänzer» ist steinig und frustrierend und noch schwieriger als im gut strukturierten (Ausbildungs-)Bereich des klassischen Tanzes. Nach nur wenigen Jahren der Berufstätigkeit, die möglicherweise durch Jobben gestört oder gar unterbrochen worden ist, muß oft auf einen neuen Beruf umgesattelt werden. Viele «unterrichten» dann einfach so. Aber auch unterrichtenderweise verdient man gewöhnlich mäßig bis schlecht, ganz abgesehen davon, daß eigentlich erst eine pädagogische Zusatzausbildung dazu erforderlich wäre...

Der moderne Tänzer kann sich zumeist auch nicht aufs Tanzen beschränken. Vielmehr muß er sich oft als «Hansdampf in allen Gassen» nicht nur um die künstlerisch-kreative Seite seines Berufs kümmern, sondern – wenigstens so lange, bis er sich etabliert hat – auch mit administrativen, finanziellen, bühnentechnischen, Public Relations- und weiteren Aspekten herumschlagen, was der künstlerischen Arbeit Kräfte raubt. Zum Teil entsteht daraus eine Überforderung nur schon durch die meist mangelnde Kompetenz auf diesen Gebieten. Um aber diesen Mißstand langsam abzubauen, müßte sich der moderne Tänzer aus seiner oft vorhandenen Isolation lösen, um gemeinsam mit anderen Betroffenen eine Änderung seiner Gesamtsituation anzustreben.

Funktionen des modernen Tänzers

Die folgende Graphik zeigt die wichtigsten Aufgaben, mit denen ein moderner Tänzer nicht selten konfrontiert wird. Wer Tänzer werden will, denkt eher an die künstlerisch-kreativen Tätigkeiten in der oberen Hälfte – und wird dann mit den ganz anders gelagerten der unteren Hälfte konfrontiert, wenn er am Anfang seiner Karriere steht.

Während etwa in den USA eine Aufgliederung in verschiedene Unterbereiche bereits Tradition hat[4] und viel mehr finanzielle Unterstützung erhältlich ist, arbeitet im deutschsprachigen Raum ein moderner Tänzer meist ohne ein wie auch immer geartetes Umfeld. Es wäre daher günstig, wenn bereits in der Ausbildung gewisse Bereiche abgedeckt würden. Sie könnten gleichzeitig dem alternden Tänzer den Umstieg in verwandte Berufe erleichtern.

Je entwickelter sich eine Modern-Dance-Szene darstellt, um so mehr Arbeitsteilung findet statt. In einem wenig entwickelten Umfeld dagegen müssen um so mehr Funktionen vom Tänzer selbst in Personalunion ausgeübt werden:

FUNKTIONEN

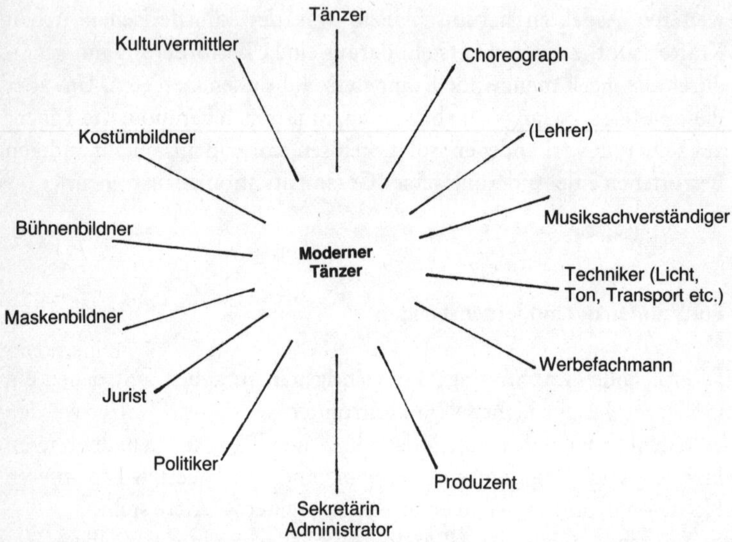

Kompetenzen – Zur Veranschaulichung der Graphik

Der moderne Tänzer muß also vieles können. Zuallererst muß er über einen beweglichen, trainierten Körper verfügen, der als Instrument möglichst lange und zuverlässig funktioniert. Doch das ist eben nicht alles. Die folgende Zusammenstellung versucht, die wichtigsten Anforderungen auszuformulieren.

Instrumentelle Kompetenz: Verfügbarkeit des Körpers als Instrument durch ausgeprägte Tanztechnik, gutes Form-, Raum- und Rhythmusgefühl, schnelle Auffassungs- und Umsetzungsgabe und Kooperationsvermögen.

Kreative Kompetenz: Nach- und eigenschöpferisches Gestalten, Intuition, Aufnehmen und Verarbeiten von Impulsen aus der Umwelt, aus anderen Kunstformen etc. und deren Umsetzung.

Kommunikative Kompetenz: Fähigkeit, sich mitzuteilen, sich auszudrücken, sich verständlich zu machen – verbal und nonverbal, in eigener und fremder Sprache und Körpersprache. Zusammenarbeiten, aber auch individuell Initiative ergreifen und auf andere übertragen können.

Bühnentechnische Kompetenz: Umgang mit bühnen- und aufführungstechnischen Mitteln, praktisch und theoretisch. Wichtig ist vor allem, mit einem Minimum an solchen Mitteln auskommen zu lernen.

Kulturelle Kompetenz: Kenntnis der Tanzkultur, ihrer Wurzeln und ihrer zeitgenössischen Weiterentwicklung, aber auch der allgemeinen Kultur- und der Zeitgeschichte – insbesondere des 20. Jahrhunderts. Vermögen, kulturelle Vorgänge im eigenen Umkreis kritisch zu verfolgen und sie mitzugestalten.

Organisatorische und kaufmännische Kompetenz: Fähigkeit, Geld aufzutreiben und zu verwalten, organisatorische und administrative Vorgänge zu planen und durchzuführen, sich bekannt zu machen und zu «verkaufen».

Gesundheitliche Kompetenz: Genügend über Bau und Funktionen des eigenen Körpers wissen, um ihn nicht zu gefährden und eine größtmögliche Stabilität der Gesundheit zu ermöglichen. Wissen um dem beruflichen Umfeld immanente Gefährdungen und um prophylaktische Maßnahmen.

Politische Kompetenz: Die eigenen Probleme und die des ganzen Berufsstands nicht individuell isoliert sehen und hinnehmen, sondern hinaustragen, sich auch mit Berufskollegen zusammen an die Öffentlichkeit begeben und auf positive Veränderungen hinarbeiten. Aufklärend wirken, Stellung nehmen, wann immer Gelegenheit dazu besteht. Sich dabei als Teil des sozialen Umfelds und der Kulturlandschaft wahrnehmen und gemeinsam mit anderen Kulturschaffenden für größere Anliegen kämpfen. Die Politiker ansprechen und informieren. Verbände und Organisationen benützen, wo nötig, deren Strukturen zu ändern versuchen, bis sie funktionieren. Energie in gemeinsame Interessen stecken und nicht (wie gewöhnlich) in der Aufsplitterung verschwenden.

Ausbildung

Aus der Zusammenstellung der «Kompetenzen» geht hervor, daß es unmöglich ist, eine Tanzausbildung so quasi «nebenberuflich» in Angriff zu nehmen. Schon eine minimale Ausbildung beansprucht drei bis vier intensive Jahre – um so mehr, als moderne Tänzer ihre Ausbildung fast immer und überall später beginnen als klassische Tänzer.

Welche Fächer soll eine Ausbildung überhaupt beinhalten?

Tänzerische Fächer

Tanztechnik: Eine tägliche Lektion in Modernem Tanz ist unabdingbar. Sie soll in einem gut strukturierten Unterricht erfolgen (die meisten modernen Techniken sind weniger strukturiert als der klassische Tanz). Als Ergänzung muß klassischer Tanz und Jazztanz obligatorischer Teil des Unterrichts sein.

Es ist ein großer Vorteil, wenn über alle Ausbildungsjahre hinweg dieselbe moderne Grundtechnik studiert wird – nur dann kann eine wirkliche Vertiefung erfolgen. Klassischer Tanz hingegen sollte, um die Bewegungsqualität des modernen Stils möglichst wenig zu beeinflussen, so «neutral» wie möglich unterrichtet werden.

Als Ergänzungsfächer kommt eine Auswahl aus weiteren modernen Richtungen, aus Folklore, Historischem Tanz, Flamenco, Afro etc. in Frage.

Improvisation: Improvisation ist in einigen Richtungen Teil der Philosophie. Aber auch dort, wo sie nicht bereits Bestandteil der Ausbildung ist, muß Improvisation unterrichtet werden. Sie ermöglicht spontanen Umgang mit Energie, Zeit und Raum, mit Partner und Gruppe und bietet dadurch Erfahrungen, die für die Komposition (und damit für die spätere schöpferische Umsetzung in der Choreographie) unbedingt notwendig sind. Auch für die Improvisation empfiehlt sich eine Minimalstundenzahl von einer Wochenstunde die gesamte Ausbildungszeit hindurch.

Komposition: In der Komposition wird der handwerkliche Umgang mit choreographischen Mitteln gelehrt. Kompositionsunterricht hat im Modernen Tanz eine lange Tradition. Das ist vielleicht der Grund dafür, daß heute so viele moderne und postmoderne Choreographen von klassischen Kompanien hinzugezogen werden (prominente Beispiele findet man beim American Ballet Theatre, dem New York City Ballet und dem Königlich Dänischen Ballett in Kopenhagen). Solo- und später Gruppenkomposition muß über die ganze Ausbildungsdauer hinweg angeboten werden.

Hilfstechniken: Als Ausgleichs- und Zusatztraining – nicht zuletzt auch mit prophylaktischer Wirkung in bezug auf Überbelastungen, Unfälle und Verspannungen – kann je nachdem (z. B. im Blockunterricht oder in Seminarform) Placement oder Barre à terre, aber auch Alexander-Technik oder Eutonie oder Feldenkrais angeboten werden. Vorzugsweise werden diese Fächer in die zweite Hälfte des Studiums gelegt, wenn bereits ein gewisses Verständnis für die Problematik vorhanden ist.

Interpretation/Repertoire: Vom zweiten Ausbildungsjahr an muß der Tanzstudent lernen, ganze Werke zu tanzen. Dieses «Ernstfalltraining» beginnt mit Resultaten aus dem Kompositionsunterricht (also mit eigenen Kompositionen und denen von Kollegen), Choreographien schuleigener oder zugezogener Lehrkräfte und Choreographen (neugeschaffen oder bereits existierend) und sollte, wann immer möglich, auch klassische Werke des Modernen Tanzes umfassen.

Ergänzungsfächer je nach Schwerpunkt der Ausbildung: Choreutik (räumliche Harmonie- und Formenlehre) und Eukinetik (Studium des Bewegungsausdrucks anhand rhythmisch-dynamischer Analyse) werden Bestandteil der Ausdruckstanz-orientierten Ausbildungen sein, während eher postmodern orientierte Schulen vielleicht Contact Improvisation oder Tai Chi anbieten und solche mit größerer Betonung des klassischen Tanzes Pas de deux.

Auftritte: Mit der Fortdauer der Ausbildung müssen Aufführungen mehr und mehr den Studio-Rahmen sprengen und sollten im dritten Jahr in professioneller Bühnenatmosphäre stattfinden. Es sollte den Studenten auch Gelegenheit gegeben werden, bereits auswärts kleine Engagements anzunehmen oder selber kleine Gastspiele zu organisieren. Das in den Ergänzungsfächern erworbene Wissen könnte damit gleich zur Anwendung kommen.

Notwendige Ergänzungsfächer

Rhythmik, Musik, Percussion: Es ist von Vorteil, wenn der Tänzer ein Instrument spielt bzw. spielen lernt. Zumindest mit einfachen Percussionsinstrumenten ist dies für alle möglich. In diesen Fächern soll auf angewandte Weise das rhythmisch-musikalisch Notwendige an Theorie in die Praxis umgesetzt erarbeitet werden.

Bühnenkunde: Beleuchtungs- und Tontechnik, Kostümkunde und -herstellung, Maske (Schminken und Maskenbau), Herstellung von Kulissen etc. können in Blockkursen unterrichtet werden und müssen in einem Praktikum erprobt werden. Ein Praktikum kann im Zusammenhang mit Auftritten sehr günstig eingebaut werden.

Musikkunde für Tänzer: Zu den Epochen und Stilrichtungen der Musik, von alter Musik über Klassik und neue Musik hin zu Pop, Rock und Jazz, soll der künftige Tänzer eine Beziehung haben. Dieses Fach kann ihm jene musikalischen Welten erschließen, zu denen er vielleicht persönlich noch keinen Zugang gefunden hat.

Anatomie und Physiologie: Bau und Funktionen des menschlichen Körpers im allgemeinen – Umsetzung (funktionelle Anatomie) auf die Problematik des Tänzers und seiner Bedürfnisse.

Gesundheits- und Ernährungslehre

Tanzgeschichte: Und zwar unter spezieller Berücksichtigung des 20. Jahrhunderts, einschließlich Literaturstudium und Studium der klassischen Werke des Modernen Tanzes (soweit möglich live oder anhand von Film und Video).

Allgemeine Kunst- und Kulturgeschichte: Malerei, Bildhauerei, Architektur, Film, Video etc.

Sprachen: Um Kontakte zu knüpfen und sich und seine Arbeit darzustellen, ist ein guter mündlicher und schriftlicher Gebrauch der Muttersprache nötig sowie die Fähigkeit, sich (zumindest mündlich) in einer oder mehreren Fremdsprachen auszudrücken.

Wünschenswerte Ergänzungsfächer

Je nach persönlicher Neigung und den Möglichkeiten der Schule wäre es von Vorteil, folgende Fächer als zusätzliche Freifächer anzubieten: Soziologie des Tanzes, Ästhetik, Tanzkritik, Tanzschrift, Philosophie, Psychologie, Biomechanik. Aber auch einen Schreibmaschinenkurs, Buchhaltung, Organisation, Administration und Massage.

Es gibt zu viele Tänzer auf der Welt. Niemand hat auf dich gewartet... Deshalb ist es wichtig, daß eine Ausbildung nur ins Auge gefaßt wird, wenn objektiv gesehen überhaupt Chancen auf eine professionelle Tätigkeit bestehen.

Im deutschen Sprachraum gibt es vorwiegend Schulen, die marktabhängig sind. Aber nur eine Schule, die nicht selbsttragend sein muß, vermag sich den Luxus wirklicher Auslese unter ihren Kunden zu leisten. Das heißt, die Infrastruktur müßte durch eine private Trägerschaft, etwa eine Stiftung, oder aber durch den Staat getragen werden. Wer also für sich selber oder sein Kind eine moderne Tanzausbildung anstrebt, muß sich sehr eingehend informieren und das vielfältige Angebot sorgfältig prüfen. Im Zusammenhang mit diesem Beitrag wurden 17 Schulen um nähere Informationen gebeten, die in ihren Inseraten «professionelle Ausbildung» oder «Berufsausbildung» anbieten oder sich «Fachschule» nennen. Elf davon haben leider erst gar nicht geantwortet. Ob der Grund dafür lediglich Desinteresse, Überforderung oder Vergessen ist oder angesichts unseres ausführlichen Fragebogens vielleicht ganz woanders liegt?

Manche Schulen blühen still im verborgenen und sind der Verfasserin nicht einmal bekannt – und können nichtsdestotrotz doch die bessere Arbeit leisten als jene mit der Glanzpapier-Reklame. Ein Vergleich – vor allem auch mit dem Ausland – lohnt sich in jedem Fall und darf nicht gescheut werden.

Immer besteht auch die Möglichkeit, sich bei guten Einzellehrern eine tanztechnische Grundlage anzueignen, viele der übrigen Fächer durch persönliche Weiterbildung und unter Ausnützung des Angebots beispielsweise von Universitäten, Volkshochschulen und Konservatorien abzudecken und anschließend ins Ausland zu gehen. Im Ausland zu studieren ist oft ein finanzielles Problem. Da in vielen Ländern offiziell gar nicht gearbeitet werden darf, muß man notfalls «schwarz» jobben, läuft dabei aber Gefahr, entdeckt und ausgewiesen zu werden (Großbritannien!) oder zumindest vom Arbeitgeber ausgenützt zu werden. Deshalb ist es im allgemeinen besser, sich das nötige Geld im eigenen Land zu verdienen und dann konzentriert im Ausland weiterzustudieren. Der Auslandsaufenthalt ist aber dringend notwendig, um erkennen zu können, wo man steht, und um sich mit anderen, die viel besser sind, vergleichen zu können. Genauso wichtig ist es, sich fremde Luft um die Nase wehen zu lassen und fremde Kultur (und zwar nicht nur Tanzkultur!) auf sich einwirken zu lassen, um selbständig zu werden.

Als Ausländer auf Bühnen des Gastlandes zu tanzen ist gut möglich, solange es sich um Auftritte mit Off-Kompanien und um Einzelaktionen handelt, bei denen sowieso meist nur eine minimale Spesenentschädigung zu erwarten ist. Erfahrungsgemäß wird es dort schwierig, wo Arbeitsbewilligungen nötig sind und gewerkschaftliche Einflüsse eine Rolle spielen.

Ohne Talent und Willenskraft, ohne überdurchschnittliche Geduld und Frustrationstoleranz, ohne Trainingsfleiß und Selbstdisziplin, ohne eiserne Gesundheit und, nicht zuletzt, ohne Bescheidenheit, um einen finanziell eingeschränkten Lebensstil verkraften zu können, geht es nicht. Merce Cunningham sagt in «The Vision of Dance»: «You have to *love* dancing to stick to it – it is not for unsteady souls» (Du mußt den Tanz *lieben*, um dabei zu bleiben – er eignet sich nicht für unbeständige Seelen). Ich möchte sogar sagen: Nur wenn man bereit ist, alles einzusetzen – wenn man *nicht anders kann*, als tanzen zu wollen, sollte man diesen verrückten Beruf ergreifen...

Noch ein Wort zu den Kosten. Schulen im deutschsprachigen Raum kosten jährlich ab sFr/DM 5000,–. Unter sFr/DM 500,– im Monat dürfte eine Schule nur dann Unterricht anbieten können, wenn sie wenigstens teilweise von öffentlichen oder privaten Institutionen subventioniert wird.

Tanz an Universitäten

Im deutschsprachigen Raum hat Tanz erst begonnen, sich in die staatliche Erziehung einzuschleichen. Professionelle Tanzausbildung wie an amerikanischen Colleges (zum Teil auch bereits auf High-School-Level) existiert noch nicht.

Mit seiner klaren Grundlage hat das Fach «Elementarer Tanz» unter Maja Lex innerhalb der Sportlehrer-Ausbildung an der Deutschen Sporthochschule Köln in Einzelfällen Impulse gegeben und ehemalige Sportstudenten zur Weiterbildung in professioneller Richtung animiert.

In England und Frankreich entstehen langsam ebenfalls Ausbildungsmöglichkeiten auf Universitätsbasis. In den USA ist die professionelle Tänzerausbildung mehr und mehr von der Ausbildung in «Dance Education» (Tanzerziehung) getrennt worden und sehr im Aufschwung. Die kommende Tänzergeneration Amerikas und mehr und mehr auch die Großbritanniens wird zum größten Teil über einen Bachelor Degree, einen Diplomabschluß auf College-Ebene, verfügen. Gewisse moderne freie Schulen arbeiten auch mit Universitäten zusammen – in England die London Contemporary Dance School und in den USA beispielsweise das Nikolais-Louis Dance Lab.

Tanz im Spannungsfeld Klassisch-Modern

Mehr und mehr wird vom klassischen Tänzer verlangt, daß er sich auch in modernen Idiomen ausdrücken kann. An den klassischen Schulen jedoch wird fast ausnahmslos die Technik Martha Grahams unterrichtet, die ähnlich der klassischen Technik sehr durchstrukturiert ist. Es wäre unbedingt notwendig, ergänzend dazu mindestens auch Improvisation anzubieten.

Als klassischer Tänzer ohne moderne Zusatzschulung eine Stelle in unseren staatlichen Theatern zu finden, ist durchaus möglich. Umgekehrt hat jedoch als moderner Tänzer niemand ohne bühnenreife klassische Technik Aussichten auf einen Job an diesen Häusern. Seit die alten Feindbilder zwischen den klassischen und modernen Puristen auch hier in Europa mehr und mehr abgebaut worden sind, werden Mischformen von klassisch und modern immer häufiger. Trotzdem wird es einer essentiell klassischen Kompanie nie gelingen, Werke moderner Choreographen über längere Zeit so zu tanzen, daß sie ihre spezifische Qualität behalten. Rudolf Nurejew, um nur ein Beispiel zu nennen, hat es nicht geschafft, sich Martha Grahams Vokabular glaubwürdig einzuverleiben. Wenn das American Ballet Theatre ein Werk von Paul Taylor tanzt, so fehlt der Einsatz der Schwere der modernen «Off-Balance». Murray Louis auf klassische Tänzer aufgepfropft – nun, das sieht auch danach aus (vorausgesetzt, man kennt die Murray Louis Dance Company).

Es wäre schön, wenn diese Tendenz zum «gemischten Salat», zum bewegungsqualitativen Eintopf wieder abnähme und sich in erneuter Differenzierung auflöste – selbstverständlich ohne Wiederaufbau der Feindbilder. Der Moderne Tanz muß in Europa sein verlorenes Selbstverständnis wiederfinden. Gingen «Moderne» so mit klassischem Tanz um, wie es «Klassiker» manchmal bei ansonsten hochstehenden Tänzerwettbewerben mit Modernem Tanz demonstrieren (da werden im Anschluß an anspruchsvolle klassische Variationen hemmungslos «moderne» Banalitäten serviert, die sowohl eine Zumutung an die werdenden Tänzer darstellen als auch ans Publikum!), so würde man sie der Respektlosigkeit bezichtigen, wenn nicht gar des Banausentums.

An Choreographischen Wettbewerben wiederum sind klassisch orientierte Teilnehmer deutlich in der Minderheit. Hier rächen sich wohl die Vernachlässigung der kreativen Seite innerhalb der klassischen Ausbildung, die Erziehung zum reinen Instrument für den Choreographen, der mangelnde Grundlagenunterricht in Tanzkomposition. Natürlich setzt sich die Jury gewöhnlich in der Überzahl aus etablierten «Klassikern» zusammen, die sehr oft gar keine Zeit haben, sich im professionellen modernen Sektor auf dem laufenden zu halten...

«Tanzperformance» – Ein Wort zur sogenannten Avantgarde

Die Entwicklung des amerikanischen Post Modern Dance begann in den frühen 60er Jahren mit dem Judson Dance Theatre[5]. «Jede Bewegung kann Tanz sein» – diese Maxime stammt vom geistigen Vater der Postmodernen, Merce Cunningham, in dessen Studio jener legendäre Tanzkompositionskurs von Robert Dunn stattfand, der die Initialzündung gab.

Der Post Modern Dance hat seine Zeit gebraucht, bis ihn der Kunstmarkt entdeckte und international zu vermarkten begann. Mittlerweile wurde aus dem alten «Happening» die «Performance Art» – eine Mischform, in deren Zentrum ein visuelles Konzept steht, ein Stück körperliche Aktion, das von etablierten Künsten wie Theater, Bildender Kunst, Musik oder Video borgt. Eine «Performance» ist multimedial – wird aber vom «Erfinder» nicht nur kreiert, sondern auch persönlich durchgeführt. Nicht jede multimediale Vorstellung ist daher als «Performance» einzuordnen. Da «Vorstellung» auf englisch «performance» heißt, ergab sich im deutschen Sprachraum eine Vermischung der Begriffe: Die sogenannte «Tanzperformance» war geboren. Sie ist indes meist keine «Performance Art», sondern eher eine Minimal Dance-Vorstellung beziehungsweise eine Post Modern Dance-, eine New Dance-Vorstellung...

Während in den USA die tänzerische Avantgarde aus der klassischen oder modernen professionellen Schulung (mit College-Degree oder aus den freien Schulen) herauswuchs, also schon traditionell das Berufs-«Handwerk» der Tanztechnik und Tanzkomposition erlernt hat und dieses dann teilweise sehr bewußt und gewollt über Bord warf, trifft man hierzulande auf viele Imitatoren, bloße Nachahmer, die sich aus irgendwelchen Gründen nicht mehr genügend Technik unter den Nagel reißen konnten, um professionell zu werden. Sie machen aus der Not eine Tugend – und in ganz großen Glücksfällen gelingt ihnen das. Der Durchschnitt aber ist eher dazu angetan, den Zuschauer in die Flucht zu jagen. Neuerdings beginnt man diese Spezies nun «Aktionskunst» zu nennen – ein Begriff, der wenigstens die Ansprüche von Tanz nicht beinhaltet.

Wer tänzerische Avantgarde «machen» will, muß seinen Körper genauso zum vollständig verfügbaren Instrument formen wie der traditionelle Tänzer. Nur dann ist er in der Lage, aus ihm herauszuholen, was er möchte und bewußt fordert. Wer sich zur «Performance Art» hingezogen fühlt, muß über den Körper hinaus sogar *verschiedene Medien* beherrschen, um sie bewußt in seiner künstlerischen Gestaltung einsetzen zu können.

Stichworte: Tanzpädagogik und Tanztherapie

Jede Woche erreichen mich mehrere Anfragen zur Tanzausbildung. Wenn ich den Leuten dann klarmachen muß, daß es mit 25 Jahren keinen Sinn mehr hat, eine Tänzerlaufbahn ins Auge zu fassen, kommen als nächstes die Fragen nach Tanzpädagogik und Tanztherapie. Nun ist aber weder das eine noch das andere dieser Gebiete ein geeigneter Tummelplatz für frustrierte oder verhinderte Tänzer.

Tanzpädagogik verlangt, daß man seinen Körper so gut kennengelernt und beherrscht hat, um genau zu wissen, was man seinen Schülern abzuverlangen gedenkt. Und diese «technische» Grunderfahrung muß bei Tanzpädagogen, die professionell ausbilden wollen, sogar noch weitergehen: Sie müssen unbedingt selbst professionell getanzt haben, um die Anforderungen, die eine Ausbildung stellt, nicht zu unterschätzen. Naturgemäß sind der körperlichen Lernfähigkeit aber altersbedingte Grenzen gesetzt – und somit eben auch einer Tanzausbildung, die nutzbringend ins pädagogische Fach eingebracht werden kann.

Tanzpädagogik verlangt andererseits auch vom professionellen Tänzer ein sehr weitgehendes Umdenken – am idealsten wäre eine nachträgliche pädagogische Ausbildung. Auf jeden Fall sollten Anatomie,

Physiologie, Bewegungslehre, Psychologie, Pädagogik, Methodik und Didaktik zur Ausbildung gehören, aber auch Hospitation und Lehrproben samt Praktikum. Eine Ausbildung in Tanzpädagogik sollte nie ohne ein gewisses Minimum an tanztechnischer Vorausbildung begonnen werden. Für nicht-professionelle Tänzer dürfte die minimale Studienzeit von drei Jahren nicht unterschritten werden.

Tanztherapie wiederum erfordert eine therapeutische Motivation, persönliche Reife, das Bedürfnis und die Fähigkeit, sich mit dem Körper auszudrücken, zu kommunizieren. Als Erstberuf im Hinblick auf eine spätere tanztherapeutische Ausbildung eignen sich die drei Bereiche Bewegung (Gymnastik, Tanz, Sport etc.), Pädagogik und Psychologie. Die Verankerung des Studenten in einem dieser Fachgebiete wird dann in der Tanztherapie-Ausbildung durch Inhalte aus den anderen beiden ergänzt. Die Bereitschaft, sich ständig «in die Karten gucken zu lassen» – also zu ständiger Supervision –, und der Wille, lebenslänglich an sich weiterzuarbeiten (was auch in vielen anderen Berufen notwendig und nützlich wäre...), sind weitere hierbei entscheidende Faktoren. Abgeraten sei indes von lediglich ein- oder auch nur halbjährigen «Kurzausbildungen», wie sie oft angeboten werden. Ein sogenanntes «Kompaktcurriculum» hingegen (wie es etwa die Deutsche Gesellschaft für Tanztherapie erarbeitet hat) kann den Entscheid, ernsthaft in die Tanztherapie-Ausbildung einzusteigen oder aber das im Kompaktkurs Erfahrene «nur» in die bisherige Tätigkeit einzubringen, sehr erleichtern.

Beides, Tanzpädagoge und Tanztherapeut, sollte man eigentlich aus Berufung werden. Als drittbeste Lösung für verhinderte Tänzer eignen sich diese Berufe nicht.

Literatur

Die Liste stellt – natürlich – eine Auswahl dar. Sie enthält allgemeine Werke zum Thema Tanz/Moderner Tanz und eine Auswahl von Publikationen zu Teilgebieten des Tanzes und einzelnen Tanzrichtungen. Ergänzend finden sich Hinweise auf Literatur zu Ergänzungsfächern und dem Tanz verwandten Gebieten. Es wurden vorrangig deutschsprachige Publikationen bzw. Übersetzungen in die Liste aufgenommen.

Walter Sorell: Knaurs Buch vom Tanz, Zürich 1969

Walter Sorell: Aspekte des Tanzes, Wilhelmshaven 1983

Anne Livet: Contemporary Dance, New York 1978

Sally Banes: Terpsichore in Sneakers – Post Modern Dance, Boston 1980 (inzwischen ist eine erweiterte Auflage erschienen)

Jacques Baril: La danse moderne d'Isadora Duncan à Twyla Tharp, Paris 1977

Doris Humphrey: Die Kunst, Tänze zu machen, Wilhelmshaven 1985 (Der Klassiker der Tanzkomposition! M. F.)

Ernestine Stodelle: Doris Humphrey und ihre Tanztechnik, Frankfurt a. M. 1986

Merce Cunningham: Der Tänzer und der Tanz, Frankfurt a. M. 1986

Murray Louis: Inside Dance, New York 1980 (wird zur Zeit ins Deutsche übersetzt und erscheint im Heinrichshofen's-Verlag Wilhelmshaven)

Robert Cohan: Dance Workshop (deutsch), Ravensburg 1986

Gerda Alexander: Eutonie, München 1986

Herman Kauz: Tai Chi Handbook, New York 1974

Liljan Espenak: Tanztherapie, Dortmund 1985

Elaine V. Siegel: Tanztherapie, Stuttgart 1986

Ein Tip: Amerikanische und englische Publikationen sind (mit Euroscheck) günstig zu beziehen über den:

Dancing Times Bookshop
Clerkenwell House
45–47 Clerkenwell Green
GB-London EC 1R OBE

Horst Vollmer

Eine Werkstatt für Tanztheatermacher?

Die «Neue Tanz- und Theaterschule Düsseldorf»

Was Tanztheater seiner formalen Anlage nach genau ist oder welche Merkmale eine Inszenierung tragen muß, um als Tanztheater gelten zu dürfen, wußte bislang niemand gültig zu formulieren. Eine solche Definition ist ja auch kein leichtes Unterfangen – mit unserer Tanztheater-Realität vor Augen.

Je nach Choreograph und Ensemble müssen unter diesem Begriff nämlich völlig diametrale Merkmale zusammengefaßt werden. Einer deutlichen Absage an Tanz im herkömmlichen Sinne auf der einen steht die ebenso deutliche Modern-Dance-Orientierung auf der anderen Seite gegenüber. Gebundene Sprache und Sprachfetzen hier haben ihren Widerpart in der Ablehnung des Einsatzes auch nur eines Wortes dort. Der Collage von Einzelszenen, die abgeschlossenen Minidramen gleichen und inhaltlich weit auseinander liegen können, entspricht die nach eher überlieferten Mustern dramaturgisch entwickelte Aneinanderreihung von Szenen unter einer bestimmten, eng gefaßten inhaltlichen Vorgabe, wenn nicht sogar manchmal einer herkömmlichen Erzählung. Gegenstück zu jenem Inszenierungsansatz, dem der direkte, autobiographische Bezug der Tanztheater-Sequenzen zu ihren Darstellern wichtig ist, ist die Überzeugung, daß das Tanztheater auch allgemeinere, ja sogar tradierte Stoffe umsetzen und wiedergeben kann. Und schließlich werden da, wo die einen absichtsvoll heterogene Nummern-Zusammenschnitte als musikalische Grundlage (wenn überhaupt) verwenden, von den anderen ganze Musikstücke oder Werkcollagen eines einzigen Komponisten unterlegt. Kurz und gut: Der Begriff Tanztheater, wie er im (westlichen) deutschen Sprachraum verstanden wird, ist weder thematisch noch formal mit festen Inhalten verknüpft. Und etwas, von dem man nicht einmal weiß, wie und was es genau ist, kann auch nicht gelehrt werden – sollte man meinen.

Die vielleicht noch immer treffendste Definition dieser jungen Theatergattung (eine Definition, die gleichsam der kleinste gemeinsame Nenner unter allen Tanztheatermachern zu sein scheint) liefern womöglich ihre Schöpfer selbst, indem sie die Inszenierungen schlicht «*Ein Stück von...*» nennen und damit das Wesen von Tanztheaterwerken auf den Punkt bringen: Es sind Autorenstücke, «geschrieben» vom jeweiligen Choreographen. Ab 1988 will nun die «Neue Tanz- und Theaterschule Düsseldorf» (NTTD) das «Schreiben» von Tanztheaterstücken (lehr-)planmäßig vermitteln. Man darf, ja ich denke man muß einem solchen Projekt mit einer gesunden Portion Mißtrauen gegenübertreten – selbst wenn das Angebot der NTTD eine «umfassende» Ausbildung im Tanz als Voraussetzung der Studienaufnahme vorschreibt. Wo der Eindruck erweckt wird, Tanztheater sei eben nicht nur eine besondere Bühnenästhetik, sondern auch lehrbar und quasi mit einer «Technik» verbunden, durch die Tanztheater wie klassische und moderne Tanzstile weitergegeben werden könne – wo dieser Eindruck gewollt (oder auch nur fahrlässig) erweckt wird, liegt die Vermutung nicht fern, daß sich da vielleicht nur jemand an ein lukratives Geschäft ankoppeln möchte: «Tanztheater machen» ist unter jungen Nachwuchskünstlern längst schon zum «dernier cri» avanciert. Andererseits fehlte bislang gerade Tanztheater im nun wahrlich nicht facettenarmen Ausbildungsangebot hierzulande – freilich aus ebenso gutem Grund wie das Fach Choreographie.

Zugegebenermaßen erscheint jedoch das Konzept der NTTD (und damit ist der Grund für die Dennoch-Erwähnung des Düsseldorfer Projekts in diesem Buch genannt) wenigstens ebenso durchdacht wie fragwürdig.

Die «Neue Tanz- und Theaterschule» hat zwei Träger: das Düsseldorfer Schauspielhaus und den eingetragenen Düsseldorfer Verein «Die Werkstatt», ein soziokulturelles Zentrum, das sich als «Lehr- und Erfahrungsstätte für Erwachsene, Kinder und Jugendliche» versteht und «neue ‹alternative› Wege, Formen und Methoden der kulturellen Bildungsarbeit entwickeln» möchte.[1] Ziel der «Werkstatt»-Arbeit ist es, drei Aspekte, die «in unserer Gesellschaft auf vielfältige, subtile und für den einzelnen kaum entwirrbare Weise unterdrückt werden», miteinander zu verbinden und zur Entfaltung zu bringen, nämlich «persönliche Eigenart und Individualität/persönlicher Wille, Mut und gesellschaftliches Engagement» und «Kunst, künstlerischer Ausdruck und soziale Kreativität». Vor diesem Hintergrund aus Gesellschaftskritik und Selbsterfahrung muß die Gründung der NTTD gesehen werden, die die Weiterführung der kulturellen Laienbildung der «Werkstatt» im professionellen Bereich versucht und sich an Personen wendet, die «mindestens eine der folgenden Voraussetzungen und Motivationen» mitbringen:

a) «eine abgeschlossene Schulausbildung (mindestens Mittlere Reife)» und den Willen, «eine professionelle Qualifikation als Tänzer/Tänzerin oder Schauspieler/Schauspielerin zu erwerben», oder

b) «eine andersartige berufliche Ausbildung bereits abgeschlossen haben und sowohl über Berufs- als auch über ein gehöriges Quantum an Lebenserfahrung verfügen» und sich «durch Selbststudium mit einzelnen künstlerischen Medien beschäftigt haben und nun ... ihre künstlerische Ausbildung intensivieren möchten», oder

c) «in freien Gruppen tätig sind, sich jedoch über einen längeren Zeitraum hinweg künstlerisch ausbilden und unter erfahrener Anleitung an der Erweiterung ihres darstellerischen Könnens arbeiten wollen».

«Die Bildung des künstlerisch tätigen Selbst, der künstlerischen Persönlichkeit und des künstlerischen Könnens» und «die Arbeit an und die Entfaltung der Persönlichkeit» stehen dabei stets im Mittelpunkt.

Durch die Anforderungen, die von der NTTD an ihre Klientel gestellt werden, wurde es bereits angedeutet: Neben dem Ausbildungszweig «Tanztheater» bestehen an der Düsseldorfer Schule die Zweige «Tanz» und «Theater», die beide schon im Herbst 1987 ihren Lehrbetrieb aufgenommen haben. Gegliedert sind sie in eine «Grundlagenphase» mit dem Studium der jeweiligen Pflicht- und Wahlfächer; eine «Vertiefungsphase», in deren Vordergrund besondere Fähigkeiten des Studenten und die Erarbeitung von Rollen, Choreographien und Stücken stehen; und schließlich eine «Abschluß- und Prüfungsphase» mit Kolloquien, Vorstellungen, der Orientierung über Beschäftigungsmöglichkeiten und der Vorbereitung von Engagements sowie der Mitwirkung an bestehenden oder im Aufbau befindlichen freien Gruppen. Ungewöhnlich an der Kombination Tanz und Theater, die ja auch jede Hochschule für Darstellende Kunst bereithält, ist die vom NTTD-Lehrplan vorgeschriebene Belegung von bestimmten «Tanz»- beziehungsweise «Theater»-Fächern durch Schüler beider Studienrichtungen. Diese inhaltlichen Querverbindungen sowohl im Bereich der Pflicht- als auch im Bereich der Wahlfächer werden dadurch noch in ihrer Wirkung verstärkt, daß der Unterricht in diesen Fächern oft von ein und demselben Lehrer erteilt wird. Ein «möglicher» Stundenplan sieht demnach die allmorgendliche Körperarbeit für alle Studenten vor, die sich danach in die fachspezifischen Klassen aufteilen, um nachmittags und abends in den nach persönlichem Gusto ausgesuchten Wahlfächern wieder zusammenzufinden.

Bei ihrer Ausbildungskonzeption haben die NTTD-Verantwortlichen «Tanztheater» quasi als eine Mischform zwischen den «reinen» Künsten «Tanz» und «Theater» angesiedelt. Sie machen sich damit die oft gehörte These zu eigen, wonach Tanztheater eigentlich eine Verquickung von Mitteln des Tanzes mit Mitteln des (Sprech-)Theaters sei. Daß dem so sein kann, aber durchaus nicht sein muß, erweist sich auf unseren Tanztheaterbühnen täglich neu. Doch selbst davon abgesehen wirkt bereits die Annahme einigermaßen naiv, man müßte nur die Fächerangebote der Lehrpläne «Tanz» und «Theater» an einigen naheliegenden Punkten sich überschneiden lassen, um daraus dann schon einen Ausbildungsweg «Tanztheater» geformt zu haben. Was jedoch aus dem ungewöhnlichen Projekt tatsächlich entstehen könnte, ist etwas Neues, Drittes, für das mehr oder weniger nur vorläufig (oder eben weil der Begriff nicht festgelegt ist) die Überschrift «Tanztheater» gewählt wurde. Das Fächerspektrum der NTTD-Ausbildung ist nämlich so breit gefächert, wie man es in der hiesigen Schulszene selten antrifft – und schon gar nicht, wie gesagt, in dieser Kombination. Im Tanzbereich etwa findet sich neben den obligaten tanzpraktischen Angeboten eine Gruppe von «berufsbezogen-wissenschaftlichen Fächern», die Dramaturgie, Tanz- und Theatergeschichte, Tanztheorie und -schrift umfaßt, sowie Philosophie, Psychologie, Sozialgeschichte und – für frei arbeitende Künstler von großem Wert – Vertrags-, Steuer-, Künstlersozial- und Versicherungsrecht. Die Wahlfächer im Studienbereich Tanz schließlich decken Gesang, Instrumentenspiel und

Musiklehre ab, dramatischer Unterricht gehört dazu, Pantomime, Clownerie und Akrobatik, aber auch Bühnentechnik, Ton- und Lichtregie, Maskenbau, Kostümkunde, Schminken und Arbeit mit und vor der Kamera, und nicht zu vergessen eine Anzahl von europäischen und afrikanischen Nationaltänzen.

Worauf die Gründung der «Neuen Tanz- und Theaterschule Düsseldorf» abhebt, formulieren ihre Organisatoren so: «Schwerpunkt und Ziel der ‹Werkstatt› war es schon immer, eine Brücke zu schlagen zwischen professioneller Arbeit und Amateurunterricht, das heißt Profis für die Aus- und Fortbildung von Laien zu gewinnen, mithin auch die in Deutschland unterentwickelte, kaum existierende Off-Theatertradition und freie Theaterschulen aufzubauen und weiterzuentwickeln.» Für freie Gruppen sieht Bertram Müller, der künstlerisch für «Werkstatt» und NTTD verantwortlich zeichnet, in der Zukunft bessere Existenz- und Auftrittschancen, sobald sich, wie er glaubt, die Theaterlandschaft hin zu mehr kleineren Theatern ohne feste Ensembles verändert haben wird. Wenn man auch angesichts der bereits bestehenden freien Gruppen und ihrer nicht eben rosigen Arbeits- und Lebensbedingungen den Bedarf an und die Möglichkeiten für weitere «Freie» skeptisch beurteilen mag, so könnte man sich doch immerhin vorstellen, daß den in der NTTD ausgebildeten Künstlern durch ihre Schulung in Bereichen, die über die enge tänzerische Ausbildung hinausweisen und in den traditionellen Schulen ebenso traditionell vernachlässigt werden, zumindest ein gewisser Vorteil erwächst. Den würde man den Absolventen der «Neuen Tanz- und Theaterschule Düsseldorf» nicht zuletzt deshalb gönnen, weil sie während ihrer Ausbildung ein stattliches Schulgeld von DM 580,– im Monat berappen müssen (nachdem sie bereits Aufnahmeprüfung und Orientierungsseminare eine beträchtliche Summe Geldes gekostet haben). «Daran ändern auch die wenigen Stipendien (maximal halbe Beitragsreduzierung) kaum etwas, die wir zu vergeben uns leisten können. Auch wenn wir uns intensiv um die Bezuschussung durch staatliche Stellen (Land, Arbeitsamt) bemühen, so wird sich an der Höhe der Studiengebühr bis auf weiteres wenig ändern.» Im Juli 1987 war aber immerhin schon «die erste offizielle Hürde» auf dem Weg zur BAföG-Anerkennung der Schule bewältigt.

Man zeigt sich übrigens «überzeugt, daß gut ausgebildete Schauspieler/innen und Tänzer/innen immer auch eine gute Berufschance haben». Ansonsten gilt, daß «eine Ausbildung in Tanz oder Theater zum professionellen Tänzer oder Schauspieler auch dann gerechtfertigt» sei, «wenn nicht der unumstößliche Nachweis für eine garantierte lebenslange Berufs- und Einkommenschance erbracht werden kann». Mit anderen, weniger verstellten Worten: Auch Schüler der «Neuen Tanz- und Theaterschule Düsseldorf» kommen nicht umhin, letztlich ihr «eigenes Glück zu schmieden», weil ihnen beim Verlassen der Düsseldorfer Alternativ-Schule ein Heer ebenfalls professionell ausgebildeter und von Profession arbeitsloser Tänzer und Schauspieler gegenüberstehen wird.

Die Regelstudienzeit an der NTTD beträgt dreieinhalb Jahre für «Tanz»- und «Theater»-, zwei Jahre für «Tanztheater»-Studenten. Mit Verlaub sei da die abschließende Bemerkung angebracht, daß – vom künstlerisch divergierenden Lehrangebot einmal abgesehen – die Fähigkeit, seines Glückes Schmied zu sein, anderswo wesentlich günstiger erworben werden kann.

HORST VOLLMER

Zum Beispiel Choreographie …

Unter schlechten Vorzeichen: Technik contra Kreativität

Im Sommer 1987 spukte durch die Feuilletons und die geisteswissenschaftlichen Fakultäten der Universitäten eine im wahrsten Sinne des Wortes merkwürdige Meldung. Die – mit einem Titel nicht genug – Gesamthochschule-Universität Essen plane, als erste westdeutsche Hochschule überhaupt, einen Studiengang für angehende Schriftsteller einzurichten, der die Autoren in spe nicht nur mit Urheberrecht und ähnlich Nutzbringendem bekannt machen solle, sondern eben auch mit Fachpraktika, sprich mit dem Schreiben selbst. Ein Dementi der Hochschulleitung folgte auf dem Fuß, und was letztlich von dem Vorschlag übrigbleibt, wird sich zeigen. Was daran an dieser Stelle bemerkenswert erscheint, ist auch ganz etwas anderes: der Gedanke nämlich (der ja mehr oder weniger ausgeprägt hinter dem Vorstoß steckt), man könne jungen Leuten «das Schreiben» beibringen. Das jedoch war, ist und bleibt eine Talentsache. Man kann es eben, oder man kann es nicht, oder mit Oskar Loerke: «Wem es sich versagt, der kann sich noch so fleißig auf den Kopf stellen, es fällt doch nichts zum Munde heraus.» Was man den jungen Leuten tatsächlich beibringen kann, fängt bei Orthographie und Grammatik an und hört bald danach schon wieder auf. Die Choreographie unterscheidet sich davon nicht im geringsten. Die ist zwar lernbar, wie Doris Humphrey erkannte, aber eben nicht lehrbar – und lernbar ist sie damit nur für jene, die das Talent dazu schon von vornherein mitbringen.

Das Fach «Choreographie» im Angebot einiger (weniger) Schulen sollte deshalb nicht zu der Annahme verleiten, hier würden Choreographen so systematisch ausgebildet wie anderswo, zum Beispiel, Konditoren («Tänzer» eignet sich als Gegenbeispiel genausowenig wie jeder andere künstlerische Beruf, der nur mittels Begabung und Inspiration seine eigentliche Erfüllung findet, aber nicht durch das bloße Abspulen einer «Technik» – was, ich geb es zu, vermutlich auch Konditoren für sich in Anspruch nehmen würden). Nein, was mit dem Fach «Choreographie» gemeint ist, sind entweder Improvisationsklassen (die mit etwas Glück sogar regelmäßig abgehalten werden) oder/und «Kompositions»-Stunden, in denen ein bestenfalls «praktizierender» Choreograph in seine eigene Arbeitsweise Einblick gewährt und die Studenten unter seiner Anleitung selbst schöpferisch arbeiten. Das ist auch schon so ziemlich alles, was für die Choreographen-«Ausbildung» getan werden kann – und dennoch ist es noch lange nicht genug.

Gibt man der Wahrheit die Ehre, so hat das offensichtliche Bemühtsein klassischer Kompanien um moderne Choreographen nicht ausschließlich mit dem so begrüßenswerten wie ehrenhaften Willen zum Abbau von lange gepflegten «Feindbildern» zu tun – hier klassisch, dort modern – und mit dem ständig gestiegenen, verändernden Einfluß, den das Bewegungsvokabular des zeitgenössischen Tanzes schon früher auf das Erscheinungsbild des Balletts auszuüben begonnen hatte. Das Engagieren so zahlreicher «moderner» Gäste bei klassisch fundierten Truppen hat daneben ganz zweifellos auch seinen Ursprung im allgemein herrschenden und gravierenden Mangel an klassischen Choreographen. Die wachsen nämlich längst nicht so zahlreich und fähig nach, wie sie eingesetzt werden könnten – man vergegenwärtige sich nur einmal, wie viele der über fünfzig Ballettensembles in der Bundesrepublik – für die Schweiz und Österreich gilt ähnliches – in künstlerischer Agonie erstarrt sind (und daß dem ausschließlich aufgrund schlechter Produktions- und Aufführungsbedingungen, mangelnder Gelder und zu kleiner Kompanien so sei, wird niemand ernsthaft behaupten wollen).

Für eine erfolgreiche Förderung junger Choreographen sind selbstverständlich mehrere Faktoren wichtig: etwa ein kreatives Klima im Umfeld des Nachwuchstalents, ein «Treibhaus-Klima» meinetwegen; dann die Möglichkeit, sich an Vorbildern zu orientieren, mit denen man persönlich oder doch wenigstens über ihre Werke konfrontiert wird; die Chance, mit versierten Tänzern zu arbeiten, und zuallererst natürlich die Gelegenheit, überhaupt Stücke mit und für jemanden einzustudieren, also überhaupt Tänzer zur Verfügung zu haben und mit ihnen vor ein Publikum treten zu können. Diese Förderungsmaßnahmen sind unerläßlich, sie sind aber auch allein für solche Jung-Choreographen gedacht, die meist schon wichtige erste Schritte – und sei es nur eine innere Auseinandersetzung – in Richtung Choreographie gemacht haben. Die eigentliche Förderung muß jedoch viel früher einsetzen, in den ersten Ausbildungsjahren zum Tänzer.

Im Bereich des Modernen Tanzes kennt man für jenen «Lehrstoff», der die Schüler zu eigenschöpferischer Tätigkeit erziehen soll, eine klar definierte Unterteilung in Improvisations- und Kompositionsklassen. Im Bereich der Ausbildung klassischer Tänzer ist schon das eine, nämlich die reguläre Improvisationsstunde – und zumal die mit konkreten Unterrichtsinhalten gefüllte Improvisationsstunde –, eine Seltenheit (vor allem in den weiterführenden Klassen, in denen das spielerische Heranführen der Kinder an den Tanz aus der Vorschule keine Entsprechung hat). Ihren Wert als frühestmögliche «Förderung» junger und jüngster Choreographen, als den im Grunde einzigen Hort im technikorientierten Schulbetrieb, in dem eine choreographische Begabung entdeckt und vor allem bewahrt werden kann, bevor sie im alltäglichen Tanztraining nach allen Regeln der Kunst verschüttgeht, haben klassische Schulen und Pädagogen bislang nicht einmal ansatzweise erkannt. Ausnahmen, für die das anschließend wiedergegebene Gespräch mit der jungen Choreographin Daniela Kurz zeugt, bestätigen auch diese Regel. Solange jedoch im klassischen Bereich alle Aufmerksamkeit einer möglichst perfekten Technik der angehenden Tänzer gilt, aber kaum ihrer schöpferischen Kreativität, wird sich am Mangel an klassischen Choreographen nichts ändern können (und übrigens auch nicht am oft so verzweifelt festgestellten Fehlen «wirklicher Künstler» unter den jungen Tänzern).

Ist es nicht bezeichnend, daß in Stuttgart, wo das Ballett des Staatstheaters gemeinsam mit der Noverre-Gesellschaft in der Vergangenheit Einmaliges auf dem Gebiet der Choreographen-Förderung geleistet hat, die qualitativ hervorragendsten Choreographen-Generationen zur Zeit John Crankos aufwuchsen? Zu einer Zeit also, als die Kompanie weitaus weniger als heute durch ihr technisches Know-how bestach denn durch ihr schier unerschöpfliches Potential an Tänzern, die Rollen meisterhaft zu gestalten und auszufüllen wußten? Der Konkurrenzkampf zwischen den «großen» Schulen und der Tänzer untereinander um die wenigen freien Stellen brachte eine fast ausschließliche Konzentration der Tänzerausbildung auf die Technik mit sich. Denn die kann bei einem Vortanztermin vom potentiellen künftigen Arbeitgeber, sprich dem Ballettdirektor und Choreographen, natürlich ungleich einfacher und schneller beurteilt werden als ein sich womöglich nur in der praktischen Arbeit entfaltendes Talent zur überzeugenden Rollengestaltung. Weil niemand Zeit zu haben glaubt – die Tänzer nicht, die rasch «Karriere» machen wollen, die Choreographen nicht, die sich heute nur noch in den seltensten Fällen als die «Vervollkommner» eines frisch von der Schule kommenden Tänzers verstehen –, muß an die Tänzer die scheinbar objektive Meßlatte «Tanztechnik» angelegt werden. Wo eigentlich sind die Pädagogen, die gegen dieses übersteigerte Leistungsdenken ankämpfen, das einerseits selbst künstlerische Potenz für eine meßbare Größe hält, und andererseits mit Unschuldsmiene die heute mangelnde Kreativität beklagt?

Walter Erich Schäfer schrieb über John Cranko: «Übrigens brachte er noch etwas mit, was (…) bei einem Choreographen durchaus nicht selbstverständlich zu sein scheint: eine umfassende Bildung, die mich wieder und wieder in Erstaunen setzte und die zu einem Teil seine Erfolge erklärlich macht.»[1] Wenn gleichzeitig ein Rudolf Nurejew seine große Künstlerschaft als Tänzer nicht zuletzt eben auch auf die umfassende Bildung zurückführt, die die meisten Ballettzöglinge in der UdSSR parallel zur Tanzausbildung erhielten, müßte man daraus schließen dürfen, daß die Sowjetunion auch ganz besonders reich an innovativen Choreographen ist – wovon das Publikum dort bekanntlich nur zu träumen wagt. Die Kunstdoktrin des Ostens, der – zumindest vor Gorbatschow – manches als westlich dekadent und suspekt galt, was letztlich eine Bereicherung und Erweiterung des klassischen Tanzes bedeutet hätte, mag daran nicht unschuldig sein. Daß jedoch der superben technischen Ausbildung russischer Tänzer – an der sich mittlerweile fast alle klassischen Schulen hierzulande orientieren, auch das einst «englische» Stuttgart – nicht ebensoviel Schuld an diesem Umstand zugewiesen werden muß, ist bislang nicht widerlegt.

Man könnte argwöhnen, daß Tänzer-, aber eben auch Choreographenwettbewerbe nur deshalb beinahe wie die Pilze aus dem Boden schießen, weil unter der via Technik gewissermaßen gleichgeschalteten Jung-Tänzerschaft die «wirklichen Künstler» um so hektischer gesucht werden müssen. Tatsache ist, daß Choreographische Wettbewerbe – auch sie Folge eines irrigerweise auf die Kunst übertragenen, simplen Leistungsdenkens – stets nur eine sehr beschränkte Aussagekraft besitzen – zu unterschiedlich sind ihre jeweiligen Kriterien, zu unterschiedlich auch meist die Voraussetzungen, die die Kombattanten ins Ringen um die erst-, zweit- und dritt-«beste» Choreographie mitbringen. Für das Gros der Teilnehmer besteht der größte Wert solcher Wettbewerbe denn auch vor allem darin, einmal Bühnenerfahrungen gesammelt zu haben.

Der «Choreographische Wettbewerb Köln», der, als erster seiner Art, seit 1968 während der Internationalen Sommerakademie des Tanzes veranstaltet wird, hatte in jüngster Zeit mit großen Schwierigkeiten zu kämpfen (wenn er denn überhaupt stattfand und nicht gelegentlich eine einjährige Pause einlegte): Bedingt dadurch, daß er grundsätzlich jedem offenstand, nahm die Zahl der absolut indiskutablen Beiträge schließlich überhand – und hätte man auf sie schon im vorhinein verzichtet, wären die drei Preise womöglich unter nur drei Teilnehmern zu vergeben gewesen... Ab 1988 sollen sich nun die Durchführungsmodalitäten des Wettbewerbs grundlegend ändern. Zu den Kölner Preisträgern haben in früheren Jahren immerhin heute so wohlklingende Namen gehört wie Pina Bausch, Gerhard Bohner und Gigi-Gheorghe Caciuleanu, Susanne Linke, Reinhild Hoffmann und Nils Christe, und in den 80er Jahren etwa Christine Brunel und Nacho Duato. Das Augenfälligste an dieser Namensliste aber ist, daß fast alle der Genannten ausschließlich dem zeitgenössischen Tanz zuzuordnen sind...

Einen ebenfalls traditionsreichen Choreographischen Wettbewerb gibt es seit 1969 in Bagnolet bei Paris, während der erstmals 1976 in Nyon am Genfer See veranstaltete Wettbewerb nur zehn Jahre lang bestand. Quasi an seiner Stelle wird 1988 etwas weiter nördlich am gleichen Seeufer ein völlig neuartig angelegter und – bei allen Vorbehalten gegen den «Wettkampf» von Choreographen und Choreographien – vielversprechend erscheinender Wettbewerb aus der Taufe gehoben, der «Lausanner Wettbewerb Neue Choreographen Preis Philip Morris». In der Schweizer Stadt, die bereits den Tänzer-«Prix de Lausanne» beherbergt, werden fünf Nachwuchschoreographen aufgrund einer eingehenden Vorauswahl während vier Wochen ihre Stücke mit den Tänzern Maurice Béjarts einstudieren (dessen ehemals Brüsseler Truppe inzwischen ebenfalls in Lausanne stationiert ist) und in einer Gala-Vorstellung dem Publikum und zwei Jurys aus Tanzschaffenden und Kritikern vorstellen. Es wird sich zeigen, ob damit den an sich fragwürdigen Wettbewerben in einem doch immerhin künstlerischen und damit objektiven Kriterien weitgehend entzogenen Beruf eine neue, positive Seite abgewonnen werden kann.

Horst Vollmer

«Fürs Choreographieren habe ich mich entschieden!»

Im Gespräch mit Daniela Kurz

Daniela, wie bist du zum Ballett gekommen?

Eigentlich durch den Kinderarzt. Der meinte, Schulsport allein böte mir nicht genug Bewegung und meine Mutter solle einen Sport für mich suchen, den ich zusätzlich betreiben könne. Also kam ich schon sehr früh zum Eiskunstlaufen. Das hab ich ein oder eineinhalb Jahre lang gemacht, bis ich mit fünf, sechs Jahren meiner Mutter erklärte, daß mir das Eiskunstlaufen zwar viel Spaß machen würde, daß ich es aber noch lieber ohne diese Schuhe machen würde. Das war für meine Mutter die Definition «Ballett». Und mit sieben kam ich dann an der John Cranko-Schule in die Vorbereitungsklasse.

In der Cranko-Schule fingst du auch schon zu choreographieren an?

Ja. Nach der Vorschule wurde ich in die eigentliche Ausbildung übernommen. Unsere Lehrerin veranstaltete damals mit uns immer den sogenannten «Lustigen Freitag». Wir mußten Geschichten in Tanz umsetzen oder uns zu bestimmten Musiken etwas einfallen lassen. Es war ein spielerisches Gestalten, und das war es wohl auch, was in mir das erste Interesse an der Choreographie geweckt hat. In meinem ersten regulären Schuljahr stand eine der «kleinen» Schulmatineen an. Im Gegensatz zu den «großen», für die die Lehrer und externe Choreographen Stücke stellen, können da die Schüler selbst etwas mit ihren Mitschülern erarbeiten. Damals, mit acht, konnte ich an dieser Matinee mit einer Pantomime namens «Die Briefmarke» teilnehmen.

Und schon danach gab es für dich nichts anderes mehr, als Choreographin zu werden?

Nein, es war eigentlich nur so, daß immer, wenn ich Musik gehört habe, ich mir nicht vorstellen konnte, wie ich selbst darauf tanzen würde, sondern vielmehr, was ich zu dieser Musik an Tänzen entwikkeln könnte. Meine Gedanken gingen automatisch von meiner Person als Tänzerin weg und beschäftigten sich mit Inhalten und Formen. Es war völlig uninteressant für mich, mir vorzustellen, wie ich tanze. Und mein Alltag war es dann, am Wochenende Platten aufzulegen und mir zu der Musik Tänze auszudenken. Natürlich habe ich dabei auch in unserem Wohnzimmer improvisiert und bin durch die Wohnung geflitzt, aber ich habe nie diesen Fiebergedanken gehabt, daß ich die Tänzerin schlechthin werden müßte. Wahrscheinlich wäre das auch gar nicht zusammengegangen. Man kann nur das eine oder das andere ganz fest verfolgen, aber Tanzen und Choreographie parallel von Anfang an – das hat bei mir nicht geklappt.

Mit dem Choreographieren ging es dann bei «Cranko» weiter?

Wir durften damals als erste Klasse überhaupt einen Lehrer über drei statt nur über zwei Jahre behalten. Dadurch hatte ich drei Jahre lang auch stets dieses spielerische Gestalten. Danach, in der vierten Klasse, fiel das ganz weg, und heute habe ich den Eindruck, als habe man es eigentlich auch gar nicht so gern gesehen, wir machten es immer etwas unter vorgehaltener Hand. Als offizielle Improvisationsstunden konnte man es jedenfalls nicht deklarieren. Nach einem halben Jahr in der vierten Klasse hab ich die Cranko-Schule verlassen und setzte die Ausbildung bei meiner früheren Lehrerin fort, die zu dieser Zeit begann, sich ausschließlich ihrer eigenen privaten Schule zu widmen.

Dort hat man dich dann aufgrund deines choreographischen Talents besonders gefördert?

Improvisationsklassen gab es für alle. Aber man muß irgendwie schon gemerkt haben, daß das Choreographieren bei mir besonders anschlägt. Ich glaube, man hat mich dort von Anfang an richtig eingeschätzt und erkannt, wo meine Stärken liegen. Ich war etwa 14, als die erste große öffentliche Präsentation der neuen Schule stattfinden sollte, und da wurde mir ohne weiteres gleich die ganze zweite Hälfte des Programms zur Verfügung gestellt, es hieß einfach: Mach was! Für mich war das toll, doch für die Schule eigentlich auch ein Risiko...

...das dir aber ein gehöriges Maß an Selbstvertrauen gegeben haben muß!

Darüber hab ich gar nicht nachgedacht. Wenn ich mir bewußt gemacht hätte, daß mich und meine Choreographie da 2400 Augen anstarren! So geht man das nicht an, da käme man wohl auch gar nicht weit.

Und um was handelte es sich bei deiner Choreographie?

Sie hieß «Krabat», nach einem Kinderbuch, das ich früher immer und immer wieder gelesen hatte. Als man sagte: Mach was, wußte ich sofort, daß das der Stoff dafür sei. Und daraus wurde dann mein bislang noch immer längstes Ballett. 35 Minuten.

Zu Musik...

...von Zoltán Kodály und Gustav Holst.

Die hast du selbst ausgesucht?

Bis jetzt noch immer.

Und wie «findest» du die Musik?

Indem ich unheimlich viel höre und höre und höre. Fast mein ganzes Geld stecke ich in Platten. Möglichst viele Aufnahmen versuche ich aus dem Ausland zu besorgen, und zwar von solchen Werken, die man hier noch gar nicht kennt oder nur in Konzerten gehört hat. Das Problem dabei ist, daß die Musik immer bis zu einem gewissen Grad «populär» sein muß, damit sie überhaupt eingespielt wird. An manches, das vielleicht sehr interessant wäre, kommt man also gar nicht anders ran, als sich das Notenmaterial zu beschaffen. Aber es fällt mir sehr schwer, mir vorzustellen, wie sich die Komposition anhört, wenn sie von einem ganzen Orchester gespielt wird. Dadurch bin ich eben auch angewiesen auf Einspielungen und Konzerte.

Hattest du neben deiner Tanzausbildung auch Musikunterricht?

Nur den im Gymnasium. Ich habe damals Flöte gespielt. Das noch bis zum Klavier auszuweiten war leider nicht drin bei drei Stunden Training täglich und zwei Stunden allein für die Hin- und Rückfahrt zum Studio, nebenher noch das Abitur. Ich halte es aber für absolut notwendig, Partitur lesen zu können, und darum habe ich mir fest vorgenommen, mich intensiv darum zu bemühen.

Noch einmal zurück zu deiner Musikauswahl. Hast du bei «Krabat» einen Tip bekommen, der dich auf Kodály und Holst gebracht hat?

Zunächst einmal habe ich immer einen Bogen gemacht um alles, was Mozart, Bach und Beethoven hieß. Das ist Musik, die ich für mich bislang nie mit Tanz in Verbindung gebracht habe. Wenn überhaupt, so würde ich mich wohl erst nach zwanzig Jahren Choreographie-Erfahrung daran wagen. Ich glaube, bei moderneren Komponisten besteht schon von deren eigener Intention her eher die Möglichkeit, ihre Musik auch mit anderen Sparten des Theaters zusammenzubringen.

Du meinst, sie wollen ihre Musik nicht als «absolut» verstanden wissen?

Schon, aber bei einigen habe ich den Eindruck, daß sie sich «Musiktheater» vorstellen, wenn sie komponieren, und eine Komposition nicht allein der Musik wegen, sondern eben auch wegen der Bilder entwickeln, die sie mit der Musik assoziieren, von daher besteht eher eine Verbindung zum Tanz. Und auf die Musik für diese «Krabat»-Geschichte bin ich auf meinen Streifzügen durch die Plattenläden gestoßen, in denen ich immer nach mir Unbekanntem gestöbert habe.

Wie ging es nach «Krabat» weiter?

Ich habe ständig Gelegenheit bekommen, für die Schule zu choreographieren. Wenn eine Schulvorstellung anstand oder die Schule angefragt wurde, bei einem bestimmten Anlaß etwas zu zeigen, wurde alles, was mit Choreographie zu tun hatte, immer an mich weitergereicht, und so konnte ich jährlich mindestens zwei Choreographien machen.

Wie hast du das empfunden? Fühltest du dich in Sachen Choreographie besonders unter die Fittiche genommen …

...ich kann mich nicht daran erinnern, daß ich jemals mit meiner Lehrerin choreographische Ideen durchgesprochen habe. Sie hat mir all die Aufgaben zugeschanzt, aber ich habe nie empfunden, daß sie mich kontrollieren oder beeinflussen will. Ich hatte einen großen Freiraum, und sie hat mich unterstützt, aber eben nicht derart, daß sie etwas vorgeschrieben hätte. Mit meinen 14, 15 Jahren wäre es ja auch kaum möglich gewesen, mit mir über choreographische Belange zu sprechen. Heute ist das anders. Wenn sie in meinen Balletten Haken sieht, wenn es technisch einfacher ginge, statt eines Assemblé ein Coupé beispielsweise, um die Choreographie im Fluß zu halten, spricht sie mich heute schon darauf an. Über solche Sachen sprechen wir heute auf einer eher kollegialen Basis miteinander, denn es hat sich ja auch meine Rolle gegenüber der Schule geändert. Wenn ich jetzt für sie choreographiere, dann quasi als Gast.

Deine Zeit in der privaten Ausbildung, mit den Freiräumen, die sie dir geboten hat, muß in deiner Entwicklung sehr wichtig gewesen sein...

...das Wichtigste überhaupt!

...aber was würdest du als das Entscheidende auf deinem Weg zur Choreographie bezeichnen? War es das freie Arbeiten, das Experimentieren-Können, waren es die Improvisationsstunden oder etwas ganz anderes?

Ich glaube, da kommen verschiedene Faktoren zusammen. Die Choreographie hätte ich in jedem Fall irgendwie für mich entdeckt, da bin ich mir ganz sicher. Aber vielleicht habe ich sie so früh entdeckt durch die Improvisationsstunden. Durch sie war das Tanzen für mich von klein auf, mit acht Jahren schon, eine ganz natürliche Art, sich mitzuteilen. Was das für einen Wert hat, sehe ich, wenn ich heute ein Vortanzen abhalte. Das besteht aus einem normalen Training, und anschließend lasse ich die Tänzer improvisieren. Aber das ist jedesmal ein Schock. Es gibt Tänzer, die sind perfekt, die sind super, man kann überhaupt nichts aussetzen, aber wenn sie sich eigenständig auf eine Musik bewegen sollen, wenn man das Tonband einschaltet und die Musik spielt – dann können sie sich nicht bewegen, sie stehen wie angewurzelt da und sind regelrecht gehemmt. Das war wohl mein Vorteil, daß ich von solchen Hemmungen nie erst befreit werden mußte, sondern es für mich eine Selbstverständlichkeit war, mich zu jeder Musik, ob sie mir nun gefallen hat oder nicht, zu bewegen. Für meine relativ frühe Idee, zu choreographieren, war das bestimmt entscheidend. Wahrscheinlich wäre ich auch anders weitergekommen, aber eben nicht so schnell wie durch die völlige Unbefangenheit, in der ich mit meinen Mitschülern experimentieren konnte. Ich habe mir zum Glück nie vorgestellt, was einmal daraus werden könnte und wer sich meine Choreographien anschaut. Ich hab's einfach gemacht, weil es mir Spaß machte. Es war halt etwas ganz Normales für mich, und das hat meine Entwicklung wohl beschleunigt. Genauso wie das Verhältnis zu meinen Eltern. Ich bin zwar nicht davon überzeugt, daß mir der Weg zur Choreographie bei einem anderen Elternhaus total verschlossen geblieben wäre. Aber was es mir bestimmt leichter gemacht hat, ist, daß ich mich immer von meinen Eltern ernst genommen fühlen konnte. Das wohl macht es mir heute möglich, mit Menschen zusammenzuarbeiten, die manchmal zwanzig, dreißig Jahre älter sind als ich. Daß ich zu Hause immer ein gleichwertiger Partner war, ist sehr wichtig. Eltern da oben, Kind hier unten – dieses Gefühl mußte ich nie haben. Natürlich mag auch das generelle Interesse meiner Eltern für Kunst mitgeholfen haben. Aber zum Ballett haben sie mich ja nicht gebracht. Da war eigentlich ich die treibende Kraft, die meine Eltern zum Ballett gebracht hat.

Glaubst du, der Mangel an klassischen Choreographen hat seinen Grund darin, daß schon früh in der Tänzerausbildung zuwenig Gelegenheit zur choreographischen Improvisation besteht?

Das ist eine schwierige Frage für mich, weil ich zuwenig Einblick in die Wege anderer Choreographen habe. Aber ein Grund dafür ist womöglich, daß der gängige Weg zum Choreographen immer noch über den Tänzer führt. So haben das eigentlich alle Choreographen, die ich kenne, gemacht. Man kommt zum gleichen Ziel, nur eben über eine längere Phase als aktiver Tänzer. Ich eben hatte das Glück, schon früh choreographieren zu können, und von daher hat sich bei mir nie das Bedürfnis entwickelt, eine Bühnenkarriere machen zu wollen, das Selber-Tanzen wurde irgendwie uninteressant für mich. Das bedeutet allerdings nicht, daß ich nicht noch täglich mein Training absolviere! Als aktiver Tänzer muß man sich aber ständig mit sich selbst beschäftigen, mit seinem Körper, seiner Technik und so weiter und hat daneben gar nicht mehr die Möglichkeit, sich etwa Musik anzuhören, sich mit anderen Sachen auseinanderzusetzen und sich weiter umzuschauen.

Du meinst also, es schränkt zu sehr ein, wenn man auf dem Weg zum Choreographen zu lange Tänzer bleibt?

Ja, das glaube ich schon. Es kommt natürlich darauf an, welche Ziele man sich steckt. Ich könnte mir vorstellen, daß ein Tänzer zunächst nur tanzen möchte, um dann im Anschluß an seine Bühnenlaufbahn zu choreographieren...

...aber ist es nicht so, daß unter den Choreographen, die ihre Zeit als Tänzer voll ausgeschöpft haben, nur sehr, sehr wenige wirklich fähige Choreographen sind? Wird man auf Dauer nicht auch als Tänzer so etwas wie betriebsblind und verliert letztlich die Offenheit, die du gerade geschildert hast?

Es ist natürlich auch ein Zeitproblem. Man hat seine täglichen Proben, man muß sich mit den Rollen, die man tanzt, intensiv auseinandersetzen, wenn man sie zur eigenen und zur Zufriedenheit des Publikums gestalten will – das heißt, der ganze Tag kreist nur um einen selbst, wo soll da eine Möglichkeit sein, sich ernsthaft noch in eine andere Richtung weiterzuentwickeln? Wenn ich mir die Choreographen anschaue, die ich als gute Choreographen schätze, habe ich immer das Gefühl, daß die nie so besonders gute Tänzer gewesen sind. Und das ist ja vielleicht der Punkt beim Choreograph-Werden, daß der eigene Körper einem nicht genug Möglichkeiten bietet, sich mit sich selbst auseinanderzusetzen. Ich selbst wäre wohl nie eine Erste Solistin geworden, wenn ich das Tanzen stur weiterverfolgt hätte. Aber versteh mich nicht falsch, ich habe mich nicht für die Choreographie entschieden, weil ich fürchtete, nicht gut genug als Tänzerin zu sein. Mein Interesse lag nur eben von Anfang an bei der Choreographie. Guten Tänzern dagegen gelingt vielleicht nicht die Umstellung von ihrer eigenen Art zu tanzen zu der Erkenntnis, daß andere Tänzer auf andere Art arbeiten und tanzen. Da projiziert man vielleicht zuviel von sich selbst und den eigenen Tänzererfahrungen in die anderen hinein. Ich sehe aber in mir nicht die Tänzerin, und schon von daher stehen den Tänzern, mit denen ich arbeite, grundsätzlich alle Möglichkeiten des Sich-Bewegens offen.

Daniela, du kannst hier in Stuttgart ständig hervorragendes Ballett sehen, und gewiß verfolgst du auch das Geschehen in anderen Städten. Kannst du dich in dieser «Landschaft» schon selbst einordnen?

Diese Frage hasse ich! Nein, das kann ich nicht. Kürzlich wurde der neue Lausanner Choreographen-Wettbewerb ausgeschrieben. Ich habe mir lange überlegt, ob ich mich bewerben soll. Aber abgesehen davon, daß ich viel zuwenig Zeit hatte, mich darauf vorzubereiten, war in den Bewerbungsunterlagen auch diese Aufforderung, die heutige Tanzszene zu beschreiben und die Frage, was man glaubt, selbst zu dieser Tanzszene beitragen zu können. Mit meinen 21 Jahren fühle ich mich aber einfach noch nicht so weit, beurteilen zu können, was ich der Tanzszene zu geben habe. Ich weiß ja gar nicht, ob ich ihr jemals etwas zu bieten haben werde. Das ist einfach zu früh für mich.

Siehst du dich denn heute wenigstens schon als Künstlerin, die sich später einmal ihr Leben mit der Choreographie verdienen wird?

Momentan kann ich mir mein Leben jedenfalls noch nicht damit verdienen, doch 1987 war das erste Jahr, in dem ich professionelle Aufträge und Verträge bekommen habe. Davor habe ich ja eigentlich nie etwas an meinen Choreographien verdient, ich war nur froh, überhaupt welche machen zu können. Die Möglichkeit sehe ich schon für mich, vom Choreographieren zu leben, allerdings stelle ich gerade jetzt fest, daß ich anfangs wohl auch Aufträge annehmen muß, die mich künstlerisch nicht unbedingt reizen.

Kann das nicht auch eine Herausforderung sein?

Schon, und solange es generell mit Theaterarbeit zu tun hat, kann ich nur dabei lernen.

Was wäre denn keine Herausforderung für dich?

Zum Beispiel für Zigaretten- oder Alkoholwerbung zu arbeiten, das würde ich ablehnen. Auch, wenn ich das Geld gut gebrauchen könnte, würde mich das Choreographieren für Messen und Modeschauen letztlich nur um wertvolle Zeit bringen, die ich besser nutzen könnte.

Kannst du noch einmal näher schildern, warum dir der Lausanner Choreographen-Wettbewerb nicht zusagt?

Der sagt mir schon zu. Ich hätte nur mehr Zeit gebraucht, mich darauf vorzubereiten. Diesen Wettbewerb halte ich für den ersten, der für junge Choreographen wirklich wichtig sein könnte. Alle anderen bringen einen nicht wesentlich weiter, glaube ich, bestimmt aber die Chance, mit solch hervorragenden Tänzern zusammenzuarbeiten wie mit denen von Béjart in Lausanne.

Was für Pläne hast du für die Zukunft?

Zunächst einmal möchte ich versuchen, mein Germanistik- und Literaturstudium nicht allzu sehr unter der Choreographie leiden zu lassen. Dann möchte ich mich unbedingt mit Kunstgeschichte und Theaterwissenschaft beschäftigen. Es ist für mich sehr wichtig, als Choreographin einen breiten historischen Wissenshintergrund zu haben, was Theater-, Kunst- und Tanzgeschichte angeht. Das ist ein wichtiges Ziel. Das andere ist, auf dem Gebiet der Musik noch viel zu lernen und mir anzueignen. Das sind so meine Pläne. Ich plane aber nicht, in fünf oder sechs Jahren diese oder jene Stelle zu haben, mein Antrieb ist vielmehr die Begeisterung fürs Choreographieren und das Gefühl, daß es einfach nichts anderes für mich gibt, als mich mit Theater und Musik und Tänzern auseinanderzusetzen und Choreographien zu machen.

Hast du eigentlich nie das Gefühl, du könntest ohne Berufspraxis als Tänzerin wichtige Erfahrungen versäumen?

Diese Angst habe ich durchaus von Zeit zu Zeit. Ich versuche, die mangelnde Tänzerpraxis dadurch auszugleichen, daß ich mir sehr genau die Probenarbeit anderer Choreographen anschaue und vor allem mit den Tänzern über deren Probleme rede. In meinen eigenen Proben, wenn es irgendwo Schwierigkeiten gibt, für die man nach Lösungen suchen muß, lerne ich natürlich auch laufend dazu. Und dann bin ich ja schon einigermaßen in die praktische Theaterarbeit eingespannt... In zwanzig Jahren, im Rückblick, kann ich dir die Frage dann wohl besser beantworten. Auf jeden Fall bin ich aber schon heute darauf gefaßt, daß mir irgendwann einmal «fehlende» Bühnenpraxis vorgehalten wird. Schon wenn mir heute jemand sagt, wie toll er es findet, was ich mache, überlege ich mir, ob der vorher nicht einfach nur sehr im Zweifel war, daß ich das überhaupt können würde. Aber ich habe ja schließlich auch auf der Bühne gestanden und kenne das Gefühl, dort bestehen zu müssen.

Daß du dich selbst als eine junge Frau siehst, die noch lernt und mittendrin in ihrer Entwicklung als Choreographin steckt, ist klar geworden. Meine letzte Frage ist, ob du denn auch von Choreographie zu Choreographie Fortschritte an dir und deiner Arbeitsweise feststellst? Ist es möglich, sich aus einer gewissen Distanz heraus zu beobachten?

Ich weiß nicht, ob man von «Fortschritten» sprechen kann. Was mir auffällt, sind Veränderungen. Ich schaue mir sehr gerne eine Choreographie nach einer gewissen Zeit noch einmal an und vergleiche sie mit meiner aktuellen Arbeit. Daran kann ich deutliche Veränderungen feststellen. Aber auch Typisches: zum Beispiel, daß sich bestimmte Bewegungen oder Bewegungsarten zumindest im Kern immer wieder von ganz alleine wiederholen. Und schließlich merke ich, daß man sich auch als Choreograph eine gewisse Routine aneignen kann, daß man schneller werden kann. Man gewöhnt sich eben auch an den «Arbeitsvorgang» Choreographie.

Horst Vollmer

Frei arbeiten – Ein Hochseilakt ohne Netz und doppelten Boden

Im Gespräch mit Christine Brunel

«In Deutschland gibt es noch immer große Vorbehalte gegen freie Tanzensembles. Das sind die, heißt es da, die es nicht geschafft haben, lauter Laien und Möchtegerngruppen.» Christine Brunel, die 1985 in Essen ihr kleines «Tanztheater» gründete, weiß ein Lied davon zu singen, wie zäh sich Tänzer und Choreographen eine Existenz außerhalb der relativen Sicherheit eines Engagements am Theater erkämpfen müssen. Anders als etwa in den USA, wo Theater – von der winzigsten Experimentierbühne bis hin zu den repräsentativen Spitzenensembles – traditionell eine Sache von Privatinitiative und Sponsorship war und ist, haben im alten Europa alle Theaterformen ihren angestammten Platz in festen Häusern mit festen Ensembles, die von der öffentlichen Hand subventioniert werden. Daß es heute abseits davon eine sehr lebendige «Szene» gibt, vor allem in den Bereichen Sprechtheater und Tanz, dringt, bedingt durch die jahrhundertealten Strukturen der Theaterarbeit, nur langsam ins allgemeine Bewußtsein.

Mit der Ausdruckstanzbewegung in den ersten Jahrzehnten des 20. Jahrhunderts gab es schon einmal einen breiten Ansatz zur Entwicklung einer Tanzszene jenseits staatlicher und kommunaler Ensembles. Doch diese Entwicklung wurde (ebenso wie der Ausdruckstanz selbst) durch die Nazis direkt oder mittelbar ihrer Zukunft beraubt (wenn die braunen Machthaber die Vertreter der neuen Tanzkunst nicht ohnehin aus dem Land oder in die innere Emigration trieben, so behinderte später auf jeden Fall das allgemeine «Nicht-erinnert-werden-Wollen» das weitere Bestehen und die Entwicklung des Ausdruckstanzes in der

Nachkriegszeit). Das brachte in Verbindung mit den sowieso schwierigen (Über-)Lebensbedingungen dieses techniklosen Tanzstils eine radikale Wirkung mit sich: Ausdruckstanz und freie Tanzszene waren Vergangenheit.

Erst in jüngster Zeit – und das wohl «kaum zufällig... parallel zum neuen Tanztheater» [1], das seine Wurzeln in mancherlei Hinsicht im historischen Ausdruckstanz hat – bilden sich auf deutschem Boden wieder mehr freie Gruppen. Deren Akzeptanz in Zuschauerkreisen ist freilich vergleichsweise gering. In ihrer Ästhetik nicht selten radikal und weitab vom überwiegend den Publikumsgeschmack beherrschenden klassischen Ballett gelegen, ist das kein Wunder: Auch das heute etablierte Tanztheater, einst die tänzerische Avantgarde, als die sich heute zahlreiche Freie betrachten, benötigte zunächst viele Jahre, bis es schließlich von den Zuschauern angenommen wurde (oder vielleicht besser formuliert: bis es seine Zuschauer, nämlich vornehmlich jüngere Semester, gefunden hatte).

«Feste Gagen, kontinuierliche Bezahlung, Achtstundentag und Alterssicherung gehören kaum zu den Angeboten alternativer Tanzarbeit. Vielmehr haben sich die meisten mit beruflicher Doppelbelastung und hohem persönlichen Risiko abzufinden. Zwischen vollsubventioniertem Theaterbetrieb und finanziell ungesichertem ‹Off› gibt es bis heute keine kontinuierliche Förderung. Sie ist dem Interesse und Engagement einzelner Kulturdezernate der Städte überlassen und wird nach unterschiedlichen Gesichtspunkten mit verschiedenen Auflagen vergeben. Nicht eine der dem Autor bekannten insgesamt circa 20 freien Gruppen verfügt über einen überschaubaren und planbaren Jahresetat. Produziert wird dementsprechend von Fall zu Fall und den gegebenen finanziellen Möglichkeiten angepaßt, was für die Beteiligten meist ein Leben von der Hand in den Mund bedeutet».[2]

Unter diesen Voraussetzungen verschwinden viele freie Gruppen ebenso schnell wieder von der Bildfläche, wie sie entstanden sind. Ob nur aufgrund wirtschaftlicher Zwänge oder zumindest teilweise auch aus Gründen mangelnder, um nicht zu sagen fehlender Professionalität und Eigenart, soll hier nicht erörtert werden. Tatsache ist jedenfalls, daß es, mit den Worten Christine Brunels, «einen professionellen Tanz außerhalb der Theater gibt, den das Publikum noch nicht genügend wahrnimmt».

Wie Brunel und ihre Tänzer kommen freie Gruppen fast ohne Ausnahme aus dem Bereich des zeitgenössischen Tanzes. Ihr Erscheinungsbild ist variabel: Es sind Jazz-Dance- und Modern-Dance-Ensembles darunter (beide Stilrichtungen sind an unseren Theatern gar nicht oder kaum «zu Hause»), allerlei «experimentelle» Gruppen unterschiedlichen Zuschnitts und vor allem solche, die auf der Ästhetik des Tanztheaters aufbauen, sie oft kreativ fortführen, sie nicht selten aber auch nur kopieren (die «Laien und Möchtegerngruppen», unter denen letztlich auch das Image ihrer potenteren freien Kollegen leidet, sind durchaus Realität).

Christine Brunel muß man vielleicht in eine fünfte Kategorie irgendwo zwischen Modern Dance und deutschem Tanztheater einordnen. Sie erhielt ihre Ausbildung in Paris bei Karin Waehner, der Wigman-Schülerin, und in Essen an der Folkwang-Hochschule, im Umfeld also der Tanztheaterexponentinnen Pina Bausch, Reinhild Hoffmann und – für Brunel besonders wichtig – Susanne Linke. Nach kurzen Abstechern in ein festes Engagement und zu freien Gruppen in Brüssel und Paris arbeitete sie sechs Jahre lang im Folkwang-Tanzstudio, das Ende der 70er, Anfang der 80er Jahre von Susanne Linke (wieder) aufgebaut und geleitet wurde. Danach, in einer Zeit, in der auch Susanne Linke begann, sich vom FTS mehr und mehr zu lösen und zunehmend als Solotänzerin aufzutreten, und das FTS dadurch in eine neue Phase eintrat, merkte Brunel, «ich will jetzt allein arbeiten, mit einer eigenen Gruppe».

Eine von der Stadt Essen finanzierte Auftragsproduktion war 1985 gewissermaßen das «Startkapital» des kleinen Ensembles. Die Probenräume, in denen man bis zum Herbst 1987 arbeitete, wurden dem «Tanztheater Christine Brunel» kostenlos zur Verfügung gestellt. Das ist natürlich ein ausgesprochener Glücksfall, wie Brunel selbst weiß, von dem andere Freie nur träumen können. Wie man an solche Räume kommt? «Wenn ich jetzt sage, durch einen starken Willen und festen Glauben, dann hört sich das furchtbar kitschig an, aber es ist wirklich so. Genauso habe ich ja auch angefangen zu tanzen. Meine Eltern hatten kein Geld, mir eine Tanzausbildung zu bezahlen, aber das war für mich kein Grund. Ich ging zu Karin Waehner, und die hat mir erst einmal eine Stunde lang immer wieder eingebleut, daß ich als Tänzerin mein Leben lang hungern würde, aber danach sagte sie: Gut, ich schenke dir zwei Jahre. Also habe ich das Studio von Karin geputzt.

Starker Wille und Glaube haben mir dann auch zu den Räumen in Essen verholfen. Durch Tips aus meinem Bekanntenkreis bin ich auf sie gestoßen. Sie gehören dem Folkwang-Museum und liegen in einer ehemaligen Schule. Und mit unseren neuen festen Proberäumen habe ich nicht weniger Glück gehabt. Sie sind fast umsonst für uns zu benutzen und beinahe so etwas wie ein kleines Theater, in dem wir in Zukunft unsere neuen Produktionen herausbringen können.»

Eine ständige Bühne: der wohl gravierendste (aber beileibe nicht selbstverschuldete) Mangel freier Gruppen. Sie sind in der Regel auf kleine und alternative Spielstätten angewiesen, in denen sie ihre Arbeiten gastspielweise zeigen können. So richtig glücklich wird man dabei allerdings nicht: «Es ist wahnsinnig schwierig, wenn man nicht gerade innerhalb eines Festivals auftritt, bei dem einem zahlreiche Zuschauer eigentlich immer sicher sind», sagt Christine Brunel und fährt fort: «Bei einem einzelnen Gastspiel aber ist das ganz anders, und dabei bräuchte man genau da volle Häuser, weil die Vertragsbedingungen für gastierende Gruppen oft unvorteilhaft sind. Die Einnahmenbeteiligung beträgt meist 80 : 20 zugunsten des Theaters, da kriegt man selbst fast nie auch nur die eigenen Unkosten wieder raus. Schon gar nicht, wenn sich dann noch herausstellt, daß der Veranstalter, also das Theater, in dem man gastiert, viel zuwenig Werbung betrieben hat und die Leute schon deshalb ausbleiben. Und das kommt oft vor.»

Mitunter besteht an Häusern mit einem eigenen (Ballett-)Ensemble auch gar kein Interesse an Gastauftritten anderer und dazu noch freier Gruppen, die unter den eingangs genannten Vorurteilen zu leiden haben. Die Äußerung einer enthusiastischen Ballettomanin, die während einer Publikumsdiskussion im Basler Stadttheater einmal allen Ernstes die Frage stellte, wieso man denn für teures Geld fremde Kompanien nach Basel hole, wo man doch selbst ein so hervorragendes Ensemble habe, mag da symptomatisch sein für das Desinteresse auch bei Dramaturgen und Ballettdirektoren. Man schaut kaum über den eigenen Hutrand hinaus, und die Erkenntnis, daß gerade freie Gruppen nicht nur die Vielfalt einer (nationalen) Tanzszene gewährleisten, sondern oft für wichtige neue künstlerische Impulse sorgen, ist scheinbar nur unvollständig bis in die Führungsetagen der Theaterinstitutionen vorgedrungen. Die Mühe einer ständigen Beobachtung der freien Szene mit dem Zweck, die besten und vielversprechendsten Freien durch gezielte Einladungen zu unterstützen (was sich die Etablierten, ohne um ihre Klientel fürchten zu müssen, durchaus leisten könnten), macht man sich dort offensichtlich nicht. Aber das hieße vielleicht auch, von den selbst finanziell bedrängten (Stadt- und Staats-)Theaterschaffenden allzuviel Großzügigkeit zu verlangen.

Nicht genug mit dem Liebesentzug ihrer fest engagierten Kollegen müssen freie Tanzensembles obendrein erst «langsam herausfinden, in welchen Theatern man überhaupt spielen kann». Christine Brunel hat sich im Laufe der Zeit so manche Illusion in dieser Hinsicht abgeschminkt: «Zuerst dachte ich, ich will jedes Theater bespielen, aber jetzt weiß ich: einige Theater haben ein ganz spezielles Publikum, Tanzinteressierte gehen da nicht hin, oder die, die sonst hingehen, interessieren sich nicht für Tanz.» Ein paar solcher Flops, und das auf schwachen Füßen stehende Finanzgerüst einer freien Gruppe stürzt ein.

«Wir haben zur Zeit große Probleme, alles ist unsicher, weil die Stadt Essen in allen Bereichen die Gelder kürzt. Auch wir bekommen nun nichts mehr, nachdem man uns die beiden ersten größeren Produktionen noch finanziert hat.» Die Existenz sichert man sich folglich mit Aufführungen (wie Christine Brunel durch ihre Solovorstellungen und die Auftritte mit ihrer Gruppe) und durch Unterrichten – in einer der Tanzgruppe angeschlossenen eigenen oder in fremden Schulen. «Meine Tänzer leben von den Stunden, die sie in Ballettstudios oder bei Workshops geben und von unseren Vorstellungen.» Folgt man den Angaben von Norbert Servos, der 1982 eine Befragung unter 16 freien Gruppen in der Bundesrepublik durchgeführt hat, so ist Brunels Ensemble damit noch in einer einigermaßen privilegierten Lage: «Dreiviertel der Kompaniemitglieder können (im Nebenberuf) auf fachbezogenem Gebiet (Unterricht, Tanzen, Choreographieren etc.) arbeiten», stellte Servos fest, aber auch: «Ein Viertel arbeitet in fachfremden Berufen».[3] Brunel: «Ich staune sogar immer wieder, wie viele Möglichkeiten es gibt, zu unterrichten. Aber Tänzer und Lehrer zugleich zu sein ist nun mal eine große Belastung. Unser täglicher Trainings- und Probenplan ist fast identisch mit dem von Tänzern am Theater, denn ohne tänzerische Professionalität geht es nicht. Daneben noch als Pädagoge zu arbeiten ist schwer, und die Tänzer kommen wegen dieser Doppelbelastung nicht selten in eine tiefe Krise.»

Dazu kommt, daß die Tänzer bei ihren Gastspielen oft genug nicht nur tanzen müssen, sondern sich zusätzlich auch um viele andere Dinge kümmern müssen, die mit Kunstausübung nur sehr bedingt zu tun haben, aber viel Zeit und Kraft kosten. Da ist die Werbung, die man meist noch zusätzlich betreibt, da muß der Bus organisiert und bepackt werden, mit dem man zum Gastspielort fährt, die Bühne muß her-, Licht und Ton müssen eingerichtet werden, die Abendkasse muß besetzt sein, «und wenn's ganz dick kommt, muß man zum Schluß noch selbst putzen. Verstehen Sie, daß ich Angst habe, unter all diesen notwendigen Nebenaktivitäten könnte meine künstlerische Arbeit leiden?» Christine Brunel hat zu ihrem Glück – «auch davon kann man meist nur träumen» – unter ihren Bekannten eine Organisatorin gefunden, die ihr die administrative und die Öffentlichkeitsarbeit abnimmt, und «ohne die ich inzwischen gar nicht mehr auskommen könnte. Es sind auch immer viele Freunde da, die mir helfen, an der Kasse, bei Licht und Ton. Aber allen möchte ich dann natürlich auch etwas für ihre Arbeit zahlen.» Da schließt sich der Kreis aus geringem Verdienst und hohen Kosten.

Freie Gruppen sind letztlich auch in dieser Hinsicht gegenüber etablierten im Nachteil: «Wissen Sie eigentlich, wie schwer es für uns ist, professionelle Kritiker in unsere Vorstellungen zu bekommen?» fragt Christine Brunel. «Da kann man sich auf den Kopf stellen, die kommen einfach nicht. Oder doch wenigstens nur selten und erst dann, wenn sich die Gruppe schon einen gewissen Namen gemacht hat.» In der Tat fällt beim Durchblättern der Fachpresse auf, daß nur sehr wenige Freie regelmäßig überregional besprochen werden. Mit diesem Werbeeffekt kann also auch nicht ohne weiteres gerechnet werden.

Christine Brunel: «Die Freien haben zwei ganz große Probleme. Erstens: Wir haben keine Bühne. Ein Tänzer ohne Bühne aber ist tot. Und zweitens: Wir haben kein Geld. Das heißt, man muß sein Geld anderswo verdienen, mit Unterrichten. Das kostet sehr viel Kraft und benötigt einen starken Glauben an die Sache, um dabeizubleiben. Denn selbst wenn man nur sehr bescheidenen Aufwand treibt, mit den Kostümen, mit dem Dekor, fehlt es zum Schluß überall am Geld. Und es summiert sich, angefangen beim Teppich-Klebeband… Aber dennoch: Vorläufig möchte ich auch weiterhin frei arbeiten. Bei all den Nachteilen, die es mit sich bringt, bin ich ohne die Verpflichtung an ein festes Haus eben auch freier in meiner Kunst – und meine Situation habe ich ja schließlich selbst gewählt.»

Horst Vollmer

Die Operette ist tot, es lebe das Musical!

Musical-Darsteller: Ein Beruf mit Zukunft, aber (fast) ohne Gegenwart

Wien und Berlin: An der Donau ist es Professor Direktor Peter Weck, der vom Theater an der Wien aus ein regelrechtes Musik-Unterhaltungs-Imperium dirigiert[1], an der Spree leitet Helmut Baumann das Theater des Westens. Beide Bühnen spielen heute überwiegend oder ausschließlich Musicals und haben sich auch schon in der Vergangenheit einige Meriten bei der Pflege dieses «jungen» Genres erworben.

Beide Direktoren, Weck und Baumann, zeigen sich einig in ihren Prophezeiungen einer «großen» Zukunft für das Musical hierzulande (eine Einschätzung, die gewiß die publikumsträchtige Seite des Musicals meint, vielleicht aber auch ein wenig seine künstlerische Entwicklung). «Wenn ich von uns sprechen darf», sagt Baumann, «das ist enorm, welchen Zuspruch das Musical bei den Zuschauern findet! Wenn Sie sich die Statistiken ansehen, merken Sie ja – die Operette ist eigentlich überall fast ganz verschwunden. An ihre Stelle ist das Musical getreten. Wo unterhaltendes Musiktheater gemacht wird, gibt es heute allenthalben Musicals statt Operette.»

Peter Weck spricht sogar von einem «Musical-Tourismus», der entstanden sei: Städtereisen nach Wien und «Cats» gehörten mittlerweile zusammen, ja, erzählt Weck nicht ohne sichtliche Genugtuung, jüngst sei ein schon längst in Wien geplanter Kongreß verschoben worden, um den Teilnehmern einen «Cats»-Besuch zu ermöglichen. Also Musical = Wirtschaftsförderung? Die Gleichung ist alles andere als weit hergeholt. Fast alle Musical-Produktionen, die in den vergangenen Jahren in besonderem Maße das Publikumsinteresse erregten (wenn auch gewiß nicht zuletzt wegen des ungewöhnlichen Presserummels um sie), waren reine Kommerzunternehmungen: szenisch eine Kopie des meist britischen oder amerikanischen Originals und wirtschaftlich nach ebenfalls amerikanisch-britischem Muster aufgezogen, nämlich aus (fast) ausschließlich privaten Geldern.

Deutsche Gründlichkeit verschont hiesige Veranstalter immerhin weitgehend vor Flops: Nur was anderswo schon ein Kassenhit war, wird von ihnen eingekauft – die Aufführungsrechte samt künstlerischem Produktionsteam. Noch mehr wie inzwischen selbst am New Yorker Broadway gilt bei ihnen das Gebot: Kein Risiko! Neue Stücke stammen in jüngster Zeit fast immer aus London, und dort aus der Feder scheint's nur eines einzigen Komponisten: Andrew Lloyd Webber, der den Geldgebern längst als absoluter Erfolgsgarant gelten dürfte.

Barbara Ungeheuer berichtete im «ZEIT-Magazin» über ihre aktuellen Broadway-Beobachtungen: «‹Rags›, das einzige wirklich neue Musical amerikanischer Machart, das das Immigrantenschicksal über den Geburtstag der Freiheitsstatue hinaus feiern wollte, schloß innerhalb einer Woche, und der Produzent verlor 4,5 Millionen Dollar. (...) So bewährt sich auch in dieser Saison einmal mehr das alte Erfolgsrezept: Man fliege nach London, begutachte den dortigen Hit unter dem Aspekt amerikanischer Verdaulichkeit, verschiffe das Vehikel mitsamt seinem britischen Star, vergolde das Bühnenbild mit optimaler Technik und maximalem Schmuck, ziehe den Ton am elektronischen Mischpult, dem gesetzten Publikumsalter angemessen, in angenehme Höhe.» Nichts anderes geschieht in Wien und Hamburg: Der künstlerische Zugewinn liegt nahe bei Null, der Kassenrenner aber ist garantiert und die Geldanlage um ein Vielfaches sicherer und ertragreicher als an der Börse. Der, für meine Begriffe, ziemlich zweifelhafte Reiz für den Zuschauer besteht vor allem darin, das sehen zu dürfen, was anderswo eben auch schon erfolgreich war und bereits im vorhinein zu wissen, daß das Geld für die Eintrittskarte nicht «umsonst» ausgegeben wird – Theater für träge Fernsehkonsumenten.

«Cats» in Hamburg: Der Dauererfolg unter Webbers zahllosen Dauererfolgen (er schrieb auch die Musicals «Jesus Christ Superstar», «Evita», «Starlight Express» und «Phantom der Oper») ist das Objekt von etwa 30 finanzkräftigen Investoren. Mit einer jährlichen 490 000-

DM-Spritze der Stadt, die den «Cats» die Miete für das zuvor ungenutzte Operettenhaus erläßt, stellte die eigens neugegründete «Stella Theater Produktions GmbH» den Musical-Hit auf die Bühne. Der sieht nun in Hamburg – und natürlich auch in Wien, wo er schon drei Jahre länger läuft – aufs I-Tüpfelchen so aus wie in 13 und demnächst schon 15 anderen Städten in aller Welt, wie in London oder New York, in Sydney, Toronto, Tokio, Stockholm oder Paris. (Man stelle sich das nur einmal einen Moment lang vor: ein Ballettklassiker, eine Oper, ein Theaterstück – überall identisch inszeniert, notdürftig mit etwas Lokalkolorit versehen, aber sonst ohne jede künstlerische oder nationalkulturelle Eigenart. «Kunst» vom Fließband. Unvorstellbar – aber schon real.) Ein zusammenengagiertes Ensemble führt das Werk seit 1986 auf und hält eine ganze «Cats»-Industrie in Schwung, die mittels Schallplatten, auf Armbanduhren, Handtüchern und Feuerzeugen das geschützte Warenzeichen «Cats» vermarktet. Das Operettenhaus ist auf Jahre im voraus gebucht – denn Jahre wird das gleiche Stück laufen, um zuerst, nämlich nach schon neun Monaten, die Millionen-Investitionen und danach saftigen Gewinn einzuspielen.

Gleiches ereignet sich mittlerweile in Bochum. In einer aus städtischen und staatlichen Mitteln extra erstellten Halle geht – und zwar zunächst volle fünf Jahre lang, wenn's denn kein Flop wird, und niemand rechnet damit – das Eisenbahn-Rollschuh-Musical «Starlight Express» über die (Roll-)Bretter – ebenfalls ein Webber-Opus, ebenfalls von der übrigens in Bochum ansässigen «Stella» veranstaltet, ebenfalls identisch mit dem Londoner Original und dessen Ablegern in New York oder Tokio. Bochums «Wirtschaftsförderer-Chef» Johannes Freimuth rechnet damit, daß «Starlight Express» «einige hunderttausend Besucher... jährlich von weither anlocken» wird. «Vorsichtige Schätzungen erwarten, daß sie rund 30 Millionen DM in Hotels und Gaststätten lassen.»[2] Und damit nicht genug: Nach dem Willen des erfolgverwöhnten «Stella»-Chefs Friedrich Kurz, der seines Zeichens und nicht von ungefähr Finanzmakler ist, soll Hamburg sogar eine zweite Musical-Bühne unter seiner Ägide erhalten. Das Musical-Entwicklungsland Bundesrepublik, hört man darüber hinaus, könne «20 verschiedene Musical-Produktionen wohlplaziert verkraften».[3] Darunter versteht Kurz zweifelsohne Produktionen nach «Cats»-Muster, denn tatsächlich gibt es an den herkömmlichen Theatern schon Jahr für Jahr mehr als 20 verschiedene

Musical-Inszenierungen – sehr wohl plaziert zwar, aber eben nicht so finanzkräftig und auf Nummer Sicher realisiert.

Man mag von den ausschließlich auf einen großen DM-Reingewinn zielenden Musicalproduktionen halten, was man will. Helmut Baumann etwa, der mit seiner Truppe am Theater des Westens ein theaterübliches und künstlerisch eigenständiges Repertoire pflegt und die bloße Nachschöpfung auswärtiger Musical-Erfolge für keine wirklich kreative Arbeit hält, ist ein kommerzieller Musical-Markt lieber als «irgendwelche widerlichen Tourneen» obskurer Veranstalter, denn: «Am Ende belebt es das Geschäft und bringt das Musical unter die Leute.» Wer will, kann es für einen wahren Segen halten, daß das Publikum hier «endlich» auch zu sehen bekommt, was in London oder New York nur noch für Touristen attraktiv ist (was, würd ich gerne wissen, macht der breiten Masse die aufgewärmten Sachen nur so reizvoll?). Mit wenig Mühe mag es uns sogar gelingen, mit den arg gebeutelten Stadtkämmerern zu fühlen, die scheint's wie unter Zwang von Heerscharen von Musicalomanen auf – in Bochum – acht mal 1750 Plätzen pro Woche träumen (was weniger leicht nachzuvollziehen ist: mit welcher Leichtigkeit die Finanzchefs der Städte ihren Kollegen Kulturbürokraten weiszumachen verstehen, daß numerische Erfolgsstatistiken eines austauschbaren Massenprodukts mindestens ebenso, wenn nicht noch mehr erstrebenswert sind wie künstlerische eines kreativen und völlig einmaligen, aber auch teuren und manchmal unbequemen Theaterensembles, das nur mit dem Namen «seiner» Stadt verbunden ist).

Doch egal, was man Positives an der ganzen Sache finden mag, letztlich überwiegt die zutiefst skeptische Beurteilung des Werts von Musical-Importen, die mit «Entwicklungshilfe» im Sinne der Begründung einer eigenen, nationalen Musical-Kultur nichts am Hut haben. Es steht zu befürchten, daß bei einer fortschreitenden Kommerzialisierung im Musicalbereich das an manchen Orten über Jahre langsam, aber eben doch kontinuierlich gewachsene Musicalschaffen und die Ansätze zu einem eigenen, «deutschen» Musical auf der Strecke bleiben, wenn die importierte 08/15-Ware durch ihre finanziellen und publizistischen Mittel zu erdrückend wird.

Nichts, aber auch gar nichts, gegen Lektionen in Entertainment! Das betreiben Amerikaner und Briten schließlich in unübertroffen ausgefuchster Manier – und werden dafür von uns mit unserem hierzulande traditionell problematischen Verhältnis zur «reinen» Theater-Unterhaltung rundum bewundert. Bedenklich aber wird es, wenn der Know-how-Transfer in Sachen musicalischen Entertainments in bloßer Imitation versandet. Die Gleichung Musical = Wirtschaftsförderung stimmt (immer öfter). Die Gleichung Gewinnstreben = Kreativität ging dagegen noch nie auf.

Kalkulierte Hits à la «Cats» und «Starlight Express», à la «Chorus Line» und «Phantom der Oper» mögen eine Bedeutung haben, die sich nicht nur in Mark und Pfennig ausdrücken läßt: Sie bringen, wie Helmut Baumann meint, das Musical unter die Leute, machen es also populär und bewirken dadurch vielleicht einen Werbeeffekt auch für nicht-kommerzielle Inszenierungen, und natürlich bieten sie Tänzern und Sängern und Schauspielern Jobs, von denen es schließlich immer und überall nicht genug gibt.

Wichtig für die nicht nur kurzfristig gewinnorientierte, sondern die nachhaltige und entwicklungsfähige Etablierung einer eigenen bundesdeutschen (oder österreichischen oder schweizerischen) Musical-Kultur ist aber die ständige Beschäftigung mit dem Genre an den «festen» Häusern (die sich, wie es das Theater des Westens bereits vorexerziert, immerhin ein Beispiel daran nehmen könnten, welch publikumsträchtige Mischung sich aus künstlerischem «Gewußt Wie» plus gewiefter PR-Arbeit ergibt). Dort wird zum Teil schon seit Jahrzehnten permanent Musical «gemacht», wenn auch in der Regel nur in einem begrenzten Umfang, den personelle Kapazitäten und künstlerische Fähigkeiten der Darsteller bestimmen, und innerhalb der herkömmlichen Spielpläne. Ein «deutsches» Musical ist daraus bislang freilich nicht entstanden. Das Musical hierzulande war und ist mehrheitlich ein anglo-amerikanisches: synchronisiert eben und hiesigen Verhältnissen angepaßt, aber – und darum geht es – mittels eigener schöpferischer Kraft und Inspiration interpretiert und auf der Bühne umgesetzt.

«Nach der Katastrophe des Zweiten Weltkriegs ergab sich für den deutschsprachigen Raum, der mit Ausnahme der Schweiz über ein Jahrzehnt von allen wichtigen internationalen Kulturentwicklungen abgeschnitten war, ein umfassender Nachholbedarf. (...) Auf dem Gebiet des Theaters wurde dieser Nachholbedarf zunächst vor allem von der Sprechbühne gedeckt. Im Musiktheater... setzten Neuorientierungen und Neuentwicklungen später, dann aber um so nachhaltiger ein. Dabei wurde das deutsche Publikum mit Novitäten konfrontiert, die im Grunde gar nicht so neu waren, sondern mit denen sich das deutsche Musiktheater in den zwanziger Jahren schon einmal fruchtbar auseinandergesetzt hatte und deren kontinuierliche Weiterentwicklung uns über ein Jahrzehnt lang vorenthalten worden war. Das gilt auch für den amerikanischen Musikfilm und für das klassische und moderne amerikanische Musical.»[4]

Ob es an der zunehmenden Amerikanisierung aller möglichen Bereiche unseres Alltags nach dem Zweiten Weltkrieg lag, ob einfach nur an der zeitgemäßeren Form des Musicals, oder ob sich, was wahrscheinlich ist, beides wirkungsvoll ergänzte: Seit hierzulande eine ständige Pflege des amerikanischen Musicals einsetzte, hat es die gute alte k. u. k.-Operette immer mehr an den Rand gedrängt. Viele Musicals, die heute als Klassiker des Genres gelten (und es meist schon damals waren), kamen in den 60er Jahren erstmals in deutschen Fassungen auf die Bühnen; stellvertretend seien nur drei genannt, deren Titel noch heute jedermann ein Begriff sind: «My Fair Lady» (1961 im Theater des Westens), «Hello, Dolly» (1966, Schauspielhaus Düsseldorf) und «West Side Story» (1968, Wiener Volksoper). Damals waren die goldenen und silbernen Tage der Operette schon längst Vergangenheit. Wiederbelebungsversuche – ob in Form neu komponierter Werke, ob in Form pfiffig-aktualisierter Neueinstudierungen der alten – waren (und sind) höchst sporadische Ereignisse.

Kaum ein Jahrzehnt nach dem Zweiten Weltkrieg machten sich auch deutsche Komponisten daran, fleißig eigene «Singspiele» und «musikalische Komödien» zu schreiben, die dem amerikanischen Musical-Vorbild nacheiferten. Die Komponisten kamen nicht selten – wie etwa Peter Kreuder – aus der Tradition des großen Musik- und Revuefilms der Ufa, und manche hatten sogar schon lange vor 1933 – wie Mischa Spoliansky, der nach der Machtübernahme der Nazis emigrierte – mit ihren Arbeiten für Theater- und Kabarettbühnen «Frühformen eines modernen deutschsprachigen Musicals»[5] geschaffen. Doch manche, um nicht zu sagen die meisten der Stücke aus der damaligen deutschen Musicalproduktion wirken aus heutiger Sicht wie schaler Operettenersatz. Bezeichnend immerhin, daß sich Anton Würz noch 1969 genötigt sah, in «Reclams Operettenführer» den Nachweis zu führen, daß das Musical eine von der Operette grundlegend unterschiedene Theaterform ist. «Mag uns in Europa», schrieb Würz damals, «diese neue Form auch weithin nur als eine moderne, amerikanisierte Abart der Operette erscheinen, so besitzt diese Variante doch so viele eigene Züge, daß man sie sehr wohl als selbständigen Typus innerhalb der Formwelt des musikalischen Theaters bezeichnen kann.» Würz nannte den Operettenfreunden als Merkmale des Musicals «das Vorherrschen der Rhythmik und Klangsphäre des Jazz», die «Wahl von Stoffen aus dem wirklichen Leben, also (der) Verzicht auf die so unwahrhaftige Schein- und ‹Märchen›-welt vieler älterer Stücke» und die bevorzugte «Verwendung der Alltagssprache von Menschen ‹wie du und ich›», aber auch die in Musical-Libretti häufig zur Geltung kommende «Vorliebe für parodistische, satirische und zeit- oder gesellschaftskritische Glossen».[6]

Diese Typologie des Musicals hat sich ihre grundsätzliche Richtigkeit bewahrt. Die wichtigste Ergänzung, die heute angefügt werden muß, ist, mit den Worten Helmut Baumanns: «Es werden immer mehr Musicals gemacht, in denen die tänzerische Qualität der Leute sehr, sehr gefordert wird. Die Tendenz geht eindeutig zum Tanz-Musical.»

Warum wir uns hier, wo es doch vor allem um Ausbildungsfragen gehen soll, so ausführlich mit Kommerz-Musicals und mit der Entwicklung des Musicals im deutschsprachigen Raum befaßt haben? Nun, zum einen, um dem Eindruck entgegenzuwirken, Musicals hierzulande gebe es überhaupt erst seit «Cats» in Wien und Hamburg, die sich mit einem Werbefeldzug großen Stils und geschickten Marketing-Methoden in aller Munde gebracht haben, und zum anderen, weil die Ausbreitung kommerzieller Musicalunternehmungen ganz automatisch Einfluß auf die hier erst im Aufbau begriffene Musical-Ausbildung gewinnen wird. «Explosionen», schrieb Richard Merz in seinem Beitrag zu diesem Buch über die Tanzausbildung in der Schweiz, «sind zwar immer überaus kraftvolle und in ihrem gewaltigen Ausbrechen auch tief beeindruckende, spektakuläre Vorgänge, aber sie pflegen im allgemeinen nicht ordentlich und organisch sich entfaltende Wirkungen auszulösen, sondern bringen einiges an Turbulenzen und Chaos mit sich.» Gleiches könnte die gegenwärtige Musicalexplosion auslösen:

ein – wie im Tanzbereich – unkontrolliertes Entstehen unzähliger Musicalschulen (das im Grunde schon eingesetzt hat), die den neuen Boom auszuschlachten versuchen. Das wird ihnen zweifellos gelingen – auf Kosten ihrer Kunden. Und für die, so sie es denn erst einmal zum «arbeitsfähigen» Musical-Darsteller gebracht haben, macht es selbstverständlich einen Unterschied, ob sie in einem strikt kapitalistischen Marktgesetzen unterworfenen Betrieb arbeiten oder in einem unserer mehr oder weniger gut subventionierten Stadt- und Staatstheater. Im Gegensatz zu einem Serge Diaghilew, der einst trotz permanenter Finanznöte seine Künstler zu epochemachenden Taten inspirierte, stehen die neuen Impresarios vom Typ Finanzmakler gerade wegen der mit Leichtigkeit angeworbenen Millionen-Produktions-Beträge unter enormem Erfolgsdruck. Obwohl er nur Ware feilhält, die sich schon anderswo als Verkaufsschlager erwiesen hat, warnt Friedrich Kurz: «Ich persönlich mache das Geschäft nur mit Leuten, die es auch verkraften können, mal eben 100000 Mark zu verlieren.»[7] Und in Bochum spricht man bei aller Zuversicht in das Projekt «Starlight Express» von einem «Restrisiko».

Die Prämisse «Publikums- und Kassenerfolg um jeden Preis» bestimmt natürlich das Arbeitsklima innerhalb des Ensembles und die Arbeitsbedingungen für jedes einzelne seiner Mitglieder. Täglich eine Vorstellung, sonntags sogar zwei, bedeuten eine große physische und psychische Belastung für die Darsteller. Gleichzeitig ist der Konkurrenzdruck, den ein Heer arbeitsloser Tänzer und Sänger erzeugt, groß, und Verschleißerscheinungen machen sich bald bemerkbar – entsprechend rasch verändert sich die Kompanie.[8] Künstlerische Experimente sind nicht möglich, und Eigenheiten sind nicht gefragt, denn das Diktat der Originalfassung ist absolut. Ein kontinuierlicher Aufbau der Truppe, geschweige denn von so etwas wie einer nationalen Musical-Kultur – wozu an erster Stelle die gezielte Zusammenarbeit mit möglichen Ausbildern und die Förderung heimischer Talente gehören würde –, kann nicht stattfinden und wird wohl auch nicht angestrebt: Wichtig ist die aktuelle Produktion, das Verkaufserzeugnis, das sich zu jedem Zeitpunkt tipptopp auf der Bühne präsentieren muß; mit wem es besetzt ist, woher die Darsteller stammen, ist dabei zweitrangig. Mehr als genug Bewerber für jede frei werdende Stelle gibt es ohnehin. Für die geht man dann auch schon mal auf «Audition-Tour», wie die

«Stella Theater Produktions GmbH» im November 1987 für «Cats» in Kopenhagen, Zürich, Paris, Rom und Mailand.

Glaube nun nur niemand, im Schoß der öffentlichen Hand, in Theatern mit dicken Polstern aus dem Geld der Steuerzahler, wäre ein Auskommen mit weniger Professionalität und Leistung zu bestreiten. Im Gegenteil: Immer mehr und immer besser ausgebildete Fähigkeiten werden von Musical-Darstellern auch dort verlangt, nämlich nicht mehr «nur» Singen und Schauspielern, womit man in der Vergangenheit noch beinahe jedes Musical von «Show Boat» über «Anatevka» bis hin zu «Evita» (das als frühes Webber-Opus nicht zu den für nachfolgende Inszenatoren «gesperrten» Stücken gehört) über die Bretter bringen konnte. Was früher allenfalls ein eigenes Corps de ballet besorgte, müssen heute die Titelrollenträger selbst tun: tanzen (und zwar sogar in ursprünglich weniger tanzbetonten Werken, die heute bei Neuinszenierungen mit mehr und mehr Tanz «angereichert» werden). Drei-Sparten-Häuser bieten, quasi im Gegenzug, dennoch oft nur Stückverträge für Musical-Produktionen an – mit der sozialen Sicherung und der konsequenten Entwicklung der Künstler ist es da auch nicht weiter her als im privatwirtschaftlichen Bereich. Das kann sich jedoch zum Besseren verändern – wenn neben den kommerziellen Veranstaltungen Raum bleibt zur Einrichtung ständiger Musical-Ensembles an mehr als an einem Haus wie dem Theater des Westens in Berlin. Daß dort, in einer festen und sich entwickelnden Kompanie künstlerisch befriedigender zu arbeiten ist, schon, weil jedes Musical seinen Interpreten anderes abverlangt – wem leuchtet das nicht ein?

«Die Tendenz geht eindeutig zum Tanz-Musical.» Diese Erkenntnis schwante einem breiten Publikum, als «A Chorus Line», das am Broadway schon seit 1975 ohne Unterbrechung spielt, vor wenigen Jahren auf Zelluloid gebannt zu uns kam. Gleich eine der ersten Einstellungen machte klar, daß nur absolute tänzerische Professionalität den Weg zum Musical ebnet: In einem unerbittlich sich ohne Pause wiederholenden Ritual schleust da ein Ballettmeister, einen strikt fordernden Ton auf den Lippen, zahl- und namenlose Tänzer durch die immer gleichen Enchaînements. Von Mal zu Mal fallen mehr aus dem Rennen, und am Ende, nach dem Vortanzen, bleiben aus der anfangs unüberschaubaren Masse ganze 16 übrig. Doch auch von denen werden letztlich nur acht einen Job in der kommenden neuen Musical-Produktion erhalten...

Die Anforderungen an Musical-Darsteller scheinen geradezu übermenschlich (und zwar nicht nur bei «Starlight Express»-Bedingungen, für das kurioserweise sowohl Sänger und Tänzer gesucht werden müssen, «die Rollschuh laufen können oder zu lernen bereit sind», als auch «Rollschuhläufer/innen, die singen können»). Wer im Musical bestehen will, muß eigentlich drei Bühnenkünstler in sich vereinen: den ausdrucksstarken Sänger, den überzeugenden Schauspieler und den hervorragenden Tänzer – mit ausgeprägter moderner *und* klassischer Technik, versteht sich. Und das gilt beileibe nicht nur für die Musical-Stars, für die, die als Hauptdarsteller in der ersten Reihe stehen, nein, folgt man «A Chorus Line», so finden selbst in der Gruppe nur die Besten und Perfektesten Platz. Die logische Konsequenz aus all dem? Seit der desillusionierenden Aufklärungsarbeit durch «A Chorus Line» herrscht in unseren Musicalschulen ein gravierender Mangel an Ausbildungswilligen – sollte man jedenfalls meinen. Tatsächlich wird aber gerade umgekehrt ein Schuh daraus: Es gibt in unseren Breiten zu wenige auf Musical spezialisierte und in diesem Metier erfahrene Schulen, um alle jungen Leute aufzunehmen, die ganz gezielt Musical-Darsteller werden wollen.

Entsprechend dem Trend zum Tanz-Musical tauchen seit einigen Jahren in der einschlägigen Presse immer öfter Annoncen von privaten Tanzschulen auf, die zusätzlich zur Ballettausbildung – und manchmal sogar ausschließlich – eine Musicalausbildung mit tänzerischem Schwerpunkt anbieten. Eine staatliche Ausbildung von Musical-Darstellern gibt es dagegen noch nicht, zumindest jedoch steckt sie noch in den Kinderschuhen.

In Österreich unterscheidet sich Peter Wecks Theater an der Wien von anderen Nachspiel-Bühnen wie in Hamburg und Bochum wohltuend dadurch, daß ihm eine Musical-Schule angegliedert ist – die erste und einzige ihrer Art im deutschsprachigen Raum. Das «Tanz/Gesang-Studio Theater an der Wien» versteht sich unter Wecks Direktion als ein «Studio zur Perfektionierung im Musicalbereich». Jüngst hat es, nach einer dreijährigen Ausbildungszeit, die ersten diplomierten Musical-Künstler in den Ernst des Bühnenlebens entlassen. Im Zentrum der «Perfektionierung» stehen die Tanzfächer, die sich nach Peter Wecks

Worten an Broadway-Standards orientieren. Der tägliche Unterricht umfaßt Ballett, Jazz, Step, Akrobatik, Stimmbildung, Atem- und Sprechtechnik, Schauspiel und Repertoire. Einsätze in laufenden Musical-Aufführungen der «Vereinigten Bühnen» sorgen für die nötige Bühnenpraxis.

Meines Wissens findet eine ähnlich breitgefächerte Schulung – vor allem in der idealen Kombination mit einer professionellen Musical-Produktion, die erste Einblicke in den Berufsalltag vermitteln kann – sonst nirgends zwischen Nordsee und Alpen statt. Immerhin hat man aber den Vorbildcharakter des Wiener «Tanz/Gesang-Studios» außerhalb Österreichs rasch erkannt. In der Bundesrepublik setzt sich an verantwortlicher Stelle scheint's mehr und mehr die Überzeugung durch, daß ein staatliches Engagement im Bereich der Musical-Ausbildung not tut (während aus der Schweiz noch keine vergleichbaren Initiativen bekannt sind). Wir möchten hier nicht erörtern, ob das vergleichsweise schnelle Erkennen und Handeln staatlicher Funktionsträger auf die schlechten Erfahrungen mit gewöhnlichen Tanzschulen zurückzuführen ist, oder eher darauf, daß einer, wie man leider annehmen muß, überaus wachstumsfähigen und damit als Steuerzahler gewichtigen kommerziellen Musical-Industrie möglichst bald auch die entsprechenden Arbeitskräfte zur Verfügung gestellt werden sollen. Jedenfalls könnte hier mit etwas Glück – und zugegeben viel, sehr viel gutem Willen – Fehlentwicklungen vorgebeugt werden, wie sie sich im Bereich der «reinen» Tanzausbildung heute so schmerzhaft bemerkbar machen.

Private Schulen, keine Frage, sind als Basis einer in ihrer Gesamtheit gehaltvollen Erziehung, als Talentreservoir und als oft erster Anknüpfungspunkt junger Leute an eine künstlerische Ausbildung notwendig – das gilt für Musical und Tanz gleichermaßen. Scharlatanerie und gefährlicher Narrenfreiheit müßte freilich auch in Sachen Musicalschulen entgegengewirkt werden: Die Branche ist am Wachsen, das Fach ist «in», und naturgemäß ist die Zahl derer, die im weiten Feld tänzerischer (Berufs-)Ausbildung jeden neuen (Mode-)Trend zu ihrem Vorteil auszunutzen verstehen, groß. Ein fehlendes gesetzliches Regelwerk für Tanz- und eben auch Musicalschulen wird es ihnen leicht machen, für viel Geld außer großer Versprechen und Hoffnungen nur wenig Konkretes zu «liefern». Eine qualifizierte, international konkurrenzfähige

Musical-Ausbildung auf staatlicher Ebene könnte in dieser Situation zukünftigen Schülern als Vergleichsmaßstab und Korrektiv zum privaten Sektor dienen – und das ohne Zweifel auch zum Vorteil der seriösen privaten Ausbilder.

Entsprechende Anstrengungen werden zur Zeit in Essen und Berlin unternommen. Die «Staatliche Hochschule für Musik Ruhr/Folkwang-Hochschule für Musik Theater Tanz» in Essen-Werden soll nach dem Willen des Düsseldorfer Wissenschaftsministeriums ab 1988 zu einem «Zentrum für darstellende Kunst, Bühnenbild und Dramaturgie» ausgebaut werden – eine Idee, die man sich aufgrund eines Gutachtens von August Everding, dem Münchner Generalintendanten und Vorsitzenden der Intendantengruppe im Deutschen Bühnenverein, angeeignet hat. Everding schlägt vor, in Essen eine Theaterakademie zu schaffen, deren Ausbildung alle Bühnenbereiche umfaßt. Als erste Schritte in diese Richtung dürfen die jüngsten Verpflichtungen namhafter Persönlichkeiten der Theaterszene in den Lehrkörper der Folkwangschule gesehen werden: Kurt Horres für das Fach Musiktheater-Regie, Hansgünther Heyme als Kopf der Schauspielabteilung und Milan Sladek als Leiter der schon zuvor sehr namhaften Pantomimenklasse. Neben einer engen Zusammenarbeit mit den Theatern in Essen und Bochum sollen als neue, zusätzliche Schwerpunkte im Ausbildungsangebot der Essener Hochschule Theater-Regie und – eben – Musical in Angriff genommen werden.

In Berlin ist es die Hochschule der Künste, die nach einem Modellversuch im Vorfeld ab 1988 einen Studiengang Musical eingerichtet hat. Die acht Semester dauernde Ausbildung ist auf eine umfassende Qualifizierung der Studenten in den Fächern Gesang, Tanz und Schauspiel ausgerichtet.

Beiden Initiativen wird man (viel) Zeit einräumen müssen, sich bewähren zu können. Gespannt darf man sein, ob es ihnen gelingen wird, zwei Handicaps fast jeder rein hochschulbezogenen Ausbildung im Bereich Tanz zu umgehen: das Fehlen einer fest angeschlossenen Kompanie (was in Essen offenbar erkannt wurde und durch die Kooperation mit umliegenden Theatern – hoffentlich auch zugunsten der Musical-Studenten – gemildert werden soll); und das Eingebundensein in die Bestimmungen ministeriell abgesegneter Studienordnungen, die erfahrungsgemäß nur allzu oft keinen Raum für pädagogische Freiheiten und Notwendigkeiten lassen, wie sie der mal langsamere, mal raschere Lernfortschritt der Schüler erforderlich machen kann.

Eine Kompanieschule quasi staatlichen Charakters birgt solche strukturell bedingten Nachteile in der Regel nicht. Helmut Baumann faßt mit Blick auch auf private Musical-Institute zusammen: «Ich beobachte, daß die Sache oft nicht richtig angegangen wird, und zwar in dem Sinne, daß man sagt, eine konsequente, mindestens dreijährige sture Tanzausbildung ist die Grundlage. Sie muß absolviert werden – und parallel dazu Gesang, Schauspiel. Es gibt zu viele Leute, die eine hübsche Stimme haben, auch schauspielerisches Talent, das Tanzen aber nebenbei betreiben und am Ende nicht genügend ausgebildet sind, weil eben ihre tänzerischen Qualitäten zu wenig entwickelt sind. Meiner Meinung nach müßte jemand, der zum Musical will, vier Stunden am Tag die drei Tanzdisziplinen lernen, also Klassisch, Jazz, Modern, und sich die anderen vier Stunden mit Schauspiel und Gesang beschäftigen.»

Die Musicaltruppe am Theater des Westens besteht zu etwa einem Drittel aus deutschen Mitgliedern. Der Rest kommt laut Baumann «zum großen Teil aus den USA, wo die Universitäten einfach sehr gut ausgestattet sind und eine Allroundausbildung anbieten. Sie verlangen ihren Schülern schon sehr früh Richtungsentscheidungen ab, aber sie haben hervorragende Ausbildungspläne, und ihr Angebot wird von den jungen Leuten auch wirklich wahrgenommen.» Das könnte mit mehr und mehr aufsehenerregenden Musicals auf unseren Bühnen natürlich auch hierzulande bald so sein: Der beste Anreiz für den Nachwuchs, einen bestimmten Beruf zu erlernen, ist noch immer das leibhaftige Vorbild.

Mit Unterstützung US-amerikanischer Pädagogen sieht Helmut Baumann hier langsam ein Profitum heranwachsen, aus dem irgendwann auch einmal eigene Lehrer hervorgehen werden. Darauf möchte Baumann freilich nicht warten und, wie er Mitte 1987 sagte, «hoffentlich schon in den nächsten zwei Jahren» am Theater des Westens auch Musical-Darsteller ausbilden – wenn denn erst einmal alle finanziellen und räumlichen Probleme beseitigt sind. «Ich möchte dem Haus eine kleine Schule angliedern, für höchstens zehn, zwölf Personen. Es soll eine weiterführende Schule sein und Leute aufnehmen, die auf jeden Fall gute Tänzer sind, also hier auf der Bühne schon mitarbeiten können, die aber noch nicht so weit sind, daß sie stimmlich oder schauspielerisch einzusetzen wären.»

Ein Name, den mittlerweile jeder kennt – ob aus den Musical-Theatern oder den Konzertsälen oder einfach nur aus dem Programm seines Heimkinos –, begegnete mir allenthalben bei meinen Gesprächen in Wien und Berlin. Ohne es zu wissen, hatte ich mich auf die Spuren von Ute Lemper begeben. Sie war an der Donau über Monate hinweg eine der «Cats», bevor sie «jetzt einfach etwas anderes tun» mußte, wie Peter Weck berichtet, und an der Spree «Peter Pan» spielte. Es folgten kurz aufeinander die Stationen Stuttgart, Lyon, Düsseldorf und Paris, aber das und die atemberaubend rasante Weltkarriere, die «die Lemper» von der Seine aus in Jérôme Savarys «Cabaret»-Inszenierung startete, gehört heute längst zum Wissensschatz aller Musicalschüler (die sich ihr Rüstzeug wie Ute Lemper meist noch immer in vielen unterschiedlichen Schulen aneignen müssen). Sie nehmen es mir bitte nicht übel, wenn ich an dieser Stelle trotzdem noch einmal Helmut Baumann zitiere, der sagt: «Es ist natürlich so, daß wirkliche Stars in diesem Metier immer höchst selten bleiben werden.» Was das Beispiel Ute Lemper aber dessenungeachtet belegt, ist auch nicht wenig: Eine wahre Musical-Begabung ist hier und heute offenkundig nicht mehr auf Gedeih und Verderb zum Verkümmern verurteilt.

V. Tänzeralltag – Gründe und Abgründe

Edmund Gleede

Tänzeralltag – Die Kehrseite der Medaille

Wer würde sie nicht mit anerkennenden Blicken verfolgen? Man braucht kein Ballettomane und kein Abonnent zu sein, um Tänzer von anderen Menschen unterscheiden zu können, ja, man braucht noch nicht einmal ins Theater zu gehen. Auf der Straße oder beim Einkaufen, im Hallenbad oder im Urlaub erkennt man Tänzer sofort, und dies nicht etwa nur daran, daß sie für gewöhnlich einen schlankeren, sportlicheren und durchtrainierteren Eindruck machen, sondern eher an der bewußten Art, mit der sie sich bewegen. Da wir in einer Gesellschaft leben, in der besonderer Wert auf gutes Aussehen, den schönen Schein, auf jugendlich-dynamisches Auftreten und lächelnden Optimismus gelegt wird, ist der Tänzerberuf in den vom «american way of life» geprägten Ländern der westlichen Welt fast schon eine Art Modeberuf geworden. Die meisten von uns, die nicht Sportlehrer, Masseur oder Offizier bei der Bundeswehr oder bei der Polizei sind, sitzen hinterm Schreibtisch, Büroarbeiten verrichtend und eingeklemmt zwischen Telefon und Schreibmaschine. Viele stehen am Fließband oder sind auf Montage. In einer verwalteten und verbürokratisierten Welt – und zumal in den Wirtschaftswunderländern nach dem Zweiten Weltkrieg – sind die meisten von uns ungesund ernährt oder zu dick. Das Schönheits-Ideal unserer Zeit ist – womöglich gerade deshalb? – der schlanke, bewegliche Mensch. (Es wäre, so gesehen, zu fragen, ob das Rubenssche Ideal der vollschlanken, fülligen Menschen darauf zurückzuführen ist, daß die meisten Menschen zu Rubens' Zeiten hungern mußten.)

Tänzer sehen jung, schön, schlank, sportlich, fröhlich und optimistisch aus, strahlen vor Lebenslust und Energie, springen und tanzen, spielen und lächeln, machen die tollsten Sprünge und die schönsten Drehungen, scheinen keine Schwerkraft zu kennen, schaffen die aberwitzigsten Hebungen, ohne daß die Partnerin auch nur zittern oder wackeln, geschweige denn fallen oder stürzen würde. Dies alles geschieht scheinbar mühelos.

Daß der danseur noble, der da gerade die Primaballerina auf Händen trägt und in den siebenten Himmel der Liebe stemmt, in Wahrheit die unerträglichsten Rückenschmerzen hat oder Probleme mit seinem Fuß oder seinem Knie, gibt der Tänzer durchaus nicht durch eine schmerzverzerrte Miene zu erkennen. Überdies trägt man Schminke, Perücke und Kostüm, und die Distanz zum Publikum schafft zusätzlich die Illusion, die Tänzer da oben wären Kinder des Glücks. Doch der Glanz blendet, der Schein trügt.

Wer sich einen Eindruck von der harten Arbeit im Ballettsaal verschafft hat, wird erkennen, wie die Kehrseite der Medaille aussieht: Hunger, Schweiß, Tränen, Blut, Verletzungen, Intrigenkampf um Rollen und Vorstellungstermine, Ausstechen von Kollegen, körperliche und seelische Schmerzen, Depressionen und Psycho-Stress (wobei das Lampenfieber noch das wenigste ist) sind an der Tagesordnung. Wie also sieht so ein Tag im Leben eines Tänzers aus? Zwei Beispiele mögen dies verdeutlichen.

Da wäre zunächst der Durchschnitts-Gruppentänzer. Nennen wir ihn Robert. Robert ist 19 Jahre alt und am Münchner Nationaltheater. Er darf sich glücklich schätzen, an einem großen Haus und in einer großen Ballettkompanie engagiert zu sein: Seinem Freund Klaus, der mit ihm auf einer privaten Ballettschule ausgebildet wurde, erging es in diesem Punkt nicht ganz so gut. Denn er landete nach Abschluß seiner Tänzer-Prüfung am Stadttheater Lüneburg. (Aber selbst Klaus schätzt sich noch glücklich, denn die meisten seiner Kameraden von der Ballettschule haben nach Absolvierung ihrer Tänzer-Ausbildung überhaupt kein Engagement bekommen.) Robert verdient im zweiten Anfänger-Jahr 2000,– DM brutto. Das reicht gerade zum Leben. Netto bleiben ihm 1200,– DM. Davon zahlt Robert schon 650,– DM Miete für ein Ein-Zimmer-Appartement. Zum Leben bleiben ihm 550,– DM: Essen, Trinken, Kantine, Restaurants, Diskotheken, Kinos eventuell am Wochenende. Die Berufskleidung (jede Menge Trikots zum Vollschwitzen) bekommt er von seiner Mutter geschenkt. Er selbst hätte kaum das Geld, sich modisch zu kleiden.

Für Robert beginnt die Arbeit offiziell um 10.00 Uhr mit dem täglichen Training. Das Training dient nicht nur dazu, sich fit zu halten, sondern dem Modellieren des eigenen Körpers. Das Ritual der Übungen wiederholt sich täglich. Robert ist froh, wenn die Trainingsmeister und die Korrepetitoren wechseln, weil das Training sonst in einen geradezu masochistischen Stumpfsinn ausartet: jeden Tag dieselben Übungen, die den Körper, die Muskeln, die Sehnen zugleich stählen und geschmeidig machen sollen. Aber Robert hat einen zu niedrigen Blutdruck und kommt morgens sehr schwer «in die Gänge». Aus diesem Grund ist er immer schon eine Stunde früher im Ballettsaal, um sich in Schwung zu bringen, bevor das allgemeine Training anfängt.

Roberts Tagesablauf beginnt um 7.00 Uhr früh. Das allgemeine Training dauert bis 11.30 Uhr. Danach ist Probe bis 13.00 Uhr angesetzt. Geprobt wird an einer Gruppenformation, dem großen Walzer im 1. Akt von Tschaikowskys «Dornröschen» in einer Choreographie von Peter Wright – sehr frei nach Marius Petipa. Robert ist da nur ein Rädchen im Getriebe einer glitzernden Maschine, die aus 24 Menschenleibern besteht und die in symmetrischen Figurationen sich ähnlich wie die Muster in einem Kaleidoskop ständig verändern und durcheinanderwirbeln. Hier kommt es vor allem darauf an, daß man sich nicht nur seine Schritte und die Choreographie merkt, sondern auch die Musik auswendig kennt und sowohl die Takte als auch die Schritte, die man gleichmäßig mit den anderen 23 Tänzern zu vollziehen hat, zählt. Man muß also nicht nur tanzen, wie es einen der Ballettmeister gelehrt hat, sondern sich in den Bewegungsabläufen auf die Gruppe hin abstimmen. Ständig muß man die Kollegen im Auge behalten, auf gleichmäßigen Abstand und auf stimmige Bewegungen achten. Die Arbeit in der Gruppe verlangt Konzentration. Robert, der wegen Liebeskummer abgelenkt ist, verzählt sich, was zu Zusammenstößen führt und ihm Ärger von seiten der Kompanie und der Ballettmeisterin einbringt. Anschließend Mittagessen in der Kantine. Um 14.00 Uhr trainiert er bereits in einem privaten Bodybuilding-Studio in Schwabing. Er ist noch zu schmächtig für das Heben von Tänzerinnen, und seine Hebefiguren verwackeln regelmäßig. Daher versucht Robert in seiner Freizeit, auf Kraft hin zu trainieren. Er braucht, um Solist zu werden, breite Schultern und einen Bizeps, der sich sehen lassen kann. Zeit bleibt ihm für eine Karriere nicht mehr viel, denn die Solisten in der Kompanie sind zum Teil nur drei Jahre älter als er. In drei Jahren will er den «Blauen Vogel» tanzen. Nach dem Training geht es ins Theater zurück. Die nächste Probe beginnt schon um 17.00 Uhr und endet erst gegen 20.00 Uhr. Diesmal ist der dritte Akt, das große Divertissement, an der Reihe. Robert ist für die Polonaise und die Mazurka eingeteilt. Jetzt ist es Judith, in die er verliebt ist, die mehrfach aus der Reihe tanzt und von der Ballettmeisterin angeschrien wird.

Weil der Tag für ihn so schlecht gelaufen ist, beschließt Robert, die Nacht mit Freunden durchzumachen. Als am Morgen um sieben der Wecker klingelt, wird das Aufstehen für ihn zur reinen Tortur. Er hat nicht genug Schlaf gehabt und schwört sich, daß er heute schon um 21.00 Uhr in seinem Bett liegen wird. Doch aus dem Plan wird nichts: An diesem Tag ist nämlich die besagte «Dornröschen»-Aufführung. Und dieses Märchenballett, das den Ballettomanen in aller Welt nicht nur als das schönste und beste, sondern mit Abstand auch als das schwierigste gilt, ist zufällig auch das zeitintensivste: Die Vorstellung wird erst um 23.00 Uhr zu Ende sein.

Die Hauptrolle in dieser «Dornröschen»-Vorstellung, den Prinzen Florimund (in manchen Inszenierungen heißt er Désiré, der Ersehnte), tanzt der 35jährige Clint. Clint gehört keiner festen Kompanie an, denn er ist einer der gefragtesten Top-Stars der internationalen Ballettszene und tanzt jeden Abend auf einer anderen großen Bühne in der Welt. Clint verdient 8.000,– DM brutto pro Abend. Die Hälfte von dem Geld frißt die Steuer, den Rest legt er auf die hohe Kante: Clint spart auf ein Hotel. Wenn er Glück hat und gesund bleibt, kann er noch drei Jahre lang tanzen. Er will sich den guten Namen, den er hat, nicht damit zerstören, daß er nicht rechtzeitig aufhören kann. Clint wird von vielen Kollegen beneidet, kriegt er doch an einem Abend die gleiche Summe ausbezahlt, die seine Solisten-Kollegen, die fest an große Häuser gebunden sind, in einem Monat verdienen. Aber Clint empfindet sich im Vergleich zu den Superstars der amerikanischen Tanz-Szene, die das Drei- bis Vierfache von dem kriegen, was er verdient, unterbezahlt. Auch die Opern-Stars bekommen das Vierfache seiner Abendgage. Deutschland ist eben nach wie vor ein unterentwickeltes Ballettland, was sich vor allem in den Gagen, die gezahlt werden, zeigt.

Clint ist erst drei Stunden vor Beginn der «Dornröschen»-Vorstellung in München eingetroffen, denn bis 14.00 Uhr hat er noch in London an einer Inszenierung geprobt, die demnächst Premiere haben wird. Als er gegen 17.30 Uhr im Nationaltheater ankommt, wartet seine Partnerin, die Primaballerina, schon ungeduldig auf ihn, denn sie will mit ihm die Pas de deux noch einmal durchmemorieren. Clint markiert die Probe nur, seine Kräfte spart er sich für die Abendvorstellung auf, denn seine Partnerin hat schwere Knochen und schwere Muskeln. An ihr hat er sich schon mehrmals beim Heben den Rücken verrenkt. Kollegen gesteht er in der Garderobe, daß er die Lifts nur schafft, indem er ganz fest an die Tausend-Mark-Scheine denkt, die ihm nach der Aufführung in bar ausgezahlt werden. Doch heute hilft ihm auch diese Vorstellung nicht mehr weiter: Seine kritische Bandscheibe (zwei Operationen hat er schon hinter sich) macht ihm heute abend mehr denn je zu schaffen. In der Pause zwischen dem zweiten und dem dritten Akt muß der Theaterarzt ihm eine Spritze gegen die wahnsinnigen Schmerzen geben, damit er den Pas de deux im folgenden Akt überhaupt durchhalten kann.

Die Spritze nützt – aber nur für den Augenblick. Der dritte Akt geht vorüber. Das Publikum tobt vor Begeisterung. Der Applaus will kein Ende nehmen. Clint muß immer wieder vor den Vorhang, obwohl er lieber schon unter der Dusche stünde. Der Ballettdirektor läßt einen Masseur kommen. Während Clint massiert wird, beschwert er sich beim Ballettchef über das Gewicht der Primaballerina. Clint droht damit, nicht mehr nach München zu kommen, wenn er weiter mit der Dame tanzen müsse. Er verlangt nach einer jüngeren, besseren und vor allem leichteren Partnerin. Der Ballettchef ist der Verzweiflung nahe, denn wenn er der Primaballerina die Rolle wegnimmt, ist er ein toter Mann. Die Dame hat die gesamte Presse der Stadt hinter sich. Man einigt sich bis auf weiteres auf einen Kompromiß: «Dornröschen» wird vorerst vom Spielplan abgesetzt. Clint tanzt das nächste Mal ein Modern-Dance-Stück nur für zwei Männer, und in dem Stück wird zur Abwechslung *er* gehoben.

Die Massage ist fertig, der Ballettchef beruhigt. Clint zieht sich an und will zur Bühnentür hinaus. Im Eingang stehen Dutzende von Bewunderern, die ein Autogramm von ihm wollen. Dabei geht es ihm gerade heute so dreckig, und überdies sitzt seine Mutter mit Freunden im Hotel «Vier Jahreszeiten» und erwartet ihn. Kurz vor der Glastür dreht er um und verläßt das Theater durch den Hintereingang. Nach einem guten Abendessen, bei dem sich Clint von der Mutter und ihren Freunden gebührend anhimmeln und feiern läßt, fällt er todmüde in sein Bett. Es ist zwei Uhr nachts. Um 6.00 Uhr muß er aufstehen. Sein Flugzeug nach Berlin geht um 7.00 Uhr. Er hat dort den ganzen Tag Probe für eine Vorstellung von «Schwanensee» mit einer neuen Partnerin, die er noch nicht kennt. Am liebsten würde er seine Frau anrufen. Aber um 2.00 Uhr nachts will er sie nicht mehr aus dem Schlaf reißen. Er ruft sie dann eben von Berlin aus an, wenn er seinen Agenten vor dem 10.00-Uhr-Training gegen 8.30 Uhr besucht. Von München hat Clint an diesem Tag nichts gesehen – außer dem Flughafen, dem Taxi, dem Theater und dem Hotel. Zwar hat ihm der tosende Schlußapplaus wieder Mut gemacht, aber was ist, wenn die Wirkung der Spritze nachläßt und die Schmerzen wiederkommen? – Vielleicht geht er doch morgen früh zu seinem Arzt in Berlin und erst am Nachmittag zum Agenten. Womöglich muß er die Vorstellung absagen. – Ein trister Tag also, auch hier.

Die beiden Beispiele sind bewußt klischeehaft gehalten worden; Ähnlichkeiten mit bestimmten Personen sind aber beabsichtigt, und so sind lediglich die Namen frei erfunden. Die Geschichten entsprechen der Realität des Tänzeralltags. Zu reden wäre von der Ausbildung und den Chancen. Der Tänzer Robert hat die Volksschule besucht und wurde auf Anraten eines Arztes im Alter von 14 Jahren in eine private Ballettschule geschickt. Dort hat er sich 5 Jahre lang (erst neben der Schule, dann ganztägig mit Unterstützung seiner Mutter) coachen lassen. Er hat Glück gehabt mit seinem Ballettlehrer, der ihn sehr mochte und ihn individuell ausgebildet und aufgebaut hat. Der Lehrer war es auch, der mit dem Ballettmeister an einem großen Operettenhaus eng befreundet ist und der Robert eines Tages dorthin zum Vortanzen, das heißt zum Mittrainieren, schickte. Der Ballettmeister hatte sich einen reiferen und besseren Tänzer vorgestellt. Außerdem war Robert nicht sein Typ, für die Gruppe war er, da die Herrengruppe überwiegend aus mittelgroßen Tänzern bestand, die alle um die 1,75 m maßen, zu groß. Robert schien ihm mit seiner Länge von 1,90 m schon zu auffallend. Überdies ist jedes Engagement auch von Sympathie oder Antipathie abhängig, und diese hängen wiederum an geschmacklich und ästhetisch subjektiven Motivationen, die unter anderem auch im erotischen Bereich begründet liegen.

Aus eben diesen Gründen, aus denen Robert von jenem Ballettmeister des Operettenhauses nicht ausgewählt wurde, war ein zufällig mittrainierender Solist der Bayerischen Staatsoper, der an diesem Hause gerade gastweise arbeitete, von Robert begeistert. Robert war genau sein Typ. Und da jener Solist, der schon 39 Jahre alt ist und langsam ans Umsatteln in Richtung Choreographie und Regie denkt, eine pädagogische Ader besitzt (gehässige Leute würden sagen, er sei schwul – was aber gar nicht stimmt), nahm er den Jungen nach München mit. Dort herrschte gerade akuter Männermangel in der Gruppe und so kam Robert durch eine Kette von Zufällen und glücklichen Umständen ins Ballett der Bayerischen Staatsoper. Seine solistischen Ambitionen werden ihm im Laufe der Zeit durch den Betrieb «abgeschminkt» werden. Man wird Robert zwar immer wieder mit kleinen Soloaufgaben betrauen, weil er gut spielen kann und eine sehr sympathische und jungenhafte Ausstrahlung hat, die sich durch die Distanz über den Orchestergraben hinweg noch potenziert. Aber für die ganz große Karriere wird es bei Robert nicht mehr reichen: Dazu hat er zu spät angefangen. Er wird also Gruppentänzer bleiben und dies bis 40 auch durchhalten können. Mit etwas Glück kann er sich später als Probenleiter oder Trainingsmeister verkaufen, was aber in erster Linie von seinen pädagogischen Fähigkeiten, von seinem choreographischen und musikalischen Gedächtnis sowie seinem Einsatz abhängt.

Sollte Robert mit 25 seinen Schwarm doch noch heiraten und Kinder haben wollen, läuft er durchaus noch Gefahr, den Verlockungen und der Bequemlichkeit des bürgerlichen Lebens zu erliegen. Ballettchefs schätzen oft die Paare innerhalb der Kompanie besonders, weil sie helfen, die Kontinuität in der Gruppe zu sichern.

Bei Clint lagen die Dinge ganz anders: Seine Mutter war eine bekannte Opernsängerin, sein Vater ein noch berühmterer Choreograph. Die Eltern nahmen den Jungen im Alter von sechs Jahren in eine «Nußknacker»-Aufführung mit, und das sensible und sowohl musikalisch wie auch rhythmisch sehr begabte Kind war von der Aufführung derart beeindruckt, daß es auf der Stelle Tänzer werden wollte. Der Vater nahm sich der Ballettausbildung des Sohnes persönlich an und schickte ihn danach zu den besten Lehrern der Welt. Kein Wunder, daß Clint mit 17 die erste Goldmedaille bei einem berühmten internationalen Wettbewerb gewann und drei Jahre später bereits die zweite bei einem noch viel anspruchsvolleren Wettbewerb entgegennahm. Überdies stellte sich im Laufe der Jahre heraus, daß Clint eins von jenen Geschöpfen ist, an deren Wiege alle guten Feen der gesamten Märchen-Mythologie verweilt haben müssen, um ihre Gaben in diese Wiege hineinzulegen: Clint ist der Typ Mann, auf den einfach alle «stehen», ob Frau, ob Mann, ob homo- oder heterosexuell. Seine Freunde aus dem Bereich der Astrologie schieben diesen Umstand in erster Linie der Tatsache zu, daß er nicht nur im Sternzeichen des Widders geboren ist, sondern zu allem Überfluß einen stabilisierenden Widder-Aszendenten aufweist. Er ist nicht nur gut gebaut, sondern verfügt auch noch über eine umwerfende Ausstrahlung. Clint ist ein Glückskind, der Liebling aller Frauen und des Jet Sets, er wird allgemein als «sexy» bezeichnet, und seine Aktfotos im «After Dark» brachten ihm seine erste große Filmrolle ein, in der er auch jene Aktszene spielte, bei der alle Frauen im Parkett in Ohnmacht fielen.

In der Tat hat Clint mit seiner Begabung, seinem Körper, der dem einer griechischen Statue gleicht, aber auch mit seinem familiären Hintergrund und seiner fabelhaften Ausbildung in Leningrad und in New York, ein derart unverschämtes Glück gehabt, daß man sich fragen muß, wieso ausgerechnet er vom Neid seiner Kollegen verschont geblieben ist, denn selbst die lieben ihn. Normalerweise kann man die Achtung der Tänzerkollegen eher an ihren Konkurrenzgefühlen messen. «Doch mit des Geschickes Mächten ist kein ew'ger Bund zu flechten»: Clint wird wegen seiner Rückenschmerzen bald aufhören müssen. Als Ballettmeister oder Probenleiter eignet er sich überhaupt nicht, noch weniger zum Choreographen. Dazu ist er zu narzißtisch veranlagt und nicht kreativ genug. Zwar hat ihm die Filmgesellschaft einen Vertrag als Schauspieler in einer Kriminalserie angeboten, aber bisher hat er dankend abgelehnt, denn die Leute wollen ihn immer nackt sehen und auch nackt filmen. Und das kränkt seine Eitelkeit. Zum einen müßte er sich an seinem ersten Film messen – und der liegt schon zehn Jahre zurück. Zum anderen möchte er nicht zu einem männlichen Pin-up-Girl abgestempelt werden. Tänzer sind mit Opernsängern vergleichbar: Wenn diese plötzlich ausschließlich moderne Opern singen, läuft das Gerücht um, sie hätten ihre Stimme ruiniert. Und bei Tänzern ist das ähnlich mit den Aktaufnahmen. Man ruiniert sich seinen guten Ruf

Vermutlich ist es Amalia Brugnoli gewesen…

...die als erste Ballerina den Spitzentanz eingeführt hat, während Marie Taglioni, der man gemeinhin dieses Verdienst zuschreibt, die erste war, die ihn in Perfektion beherrschte.

So manches Verdienst an der Kunst bleibt umstritten, und mit der eigenen Kunst zu verdienen ist vor allem für Tänzer eine unsichere Sache. Im Trainingssaal schafft die Stange den nötigen Halt; außerhalb des Theaters können festverzinsliche Wertpapiere Sicherheit geben.

damit, denn dann heißt es: Aha, er kann nicht mehr tanzen, und deshalb versucht er's jetzt mit der Pornographie.

Soweit der Tänzeralltag, veranschaulicht an zwei Lebensläufen. Wo viel Licht ist, da ist bekanntlich auch viel Schatten. Und von den Schattenseiten dieses Berufs soll hier die Rede sein, von der «schönen Schinderei» an der Stange, dem langweiligen und öden Tagaus-Tagein der sich wiederholenden Übungen des Trainings, von der Sisyphosarbeit im Ballettsaal, von der Sinn- und Bedeutungslosigkeit, ja X-Beliebigkeit so mancher Choreographie, von der enervierenden Taktzählerei bei Balletten zu schwierigen modernen Musiken, von den Blasen an den Füßen, den Knieschmerzen, den Verrenkungen beim Heben schwerer Partnerinnen, von den Deformationen weiblicher Füße im Spitzenschuh beim Spitzentanz, von Unfällen und Berufskrankheiten und nicht zuletzt von geistig-seelischer Vergiftung durch Intrigen am Theater – von dem also, was Gustav Mahler bitter mit dem Wort «Kulissenschmutz» zusammenfaßte und das den Existenzkampf am Theater, die Eifersüchteleien, Rivalitäten und nervenzerfetzenden Konkurrenzkämpfe, die Eitelkeiten, Psychosen, Depressionen, die bodenlose Verzweiflung, die den Tänzer ab 40 packt, und die daraus resultierenden Verzweiflungstaten bis hin zum Alkoholismus oder gar zum Selbstmord meint.

In jeder Schule und in jedem Theater, also in jeder Ballettausbildung und in jeder Ballettkompanie muß man damit rechnen, an (oft sehr renommierte) Trainingsmeister zu geraten, die ein zwar objektiv gutes Training geben, das aber im individuellen Einzelfall negative Auswirkungen bis hin zur gesundheitlichen Beeinträchtigung mit sich bringt, von seelischen Deformationen ganz zu schweigen. Erfahrungsgemäß muß jeder einzelne Tänzer pädagogisch differenziert, also anders behandelt und angepackt werden als sein Kollege. Der eine hat schwache Fußgelenke und neigt dazu, sich den Knöchel zu verknacksen oder leichter umzuknicken. Der andere hat Probleme mit seinem Knie, der dritte mit seiner Schulter, der vierte mit seiner Wirbelsäule. In jeder Kompanie gibt es exquisite Künstler, die an den Folgen eines (für sie persönlich) falschen Trainings oder an den Folgen eines Unfalls leiden. Wenn sich diese Künstler jedoch unentbehrlich gemacht haben, weil sie beispielsweise in vielen Charakterrollen ihren Mann (oder ihre Frau) gestanden haben, können sie möglicherweise Glück haben und werden in der Kompanie mit Sonderverträgen als Pantomime für das Charakterfach oder auch für stumme Rollen in Operninszenierungen am Hause verpflichtet. Meistens handelt es sich in solchen Fällen um Tänzerinnen, die nicht mehr auf der Spitze stehen können (folglich nur mehr in Charakterschuhen einen Spanischen Tanz oder die Königinmutter in «Schwanensee» gestalten können), oder um Tänzer, die aufgrund von Schulter- oder Rückgratverletzungen nicht mehr in der Lage sind, eine Partnerin zu heben. Aber solche Sonderverträge sind höchst selten und werden auch nur an altgediente, verdiente und unkündbare Tänzer mit einem «Versorgungsanspruch» vergeben.

Es gibt selbstverständlich leuchtende Exempel von Tänzern, die es nach Beendigung ihrer aktiven Tänzerlaufbahn schaffen, auf andere darstellende Bühnenkünste umzusatteln: Margot Werner wurde eine gefeierte Chansonette und Diseuse, Judith Jamison zum Musicalstar am Broadway, Shirley MacLaine und Alexander Godunow machen Karriere beim Film, Wayne Sleep wurde Filmschauspieler und Musicalstar in London, Helmut Baumann Musicalregisseur und schließlich sogar Theaterdirektor, Ken Russell wurde Filmregisseur. Aber diese Beispiele können nicht über die Tatsache hinwegtäuschen, daß die meisten Tänzer und Tänzerinnen sich mit ihrer Entscheidung für den Tänzerberuf automatisch für eine Umschulung mitten in der Midlife Crisis und damit für einen zweiten Beruf in der zweiten Lebenshälfte entscheiden. Aus der Tatsache, daß *jeder Tänzer weiß*, daß für die meisten mit 40 «der Ofen aus» ist, resultiert innerhalb des Ballettmetiers ein Intrigenkampf bis aufs Messer, der die berufsüblichen und gängigen Theaterintrigen innerhalb des Schauspiels und der Oper bei weitem übertrifft und so in den Schatten stellt.

Die meisten Tänzer erkennen schon nach zwei bis drei Berufsjahren, daß sie wohl nicht mehr als 20 aktive Jahre des Tanzens und Spielens auf Ballettbühnen leisten werden. Aus dieser Erkenntnis entstehen oft eine Hysterie und charakterliche Störungen, die mich bei Tänzern immer wieder zutiefst erschreckt und erschüttert haben. Ich habe 35jährige Tänzer erlebt, die von ihrem krankhaften Ehrgeiz und von Schmerztabletten gegen ihre Knie- oder Rückenschmerzen derart zerfressen waren, daß sie zu völlig entmenschten Personifikationen blanken Hasses gegen Kollegen wurden, die ihnen jünger, besser, begabter und schöner erschienen. Jedes Mittel war ihnen recht, ihre Kollegen auszustechen –

bis hin zu tätlichen Angriffen, Verleumdungen und Rufmord. Daß gerade unter den männlichen Tänzern in großen und renommierten Ballettkompanien immer wieder Schlägereien passieren, sei hier nicht verschwiegen. Wer täglich auf Kraft trainiert, andererseits aber nicht täglich auf der Bühne stehen kann, weil in unseren Opernhäusern nicht jeden Abend ein Ballettabend stattfindet, weiß oft wirklich nicht mehr, wohin mit der überschüssigen Energie, die sich dann nicht selten in heftigen Aggressionen Kollegen gegenüber entlädt.

Es gibt einen noch ganz anderen, sehr einfachen Grund, weshalb die Intrige unter Tänzern stärker blüht als unter Opernsängern und Schauspielern, die beide vornehmlich mit ihren Stimmen arbeiten. Tänzer dürfen während ihrer Arbeit im Probensaal oder auf der Bühne zumeist nicht reden und auch nicht den Mund aufmachen. In George Balanchines «Apollon Musagète» gibt es eine offenkundig auch ironisch gemeinte Szene, die wohl auch als In-Joke auf die Ballettkunst zu verstehen ist und in der eine Tänzerin den Mund aufmacht und deshalb von Apoll scharf gerügt und degradiert wird. Auf diese Szene, die ich immer als ungemein komisch empfunden habe, konnte wohl nur ein Tänzer und Choreograph kommen. Jedenfalls halten Sänger und Schauspieler nach absolvierter Arbeit zumeist eine Zeitlang den Mund, um ihre Stimme zu schonen. Das Gegenteil ist bei Tänzern der Fall. Sie müssen im Ballettsaal und auf der Bühne schweigen. Kaum aus dem Probensaal oder runter von der Bühne, kaum sind sie in ihrer Garderobe, unter der Dusche oder in der Kantine, geht ihr Reden los.

Die Überbetonung des Körperlichen führt oft zu einem Mangel an Reflektion, Bildung und Intellekt. Wenn gedacht wird, dann zumeist kollektiv. Bekommt also der Tänzer XY aus der Kompanie plötzlich die Aufgabe gestellt, den Romeo oder den Prinzen zu tanzen, wird von mißgünstigen Kollegen sofort laut gemutmaßt, der vermeintlich Vorgezogene oder die Begünstigte sei mit dem Ballettchef oder der Ballettchefin ins Bett gestiegen – nicht zuletzt auch deshalb, weil der Narzißmus und die Egomanie, die Eitelkeit und Bildungslosigkeit in diesem Berufsstand dazu geführt haben, daß der Horizont des Durchschnittstänzers recht «begrenzt» scheint. Auf die Idee, daß der Kollege womöglich typmäßig mit dem Romeo richtig besetzt sein könnte, oder, objektiv betrachtet, darstellerisch und technisch besser und reifer ist als seine gleichaltrigen Kollegen, das können und wollen die meisten nicht wahrhaben. Erst wenn mehrere Zeitungen gleichzeitig Lobeshymnen auf die Gestaltung der Partie durch diesen Newcomer anstimmen, gewöhnen sich die Kollegen langsam und allmählich an die Tatsache, daß dieser vermeintliche Lover wirkliche Leistung erbringt.

Was böse Zungen in Ballettkompanien anrichten, führt zu nervlichen Zerreißproben und Dauerstress, bis hin zu Psychoterror und Verleumdungen. Viele Ballettdirektoren, die ich kennenlernte, versuchten, sich gegen dieses potentielle Hexenjagdklima dadurch zu schützen, indem sie sich von ihren Tänzern prinzipiell so fernhielten, daß die Kompanie sie praktisch nur noch beim Choreographieren zu Gesicht bekam. Und wenn es nicht choreographierende Ballettdirektoren waren, bekamen die Tänzer ihren Chef oft überhaupt nicht zu Gesicht, was meist problematisch ist. Denn viele Tänzer verlangen nach einer direkten Bezugsperson, einer «Mutter» oder einem «Vater» der Kompanie, weil das Ballett eben eine Kunstform der Jugend ist. Die Disziplinierungs- und Trainingsmethoden laufen in den meisten Ballettschulen und Ballettkompanien auf massive Bevormundung hinaus, will sagen: die Tänzer werden während des Trainings und der Proben zum Parieren, aber nicht zum selbständigen Denken und Handeln erzogen. Infolgedessen benehmen sich viele auch häufig wie Kinder und verhalten sich ebenso hilflos wie Kinder, wenn es darum geht, selbständige Entscheidungen zu treffen.

Die meisten Ballettmeister legen viel zuwenig Wert auf eine individuelle und medizinisch-anatomisch fundierte Ausbildung und messen der sogenannten Disziplin im Ballettsaal eine überzogene Bedeutung bei. Der Tänzer muß genau die Übungen vollführen, die der Ballettmeister ihm abverlangt. Hinweise auf ein kaputtes Knie werden erfahrungsgemäß ignoriert. Eines Tages sagt dann ein Arzt, der Tänzer müsse sofort mit dem Tanzen aufhören.

Die Meinungen über die Qualitäten von Ballett- und Trainingsmeistern gehen selbst auch innerhalb der Ballettkompanien und Ballettschulen weit auseinander. Einen Trainer, den alle ohne Ausnahme gut empfanden, lernte ich bis heute nicht kennen. Und nicht jeder Trainingsmeister, der beliebt und anerkannt ist, hat wirklich Qualitäten. Oft genug sorgt er bloß für eine angenehme Arbeitsatmosphäre und fordert seine Tänzer nicht genug. Dann hat man zwar ein gutes Betriebsklima, aber keine Kompanie, die leistungsfähig und stark ist.

Ein Kapitel für sich sind die geistig-seelischen Schäden von Tänzern, die die körperlichen und gesundheitlichen Schäden nicht selten noch übertreffen. Sie entstehen zum Beispiel so: Eine Ballettdirektion, bestehend aus einem Chef, Assistenten, Trainingsmeistern, Ballettmeistern und Probenleitern, dazu Choreographen und Choreologen, entschließt sich eines Tages, eine hochbegabte Tänzerin als Solistin aufzubauen – vorerst testweise. Man beschließt, ihr die Giselle anzuvertrauen, und gibt ihr bei der Einstudierung alles mit auf den Weg, was gut, teuer und hilfreich ist: Rollenstudium anhand großer Vorbilder mittels Videos, monatelange Einstudierungsproben mit den besten Ballettpädagogen und einen nach circa drei Monaten festgelegten Termin, damit die Tänzerin auch weiß, daß ein Ziel da ist und sie diese Hauptrolle nicht für die Schublade oder eine allzu ferne Zukunft lernt. Dann gibt man dieser Zwanzigjährigen den besten und erfahrensten Solisten der Kompanie als Albrecht an die Hand, der sie so dreht und hebt und partnert, daß sich das gute Kind wie in Abrahams Schoß wohl fühlen kann. Nun ist die Giselle eine traditionsbeladene Rolle: Ehrfürchtig hat man Bücher und Filme von der Fonteyn gesehen, der Ulanowa, der Plissezkaja, der Makarova, der Evdokimova etc. pp. Natürlich war's auch eine «Giselle»-Aufführung, die unsere Tänzerin mit zehn Jahren sah und sie zum Ballett (ver-)führte.

Sobald der Tag der Premiere näherrückt und das Lampenfieber steigt, nimmt das gut gemeinte Zureden zu. Auf jeden Satz der angehenden Jungsolistin «Ich kann das nicht, ich habe Angst!» kommt die Antwort des Partners, des Probenleiters, der Ballettmeisterin, der Ballettdirektorin: «Kind, du kannst das! Ich weiß es! Du bist die Beste! Die Größte! Die Jüngste! Die Schönste!» Und eines Tages glaubt unsere Debütantin, was man ihr suggeriert. Sie geht hinaus auf die Bühne und tut genau das, was man ihr gesagt und sie gelehrt hat. Alles klappt. Das Publikum rast vor Begeisterung, und die Presse und Kollegen loben. Beim Pförtner stehen Autogrammjäger Schlange, und am übernächsten Tag überschlagen sich die Kritiker. Natürlich steigt unserer kleinen Giselle-Debütantin der große Erfolg zu Kopf.

Zehn Jahre lang geht das gut. Nach der Giselle das Dornröschen, die Sylphide, schließlich die Lise, die Odette/Odile, die Julia und die Tatjana. Aus der jungen Dame wird eine Primaballerina, die zu Gastspielen und Gala-Abenden eingeladen wird. Sie etabliert sich, gibt Interviews und hält sich schließlich tatsächlich für die Größte, die Beste, die Schönste, die Jüngste; und sie bildet sich ein, das ginge nun immer so weiter. Eines Tages aber steht eine Achtzehnjährige im Ballettsaal, und die ist tausendmal besser. Erstens ist sie jünger, leichter, belastbarer und noch nicht so verschlissen. Zweitens haben sich die Trainingsmethoden verbessert und verfeinert, und die Nachwuchstänzerin beherrscht Tricks, von denen unsere Primaballerina noch nie etwas gehört hat.

Jetzt passiert die klassische Katastrophe: Unsere Primaballerina beginnt aus Kummer zu trinken und zu essen, sie wird klotzschwer und verfällt dem Alkohol. Ihre Partner können sie nicht mehr heben (und falls doch, verrenken sie sich endgültig den Rücken). Ein Teufelskreis entsteht, aus dem es für unsere Primaballerina kein Entrinnen mehr gibt. Im Extremfall kommt es, wenn die Solisten mit dem Gefühl, nicht mehr «gefragt» zu sein, nicht umgehen können, zum Selbstmord. Zu den berühmten Ballettsolisten in der Bundesrepublik, die sich das Leben genommen haben, gehören Maria Fries, Natascha Trofimowa und Roger Lucas.

Ich fasse zusammen: Wer ehrgeizig und sensibel ist, wer aber die für diesen Beruf unabdingbare Robustheit und eiserne Konstitution nicht aufweist, wer über kein dickes Fell und Nerven wie Drahtseile verfügt, der sollte diesen Beruf nicht ergreifen. Auch wer zudem über gutes Aussehen, ideale Körperabmessungen, ein gutes Bühnengesicht, über eine starke Ausstrahlung und Bühnenpräsenz, auch über komödiantisches und schauspielerisches Talent *nicht* verfügt, ist nicht zum Tänzer geboren, denn diese Qualitäten lassen sich weder erwerben noch erlernen: man hat sie, oder man hat sie nicht. Wer zudem von einem ausgeprägten Gerechtigkeitssinn erfüllt ist, sollte ebenfalls nicht Tänzer werden, denn am Theater herrscht keine Gerechtigkeit, und im Ballett erst recht nicht (wie in der darstellenden Kunst überhaupt das Engagement von Darstellern Sympathie- bzw. Geschmacksfragen sind, die mit dem effektiven tanztechnischen und darstellerischen Können des Tänzers, Sängers oder Schauspielers, seinem «Material» und seiner Technik oft genug sehr wenig zu tun haben, dafür oft viel mehr mit der persönlichen Sehweise des Choreographen und Regisseurs, des Trainers und des Ballettdirektors. «Schönheit» ist eben kein objektiver Begriff, und die Engländer haben nicht umsonst das Sprichwort «Beauty lies only in the eyes of the beholder» geprägt).

Eine Karriere innerhalb des Ballettbereichs ist zu sehr von Umständen abhängig, auf die man selber keinen Einfluß nehmen kann; sie gleicht mithin einem Vabanquespiel und ist etwas für Spielernaturen mit fatalistischem Weltbild und masochistischer Grundeinstellung. Ein Erfolg in diesem sehr harten Metier, das von draußen so scheinbar leicht und schön anmutet, ist zu sehr vom Glück mit Kollegen und Vorgesetzten abhängig. Und dieses Glück haben oft die Mittelmäßigen, die Netten und Hübschen (von denen bekanntlich das gute Theater nicht kommt), denn die Mittelmäßigen werden nicht so unerbittlich beneidet und angegriffen wie die besonders Talentierten. Das Wort «Talent» kommt aus dem Griechischen und heißt: «Geschenk der Götter». In diesem Sinne ist etwa «Amadeus» von Peter Shaffer (auch verfilmt von Milos Forman) nicht so sehr eine Lektion bezüglich Mozart und Salieri, sondern vielmehr ein Lehrstück über das, was die mittelmäßig Begabten mit den Hochtalentierten anstellen, und wie wehrlos, schutzlos und hilflos letztere oft den anderen gegenüber sind.

Wer also nicht über die notwendige Härte sich selbst gegenüber verfügt und wer sich ein glückliches Leben mit Familie, Geld und Hobbies nach bürgerlichen Maßstäben erträumt, mit Kindern, viel Freizeit und sogenannter Lebensqualität, dem ist dringend vom Tänzerberuf abzuraten. Es muß schließlich Gründe dafür geben, wieso immer wieder Tänzer und Tänzerinnen, denen Fachleute eine glänzende Karriere prophezeien, ihre Tänzerlaufbahn abbrechen, heiraten und in andere Berufe überwechseln. Der Konkurrenzkampf im Ballettbereich ist nicht zuletzt deshalb so mörderisch, weil es viel zu viele Tänzer gibt. Von ihnen leben die Musicals am Broadway und in London, wo vor den Theatern die arbeitslosen Tänzer Schlange stehen. Verknackst sich einer den Knöchel oder zieht sich einen Bänderriß zu, steht sofort das «Cover», die Doppelbesetzung, auf der Bühne. Und die erscheint nicht selten weniger verbraucht, ausgeruhter, ehrgeiziger, tanzbegeisterter, jünger, besser, schöner, komödiantischer und «richtiger» als die A-Besetzung. Und oft hat die B-Besetzung beim Stehen und Warten – um nicht zu sagen: beim Lauern – in der Kulisse genügend Zeit gehabt, die Erfahrungen der A-Besetzung für den Tag X zu speichern und aus deren Fehlern zu lernen. – Alles in allem: Ich kann nur warnen.

VI. Anhang

Ausbildung im Überblick

Die Zahl privater Schulen in der Bundesrepublik, in der Schweiz und Österreich ist unübersehbar. Exakte Zahlen liegen nicht vor. Daß den privaten Instituten in der Ausbildung des Tänzernachwuchses eine überaus wichtige Rolle zukommt, ist aber ebenso unbestritten wie die Tatsache, daß manche darunter hervorragende Arbeit geleistet haben und leisten. Dennoch verzichten wir hier mit Absicht darauf, Namen und Adressen privater Akademien zu veröffentlichen. Einerseits würde eine Auswahl zwangsläufig so manche Schule außen vor lassen, die eigentlich auch genannt sein müßte (ganz abgesehen davon, daß uns nicht einmal alle nennenswerten, die womöglich im verborgenen gute Ergebnisse erzielen, bekannt sein können). Andererseits entspräche selbst eine nahezu lückenlose «Positivliste», wenn sie denn überhaupt möglich wäre, nicht der Absicht dieses Buches. Welche Richtung – ob klassisch oder modern – gewählt werden soll, welcher Stil die größten Entfaltungsmöglichkeiten für jeden einzelnen bereithält, kann kein Ratgeber vermitteln. Das muß jeder Tanzinteressierte für sich selbst herausfinden. Was hier dagegen versucht werden kann, ist, den (jugendlichen) Leser, den (potentiellen) Tanzschüler generell zu (selbst-)kritischer Aufmerksamkeit bei der Schulwahl und im Schulalltag anzuregen; er soll die Notwendigkeit erkennen, wie wichtig seine eigene prüfende, vergleichende, hinterfragende und informierte Mitarbeit für das Gelingen einer Tanzausbildung ist. Nichts widerspräche diesem Ziel aber mehr als eine Liste «guter» Schulen, der er dann vielleicht blindlings folgen würde. Deshalb sind hier lediglich jene Schulen in den deutschsprachigen Ländern genannt, die sich durch einen staatlichen Status auszeichnen. Drei davon legen eine spezielle Vorbemerkung nahe. Die Ballettschule der Hamburgischen Staatsoper (die als GmbH organisiert ist) und die Münchner Heinz Bosl-Stiftung sind rechtlich gesehen natürlich ebenso private Unternehmen wie das kleine Ballettstudio um die Ecke. Sie existieren freilich vornehmlich oder weitgehend aus staatlichen Mitteln. Die Schweizerische Ballett-Berufsschule, auf private Initiative hin verwirklicht und von Stadt und Kanton Zürich fürs erste subventioniert, existiert noch kaum ein Jahr und befindet sich somit gerade erst am Anfang einer nicht abzusehenden Aufbauphase. Sie ist jedoch der erste ernstzunehmende Versuch auf Schweizer Boden, die Tänzerausbildung im Land der Eidgenossen auf internationales Niveau zu heben.

Die staatlichen und halbstaatlichen Akademien in der Bundesrepublik betreiben in unterschiedlichem Maße Informationspolitik. Die hier gesammelten Angaben stützen sich im wesentlichen auf das Material, das von den Schulen selbst zu erhalten ist, und auf Fachorgane.

BUNDESREPUBLIK DEUTSCHLAND

Staatliche Hochschule für Musik Ruhr
Folkwang-Hochschule für Musik, Theater, Tanz – Essen

Abtei
D-4300 Essen 16 (Werden)
Abteilung Tanz: 0201/4903-2 30

Leitung des Studienbereichs Tanz: Prof. Pina Bausch

Dozenten im Studienjahr 1987/88: Pina Bausch, Malou Airaudo, Juan-José Marin-Alarcon, Brian Bertscher, Jean-Maurice Cébron, Bojan Jotow, Ilona Haan-Ireghy, Christine Eckerle, Emil Bodo, Joachim Bärenz, Erich Heubach, Wolfgang Hintze.

«Der Studienbereich Tanz bildet Gruppentänzer und Solotänzer für die Bühne sowie Lehrer des künstlerischen Tanzes in allen dazugehörigen Fächern aus. Die Ausbildung basiert ästhetisch und technisch gleichermaßen auf der Tradition des Klassischen Balletts wie auf den Errungenschaften des zeitgenössischen Tanzes. Weitere formale und motivische Bereicherung wird aus den Gebieten des historischen Tanzes und der europäischen Folklore gewonnen.»

Ausbildungsfächer: Klassisches Ballett (Technik, Gruppentanz, Pas de deux,

Variation), Zeitgenössischer Tanz (Technik, Choreographische Komposition), Europäische Folklore (Regionale Volkstänze, Nationaltänze), Historische Tanzformen, Kinetographie, Musiklehre, Tanzgeschichte, Anatomie (kursweise).

Studiengänge: Bühnentanz (Gruppe und Solo), Tanzpädagogik (Stufe I und II), Tanzschrift (Kinetographie Laban).

Der Studiengang *Bühnentanz* bietet

a) eine acht- bis zehnsemestrige «umfassende Ausbildung zum Gruppentänzer für jede Art von Ballettensemble» mit der abschließenden Bühnenreifeprüfung für Gruppentänzer, oder
b) das mit zwei bis vier weiteren Semestern zu erreichende Studienziel Solotanz mit interner und öffentlicher Abschlußprüfung. Das Solo-Studium können Studenten aufnehmen, die im Fach Gruppentanz mindestens mit der Note «gut» bestanden haben und «Bühnentänzer mit praktischer Erfahrung».

Tanzpädagogik I bildet während zehn Semestern für das Lehrfach Kinder- und Laientanz aus. Bis zum Ende des dritten Jahres nehmen die Studierenden an allen Fächern des Studienganges Bühnentanz teil. Vom dritten Jahr an beginnen der theoretische Unterricht in allen Tanzdisziplinen, in den Fächern Tanzpädagogik und Unterrichtspraxis sowie Übungen in einfacher Gruppenchoreographie.

Tanzpädagogik II bildet in mindestens drei Semestern nach vorhergegangener, «wenigstens dreijähriger praktischer Tätigkeit an einer Bühne» für das Lehrfach Bühnentanz aus. Weitere Voraussetzungen: mindestens Mittlere Reife (gilt auch für Tanzpädagogik I) und «das Examen in Tanzpädagogik Stufe I der Folkwang-Hochschule oder eines gleichwertigen Instituts».

Im Studiengang *Tanzschrift – Kinetographie Laban* erfolgt die «Ausbildung für das Fach Tanznotation und für das Lehrfach Tanzschrift». Voraussetzung ist «eine ausreichende tänzerische Vorbildung. Den Abschluß bildet das international anerkannte Examen für Kinetographie.» Die Dauer des Studiums ist «nach Eignung und Vorbildung verschieden», sie beträgt «jedoch nicht mehr als sechs Semester».

In einer *Aufnahmeprüfung* müssen alle Bewerber

a) körperliche Eignung,
b) Musikalität und rhythmische Begabung, und
c) tänzerische Begabung und Improvisationstalent

nachweisen. Die «Aufnahmeprüfungen finden am Ende jeden Semesters statt; die Termine sind im Sachgebiet Studentische Angelegenheiten der Folkwang-Hochschule, D-4300 Essen 16, Klemensborn 39, Telefon 0201/49921 zu erfragen». Dort sind auch Bewerbungsformulare, die einen Monat vor dem Termin der Aufnahmeprüfung ausgefüllt vorliegen müssen, zu erhalten.

«Die Studienaufnahme ist in der Regel nur zu Beginn des Wintersemesters möglich.»

«Jugendliche mit hervorragender tänzerischer Begabung, die noch eine allgemeinbildende Schule besuchen, können als Jungstudierende aufgenommen werden.» Jungstudierende sind Aspiranten für den Tänzerberuf, die die Schulausbildung noch nicht abgeschlossen haben und zusätzlich zum allgemeinbildenden Schulbesuch ein mehrstündiges tägliches Tanztraining absolvieren. Vergleiche dazu auch das Kapitel «Tänzer von morgen?» mit den Äußerungen von Rosemarie Marin-Alarcon, der Leiterin der Tanzabteilung am Essen-Werdener Gymnasium. Marin-Alarcon: «Der Jungstudierenden-Status der Folkwang-Hochschule bedingt nicht den gleichzeitigen Besuch des musischen Essen-Werdener Gymnasiums.» Es können also auch andere Gymnasien mit anderer Ausrichtung besucht werden.

Es können *Studienbeihilfen* wie

a) Staatliche Förderung nach dem Bundesausbildungsförderungsgesetz (BAföG),
b) Ausländerförderung,
c) Beihilfen der «Gesellschaft der Freunde und Förderer der Folkwangschulen e. V.», und
d) Zuschuß zur Mensaverpflegung

gewährt werden.

Die Studenten der Hochschule bestreiten eigene Schulaufführungen. Das «Folkwang Tanz-Studio» existiert und arbeitet unabhängig vom Schulbetrieb.

Hochschule für Musik und Darstellende Kunst Frankfurt am Main

Studentensekretariat:
Eschersheimer Landstraße 29–39
D-6000 Frankfurt 1
Telefon: 069/550826
(Öffnungszeiten: montags bis freitags 9–12 Uhr)
Balletthaus der Hochschule:
Rüsselsheimer Straße 22
D-6000 Frankfurt 1
Telefon: 069/7306348
(nach Voranmeldung)

Leiter des Ausbildungsbereichs Ballett: Prof. Egbert Strolka

«Hochschullehrer unter anderen»: Prof. Russell Falen, Barbara Keller, Ekkehard Kühnel, Dr. Roland Langer, Mitzi McManus, Prof. Susanne Noodt, Prof. Marianne Seippel-Schöner, Prof. Egbert Strolka, Waltraud Luley, Stephane Flechet, Karin Krug, Mauricio Wainrot, Angela Schmidt, Sabine Köhler sowie

«Choreographen und Mitglieder renommierter Ballettensembles» als Gastdozenten.

Studiengänge: Bühnentanz, Tanzpädagogik, Bühnentanzpädagogik.

Der Studiengang *Bühnentanz* dauert «in der Regel» acht Semester. Vorausgesetzt werden das Abitur, das jedoch durch besondere künstlerische Begabung ersetzt werden kann, ein Höchstalter von 19 Jahren bei Frauen und von 20 Jahren bei Männern, sowie für ausländische Bewerber ein Nachweis ausreichender Deutschkenntnisse.

Die *Aufnahmeprüfung* (in der Regel im Juni, während eine zusätzliche, vorgezogene Aufnahmeprüfung schon im März möglich ist) soll Aufschluß über die körperliche Eignung, die tänzerische und musikalische Begabung sowie die Vorbildung des Bewerbers geben. «Studenten können entsprechend ihrer Vorschulung in die bestehenden Klassen eingegliedert werden.»

Fächer: Klassischer Tanz (Training, Repertoire, Pas de deux, Männerklasse), Folklore, «Freier Tanz / Moderner Tanz und/oder Jazztanz / andere nichtklassische Tanzfächer», Musiktheorie, Tanzgeschichte, Anatomie, Theorie des Klassischen Tanzes, Kunstgeschichte und Kunstbetrachtung.

Der Studiengang *Tanzpädagogik* dauert zwei Semester und baut auf dem erfolgreich absolvierten Studiengang Bühnentanz der Frankfurter Hochschule oder einem gleichwertigen, ebenfalls erfolgreich abgeschlossenen Studium auf. Ziel ist die «Befähigung, Kinder und Jugendliche sowie Laien im Künstlerischen Tanz zu unterrichten».

Anforderungen in der eventuellen *Aufnahmeprüfung* sind Musiktheorie schriftlich und mündlich, Tanzgeschichte, Klassischer Tanz, Folklore, weitere Tanzformen und Improvisation und Gestaltung.

Fächer: Methodik und Didaktik des klassischen Tanzes, des Folkloretanzes, des Jazztanzes oder anderer nichtklassischer Tanzfächer, Improvisation und Gestaltung, Anatomie, Tanzgeschichte, Psychologie, Hospitation in Ausbildungs- und Kinderklassen, Lehrproben.

Bühnentanzpädagogik vermittelt in zwei Semestern die «Befähigung, die Ausbildung professioneller Bühnentänzer durchzuführen und als Trainingsleiter tätig zu werden».

Zulassungsvoraussetzungen sind – in dieser Reihenfolge – ein erfolgreiches Studium des Bühnentanzes, nachgewiesen durch eine Diplomprüfung oder einen gleichwertigen Abschluß oder durch das Engagement in anerkannten Ballettensembles; eine mindestens dreijährige Ausübung des professionellen Bühnentanzes in einem anerkannten Ensemble; und der erfolgreiche «Abschluß des Studiums der Tanzpädagogik an der Frankfurter Hochschule mit mindestens der Note ‹gut› in dem Fach ‹Methodik und Didaktik des klassischen Tanzes› oder ‹befriedigend› in diesem Fach, wenn die Note in dem Fach ‹Folklore› mindestens ‹gut› ist. Eine Ausnahme von der Reihenfolge kann mit Zustimmung des Leiters der Ballettabteilung zugelassen werden.»

Fächer: Methodik und Didaktik des Klassischen Tanzes und/oder des Folkloretanzes, Training oder Hospitation in den oberen Klassen des Bühnentanz-Studiums, Lehrproben, Musiktheorie, Anatomie.

Letzter Bewerbungstermin für alle Studiengänge, die ausnahmslos nur zum Wintersemester begonnen werden können, ist jeweils der 15. Mai. Das Studium in allen drei Fachrichtungen wird mit einer Diplomprüfung abgeschlossen.

Aus der Ballettabteilung der Hochschule rekrutiert sich die «Junge Ballett-Kompanie Hessen». Ihre «Aufführungen in unterschiedlicher Zusammenstellung des sich ständig vergößernden Repertoires sind zum integralen Bestandteil des Studiums an der Frankfurter Hochschule geworden».

Mit der Hochschule kooperiert «Dr. Hoch's Konservatorium», das von der Stadt Frankfurt finanziert wird. Es bietet parallel zum Besuch öffentlicher Schulen eine bis zu sechsjährige Kindervorausbildung und zwei Zwischenklassen. Die Regelstudienzeit an der Hochschule kann sich durch den Besuch des Konservatoriums verkürzen. «Die bestehende Zusammenarbeit mit den Städtischen Bühnen Frankfurt gibt den Kindern und Studenten Gelegenheit, Bühnenpraxis zu erwerben.»

Ballettschule der Hamburgischen Staatsoper

Große Theaterstraße 34
D-2000 Hamburg 36
Telefon: 040/345731

Direktor: John Neumeier

Pädagogischer Leiter: Truman Finney

Organisatorische Leiterin: Ursula Ziegler

Pädagogen: Truman Finney, Brita Adam, Beatrice Cordua, Ann Drower, Irina Jakobson, Marianne Kruuse, Charles Mudry, Persephone Samaropoulo, Beatrice Schickendantz-Giger.

«In der 1978 gegründeten Ballettschule der Hamburgischen Staatsoper werden Jugendliche aus aller Welt im Alter von zehn bis 18 Jahren für den *Bühnentanz* ausgebildet. Schwerpunkt der Ausbildung ist der klassisch-akademische Tanz. Daneben wird großer Wert gelegt auf eine gute Ausbildung in moderner Tanztechnik und in Folklore. Der Unterricht wird zur Zeit noch in den provisorischen Räumen in der Dammtorstraße 1 und in den Ballettsälen der Staatsoper erteilt. Seit Januar 1987 wird die ehemalige Caspar-Voght-Schule in Hamburg 26 (Hamm-Nord) zum neuen Ballettzentrum für die Hamburgische Staatsoper umgebaut. In neun Ballettsälen werden Compagnie und Schule künftig arbeiten; das geplante Internat wird circa 35 Schüler und Schülerinnen aufnehmen können. Vorgesehener Einzugstermin: Herbst 1988.»

John Neumeier: «Die Ballettschule wurde konzipiert nach dem Modell der anderen großen Ballettschulen der Welt, aber auch nach meinen eigenen, spezifischen praktischen Erfahrungen der Erfordernisse für moderne Choreographie.»

Die Schule ist dreigliedrig aufgebaut aus einer Vorschule (Klassen C, B und A) für Sieben- bis Neunjährige, Ausbildungsklassen (Klassen I bis VI) für Zehn- bis Sechzehnjährige und den Theaterklassen VII und VIII für Sechzehn- bis Achtzehnjährige.

In der *Vorschule* liegt der Schwerpunkt des Unterrichts, der in der untersten Klasse einmal, sonst zweimal wöchentlich stattfindet, «auf einer behutsamen körperlichen Entwicklung, unabhängig von einer späteren Ausbildung zum Tänzer. Musik, Rhythmus, grundlegende Tanzbewegungen und Improvisation werden spielerisch erlernt» und erst «gegen Ende der Vorschule werden Grundlagen der Ballettelemente erarbeitet».

In den *Ausbildungsklassen* «beginnt der intensive Ballettunterricht, wobei besonderer Wert auf die tänzerische Entwicklung gelegt wird. Folgende Fächer kommen hinzu: Folkloretanz, Spanischer Tanz mit Kastagnettentechnik und Moderner Tanz. Der Unterricht findet täglich statt. Kleine Klassen ermöglichen das sorgfältige Eingehen der Lehrer auf die individuellen Probleme eines jeden Schülers. Die Fortschritte werden während des ganzen Schuljahres regelmäßig vom ganzen Lehrerkollegium überprüft.»

«Die *Theaterklassen* mit ganztägigem Unterricht bilden die staatlich genehmigte Berufsfachschule für Ballett. In zwei Jahren werden die Studierenden bis zur Bühnenreife ausgebildet. Das Studium wird mit einer Abschlußprüfung beendet. Der Schwerpunkt liegt in der Entwicklung zum Tänzer einer zeitgenössischen Ballett-Compagnie mit ihren vielfältigen Ansprüchen.» Gleichermaßen wird das traditionelle Repertoire sowie das spezielle Repertoire des Hamburger Balletts gelehrt. «Häufig nehmen die Studenten der Theaterklassen am Training und an den Proben des Ballettensembles teil und wirken in den Vorstellungen des Hamburger Balletts mit. Das Unterrichtsangebot wird vervollständigt durch: Komposition, Coaching, Kultur- und Ballettgeschichte, Musiktheorie und Anatomie.»

Zusätzlich wird für Angehörige aller Klassen Hausaufgabenbetreuung und für ausländische Studenten Deutschunterricht angeboten.

«*Aufnahmeprüfungen* sind normalerweise im Frühjahr. Individuelle Prüfungstermine können in Einzelfällen vereinbart werden.» Voraussetzungen sind: Körperliche Eignung, rhythmische Begabung, tänzerische Veranlagung, Improvisationstalent und eine dem Alter entsprechende Technik.

Die Schule, die ihrem rechtlichen Status nach eine Privatschule ist, verlangt *Schulgeld*. Es differiert von der Vorschulklasse C bis zur Ausbildungsklasse VI zwischen DM 70,– und DM 255,– im Monat. *Schulgeldfrei* sind dagegen die staatlich genehmigten Theaterklassen VII und VIII. Ihre Mitglieder sind BAföG-berechtigt. Darüber hinaus kann finanzielle Hilfe in Form der Reduzierung oder des Erlasses des Schulgeldes geboten werden. Die «Freunde der Ballettschule der Hamburgischen Staatsoper e. V.» gewähren Stipendien und unterstützen die Anschaffung von Sachmitteln wie etwa Spitzenschuhe.

«An einer guten Schulbildung, parallel zur Ballettausbildung, liegt uns viel. Abiturwünsche werden berücksichtigt. Die Ballettschule pflegt engen Kontakt zu nahegelegenen öffentlichen Schulen.»

Hochschule für Musik und Theater Hannover
Studienrichtung Tanz

Emmichplatz 1
D-3000 Hannover 1
Telefon: 0511/3100-250/251

Leiterin der Studienrichtung Tanz: Prof. Brigitte Kurze

Pädagogen (u. a.): Alan Howard, Heide Schridde, Franz Ziegler, Brigitte Kurze, Lothar Höfgen, Gerhard Schumann, Dr. Christoph Wagner, Wolfram Fürstenau

(Von dieser Hochschule bzw. von der Studienrichtung Tanz der Hochschule nähere Informationen zu erhalten, bereitete besondere Schwierigkeiten. Was mir letztlich an Unterlagen zur Verfügung gestellt wurde, unterscheidet sich in einem Punkt wesentlich von einer Anzeige der Hochschule im Verbandsorgan «Ballett Intern» des Deutschen Berufsverbandes für Tanzpädagogik. Dort werden die Studiengänge Bühnentanz, Laientanzpädagogik und *Bühnentanzpädagogik* genannt. Folgende Angaben stützen sich auf die direkt aus Hannover bezogenen Informationen.)

Studiengänge: Bühnentanz, Lehrer für Laientanz

Das Studium *Bühnentanz* steht Bewerbern offen, die nicht älter als 18 Jahre sein «sollten». Eine zweimal jährlich stattfindende *Aufnahmeprüfung*, in der besonderer Wert auf «gute Grundkenntnisse im Fach Klassischer Tanz» gelegt wird, entscheidet über die Zulassung (Anmeldeschlußtermine: 15. Februar und 31. Mai). Vorausgesetzt wird «eine abgeschlossene Schulbildung».

Fächer: Klassisch-akademischer Tanz (Spitze, Pas de deux, Variationen), Freier moderner Tanz (Technik, Improvisation, Komposition, tänzerische Darstellung, tanzrhythmische Erziehung, Jazztanz), Charakter- und Nationaltanz, Rhythmik, Allgemeine Musiklehre, Instrumentalunterricht (bei ausreichender Vorbildung), Physiologie/Anatomie, Tanz- und Musikgeschichte.

«Zusätzliche Intensivkurse in den drei Hauptfächern sowie in Historischer Tanz, Jazz- und Steptanz durch Gastdozenten. Bühnenpraxisbezogene Ergänzung des Studiums durch Mitwirkung der Studenten bei Aufführungen der Hochschule für Musik und Theater Hannover und des Niedersächsischen Staatstheaters.»

Das Studium wird bei einer Regelstudienzeit von acht Semestern mit einer Diplomprüfung abgeschlossen.

Das Mindestalter für das Studium zum *Lehrer für Laientanz* beträgt 17 Jahre, das Höchstalter 23 Jahre (Ausnahmen sind möglich). Die *Aufnahmeprüfung* findet einmal jährlich statt (Anmeldeschluß: 31. Mai). Voraussetzung ist: «Mindestens Abschlußzeugnis Sekundarstufe I oder eine gleichwertige Abschlußprüfung.» Zu den *Fächern*, die mit denen des Studiengangs Bühnentanz ansonsten identisch sind, kommen hinzu: Allgemeine Pädagogik, Psychologie, Tanzpädagogik, Didaktik und Methodik der Hauptfächer, Lehrversuche, Hospitation in Kinderklassen.

Die Regelstudienzeit beträgt acht Semester und wird mit der Diplomprüfung für Laientanzpädagogen abgeschlossen.

Die Studenten der Hochschule sind BAföG-berechtigt.

Staatliche Hochschule für Musik Heidelberg–Mannheim
Akademie des Tanzes

Studentensekretariat
L 15, 16
D-6800 Mannheim 1
Telefon: 0621/292-3512

Leitung der Akademie des Tanzes: Prof. Jean Wallis

Lehrkräfte im Schuljahr 1987/88: Margret Busby, Mioara Georgescu, Wolfgang Heinzel, Prof. Rosemary Helliwell, Ernesto Hirt, Susan Hunt-Wondra, Dr. Joseph Huwyler, Nicolae Ionescu, Prof. Erwin Kecsek, Ingo Kerber, Armin Krain, Christine Neumeyer, Manfred Paetz, Elvira Reckendorf, Lindsay Rowe-Roberts, James Schar, Ulrike Schnappat, Margret Taylor, Prof. Jean Wallis, Kunibert Werner.

Studiengänge: Tanz, Tanzpädagogik I und II

Der Studiengang *Tanz* umfaßt sechs Semester und folgende *Fächer*: Klassisches Ballett, Variationen, Pas de deux, Spanischer Tanz, Folklore, Moderner Tanz, Jazz, Allgemeine Musiklehre, Musikgeschichte, Ballettgeschichte, Englisch, Anatomie, Mimik, Tanztheorie, Schminken. «Aufgrund des Lehrangebotes – aufgeteilt nach Leistungsstufen – ist eine individuelle und persönliche Betreuung jedes Studierenden gewährleistet.»

«Berufsausbildung für Tanzpädagogik: Die Studiendauer beträgt drei (*Tanzpädagogik I*) bzw. vier (*Tanzpädagogik II*) Jahre. Die ersten drei Jahre entsprechen der Berufsausbildung Tanz mit folgenden zusätzlichen Fächern: Choreologie (Tanzschrift), Methodik, Psychologie, Pädagogische Praxis, Sprecherziehung. Das vierte Jahr hat als Schwerpunkt die Lehrpraxis.»

Alle Studiengänge werden mit einer Diplom-Prüfung abgeschlossen. Für

Kinder ab dem achten Lebensjahr bis zum Ende der allgemeinbildenden Schulzeit wird eine *Grundausbildung* angeboten. «In den ersten Klassen werden grundlegende Übungen für das klassische Ballett gelehrt. Die wöchentliche Unterrichtszeit steigert sich von zwei auf acht Stunden. Neben klassischem Ballett werden moderner Tanz und Folklore zusätzlich gelehrt. Am Ende der Grundausbildung soll der Schüler das Niveau haben, die Aufnahmeprüfung für die Berufsausbildung zu bestehen.»

Aufnahmeprüfungen finden jährlich im Frühjahr statt.

«Als im September 1981 Jean Wallis nach Deutschland zurückkehrte, um die Leitung der Akademie des Tanzes zu übernehmen, erklärte sie, daß sie für die erste Wiederaufbauphase der Abteilung fünf Jahre bräuchte. Ihre Pläne für diese Aufbauphase schlossen keine Schulvorstellung ein. Während dieser Zeit bevorzugte sie es, Studenten (...) mit den professionellen Ballettkompanien der Nachbarschaft» zusammenarbeiten zu lassen. «Mit einem ‹Einblick in die Arbeit der Akademie des Tanzes› traten die Studenten der Hochschule nun zum ersten Male an die Öffentlichkeit», berichtete «Ballett Intern», Nr. 1/1987.

Institut für Bühnentanz – Ballettakademie Köln

(Das Institut ist eine Abteilung der Rheinischen Musikschule der Stadt Köln sowie der Staatlichen Hochschule für Musik Köln).

Vogelsanger Straße 28–32
D-5000 Köln 30
Telefon: 0221/527031, App. 23

Leitung: Peter Vondruska

Dozenten der Akademie: Ursula Borrmann, Renita Exter, Brigitte Garski, Eva Gugel, Ursula Knaflewsky, Gisela Peters-Rohse, Helmut Scheier, Hans-Joachim Schütz, Ulrich Steiner, Peter Vondruska und Gastdozenten.

Helmut Scheier zur Entstehungsgeschichte des Instituts im Gesamtprogramm der 31. Internationalen Sommerakademie des Tanzes 1987: «Die Gründung der ‹Ballettakademie Köln› hängt mit der Geschichte der Internationalen Sommerakademie des Tanzes eng zusammen. Nach den Krefelder Anfangsjahren hatte Heinz Laurenzen deren Sitz 1961 nach Köln verlegt. Noch im selben Jahr entschloß er sich zusammen mit Aurel von Milloss, der damals Ballettdirektor der Kölner Oper war, unter dem Namen ‹Institut für Bühnentanz› eine Ballettakademie zu gründen. In den Trainingshallen am Müngersdorfer Stadion hat sie bis heute ihr Domizil. (...) Zahlreiche Dozenten der Sommerakademie sind seit langem, meistens im Rahmen von Kursprogrammen, in die Arbeit der Ballettakademie einbezogen.»

Die Akademie umfaßt vier Abteilungen: Kinderballett, Vorberufliche Fachausbildung, Tänzer- und *Tanzpädagogenausbildung.*

Die Vorschulklassen des *Kinderballetts* «haben vornehmlich musischen Charakter: rhythmisches Spiel, Improvisation, Entfaltung der Kreativität».

In der *Vorberuflichen Fachausbildung* (Gymnasiale Ausbildungsklassen) vermittelt «eine umfassende bühnentänzerische Ausbildung, die eine spätere direkte Überführung in die Ausbildungs-(Hochschul-)Klassen ermöglicht. Die gesamte Ausbildung basiert und konzentriert sich auf den klassisch-akademischen Tanz, der in Art und Umfang Priorität besitzt. Hinzu kommen die *Fächer* Folklore-Tanz, Historischer Tanz, später Modern Dance wie auch tanztheoretische und musikpraktische Fächer (Klavier/Instrumentalfächer). Während vormittags der allgemeinbildende Unterricht stattfindet, wird der Fachunterricht nachmittags durchgeführt. Viele Schüler/innen sind am Humboldt-Gymnasium zusammengefaßt und werden per Bus nach dem Unterricht zum Fachunterricht gefahren. Die Wahl der allgemeinbildenden Schule steht jedoch völlig frei. Die Schüler/innen werden fachlich nach positiver Bewertung der *Zwischenprüfungen* bis zur Mittleren Reife oder bis zum Abitur betreut.» Helmut Scheier: «Erstrebt wird die Anerkennung des Tanzes als Abiturfach.» «Die jährlichen *Schulgeld*gebühren betragen DM 960,–. Das Schulgeld ist in zwei Beträgen zu zahlen. Auf Antrag kann Ratenzahlung zugestanden werden.» Schulgeldbefreiung oder -ermäßigung ist ebenfalls auf Antrag möglich.

Auch die achtsemestrige Studiendauer in den Berufsbildungsklassen der *Tänzerausbildung* «basiert und konzentriert sich auf den klassisch-akademischen Tanz. Weitere praktische *Fächer* im Lehrplan sind: Modern Dance, Jazz-Dance, Folklore-Tanz, Historischer Tanz, Improvisation, Komposition. Die theoretischen Fächer umfassen: Tanzgeschichte, Theatergeschichte, Musiktheorie, Anatomie, Schminktechnik u. a. Auch musikpraktische Fächer können wahlweise belegt werden.»

«Die Aufnahme erfolgt bei entsprechender Begabung und Vorbildung nach einem *Test.*»

Das Studium in den Berufsausbildungsklassen ist grundsätzlich kostenlos und wird nach BAföG gefördert.

Das Studium der *Tanzpädagogik* dauert mindestens vier Semester. «Voraussetzung zur Zulassung ist die Bühnenreifeprüfung und eine mehrjährige Theaterpraxis. Falls diese Voraussetzungen erfüllt sind, kann nach erfolgter Anmeldung ein Aufnahmeprüfungstermin individuell vereinbart werden.» Helmut Scheier: «Ebenso wichtig wie die Heranbildung von Bühnentänzern ist der Kölner Ballettakademie die qualifizierte Ausbildung von Tanzpädagogen. Damit macht sie sich seit langem einen Namen. Infolgedessen übersteigt die Nachfrage bei weitem die Möglichkeiten. Um die erforderliche Lehrprobenzahl zu gewährleisten, werden pro Schuljahr bis zu vier Studenten aufgenommen.»

«Für das tanzpädagogische Studium können nach Maßgabe der Bundesversicherungsanstalt für Angestellte Unterhaltszahlungen im Sinne der beruflichen Umschulung beantragt werden.»

Helmut Scheier: «Eine wesentliche Hinführung zur Bühnenpraxis erfahren die Studenten der Kölner Ballettakademie durch vielfältige Beteiligung an Aufführungen des Balletts der Deutschen Oper am Rhein (Düsseldorf/Duisburg) und Vorstellungen des Tanz-Forums Köln».

«Praktische Erfahrungen bieten auch die innerhalb des Instituts bestehenden Ensembles. So etwa eine Gruppe für Spanischen Tanz und die Corona di Danza, ein Ensemble für Historischen Tanz. Eine weitere Gruppe wird für Tanzdemonstrationen in allgemeinbildenden Schulen eingesetzt.»

Staatliche Ballett-Akademie der Hochschule für Musik München und Heinz Bosl-Stiftung

Ballett-Akademie
Hochschule für Musik
Arcisstraße 12
D-8000 München 2
Telefon: 089/5591–587

Heinz Bosl-Stiftung
Wilhelmstraße 19
D-8000 München 40
Telefon: 089/337763

Direktoren der Ballett-Akademie: Prof. Konstanze Vernon und Prof. Michel de Lutry

Vorsitzender der Heinz Bosl-Stiftung: Fred Hoffmann

Stiftungsgründerin: Prof. Konstanze Vernon

Pädagogen 1987/88: Inge Bertl, Heidi Högl, Gabriela Nicolescu, Gudrun Sutherland, Hanna Miller, Nora Shelesnowa, Konstanze Vernon, Michel de Lutry, Heinz Manniegel, Jutta Giesecke, Klaus Zimmermann; und als Gäste: Olga Lepeschinskaja, Patricia Wilde, Barbara Fewster, Laszlo Sterbinsky, Hans-Joachim Metz.

Der Ausbildungsverlauf gliedert sich in eine Vorstufe mit Anfängerklassen für Sieben- bis Zehnjährige, eine anschließende dreijährige Grundstufe (Alter: zehn bis 13 Jahre) und die folgenden Studentenklassen, die ihrerseits in eine je zweijährige Mittelstufe (14 bis 16 Jahre) und Oberstufe (über 17 Jahre) unterteilt sind. Ein Bühnenpraktikum in der Meisterklasse führt zum diplomierten Abschluß der Ausbildung.

Fächer: Der Schwerpunkt der Ausbildung liegt im Klassischen Ballett (Training, Repertoire, Pas de deux) mit Bühnenpraxis (Einstudierungen, Theateraufführungen). Hinzu kommen: «Modern Dance, National, Boden-Exercise, Bühnenfechten und Choreographie als Lehrgänge. Seminare über Anatomie, Physiologie, Ballett- und Musikgeschichte.»

Die *Aufnahme* erfolgt nur nach bestandener *Prüfung*. Entscheidend sind ausschließlich Talent, Musikalität und körperliche Kriterien. Zwei Prüfungen pro

Semester entscheiden über die Fortsetzung des Studiums. Eignungstests finden regelmäßig für Kinder im Alter zwischen sieben und zwölf Jahren statt. Für Studenten jeweils im Januar und Juli.

Durch die Angliederung an die Hochschule für Musik ist die Ausbildung für alle Schüler und Studenten, die sich qualifizieren, kostenlos. Studenten sind BAföG-berechtigt.

Von den Schülern werden die Elly-Heuss-Knapp-Realschule, die Ballett als Hauptfach führt, oder das Max-Josef-Stift-Gymnasium besucht.

«Für externe Schüler und Studentinnen bestehen Wohnmöglichkeiten im staatlichen Max-Josef-Stift. Für männliche Studenten stehen in den von der Heinz Bosl-Stiftung angemieteten Wohnungen Zimmer zur Verfügung.» Die Internatskosten, die gegebenenfalls von der Stiftung übernommen werden, belaufen sich auf DM 590,– monatlich. «Die Stiftung ist gemeinnützig und hat keine eigenen kommerziellen Interessen. Ihre Sorge und Arbeit gelten der beruflichen Zukunft des tänzerischen Nachwuchses unseres Landes und den sozialen Lebensbedingungen alter Tänzer. Sie fördert hoffnungsvolle Talente des Klassischen Balletts und ermöglicht ihnen eine Ausbildung, die internationalen Maßstäben entspricht und konkurrenzfähige Tänzer heranreifen läßt.» Das 1981 zur Verbesserung der Ausbildungsbedingungen und zur Anhebung des tänzerischen Niveaus gegründete Ballett-Leistungszentrum arbeitet seit 1987 in neuen großzügigen Räumen an der Wilhelmstraße 19: «Das für mehr als vier Millionen Mark umgebaute und unter Denkmalschutz stehende Haus» soll laut «Ballett International», Nr. 4/1987, «über 200 Kindern und Jugendlichen in 16 Leistungsklassen Platz für ihre praktische Ausbildung bieten».

«Die Münchner Junior-Compagnie entstand 1980 auf Initiative der Heinz Bosl-Stiftung, um jungen Ballettstudenten bereits während der Ausbildung die Möglichkeit zu bieten, mit namhaften Choreographen zu arbeiten, Bühnenerfahrung zu sammeln und an Aufgaben zu reifen.» Zu den Choreographen, die mit der Kompanie gearbeitet haben bzw. arbeiten, gehören Hans van Manen, Norbert Vesak, Youri Vámos, Michel de Lutry, Heinz Manniegel und Dietmar Seiffert. Seit 1980 veranstaltet die Stiftung regelmäßig den Bundeswettbewerb «Jugend und Ballett», der als Leistungsvergleich und Motivation für junge bundesdeutsche Tänzer gedacht ist.

Eva-Elisabeth Fischer in der «Süddeutschen Zeitung» vom 23. März 1987: «Es ist längst noch nicht soweit, daß sich die Bosl-Stiftung auf ihren Lorbeeren ausruhen könnte. Das Ballett-Leistungszentrum in der Münchner Wilhelmstraße wird heute offiziell eröffnet; 30 Studenten aus dem Bundesgebiet können im Internat wohnen. Ballett in der Realschule ermöglicht vielen, die Mittlere Reife zu machen. Aber wer das Abitur anstrebt, der scheitert meist an der Doppelbelastung. Man plant also ein Ballettgymnasium... (Es) fehlen an der Akademie immer noch Lehrer, denn die Ausbildung ist nach wie vor einseitig. Es fehlen Gastpädagogen für Modern Dance, Nationaltanz, Ballett- und Operngeschichte, Ballettmusik, Anatomie und Physiologie, Make-up-Lehrer sowie feste Pädagogen für Instrumentalunterricht und Bühnenfechten. Momentan wird an der Ballettakademie eine Elite im klassischen Tanz herangezogen, die die herkömmlichen Stadt- und Staatsballette in der Bundesrepublik bedient... Jazz und Modern Dance können Ballettstudenten zur Zeit allenfalls in drei- bis vierwöchigen Workshops erschnuppern.»

John Cranko-Schule

Urbanstraße 94
D-7000 Stuttgart 1
Telefon: 0711/2032–475

Direktor: Heinz Clauss
Ehrenpräsidentin: Marcia Haydée
Pädagogen: Bernd Berg, Annette Chappell, Heinz Clauss, Stephen Greenston, Jerry MacCarthy, Walter Kamm, Irene Oschkinat, Adriane Peeva, Gillian Perry, Gabriel Popescu, Chauncy Robert, Claudia Shinn, Rodica Simion.

«Solisten der Stuttgarter Ballettkompanie und international anerkannte Gastpädagogen ergänzen das Team der festangestellten Lehrer.»

Die John Cranko-Schule bietet als Ballettschule der Stuttgarter Staatstheater Vorschulklassen, Vorbereitungsklassen und eine Grundausbildung an. Als Staatliche Ballettakademie führt sie zwei Theaterklassen, «deren Schüler als staatlich geprüfte, klassische Tänzer abschließen. Im ganztägigen Unterricht werden Schüler ab dem 16. Lebensjahr... unterrichtet. Aufnahme in die Ballettakademie finden Schüler mit abgeschlossener Schulausbildung und nach bestandener Aufnahmeprüfung.»

Fächer: Klassisches Ballett, Charaktertanz, Spanischer Tanz, Moderner Tanz, Jazz, Pas de deux, Variation, Repertoire, Fechten, Schminken, Mimik, Tanzgeschichte, Tanztheorie, Benesh-Tanzschrift, Anatomie, Musikgeschichte, Musiktheorie, Gemeinschaftskunde, Deutsch, Englisch, Zeichnen.

«Aufnahme in das *Internat* finden Schüler zwischen 10 und 16 Jahren, wenn sie aus den entfernteren Teilen unseres Landes oder aus dem Ausland kommen. Sie besuchen die in der Nähe liegenden öffentlichen Schulen... Für ausländische Schüler sind deshalb Kenntnisse der deutschen Sprache erforderlich.»

Sowohl die Studenten der Akademie als auch die Schüler der Grundausbildung werden zu Auftritten im Ballett-, Opern- und Schauspielrepertoire der Stuttgarter Staatstheater herangezogen. «Zu den regelmäßigen Schulaufführungen in den Staatstheatern kommen Gastspiele und Fernsehauftritte hinzu. Die begabtesten Schüler nehmen an internationalen Wettbewerben teil. Jeder Schüler hat die Möglichkeit, eigene choreographische Studienarbeiten unter Mitwirkung seiner Mitschüler öffentlich vorzustellen.»

Bernd Krause im «Stuttgarter Ballett-Annual», Nr. 8/1985: «... mit den Jahren hat sich (...) in der Schule viel geändert. Die gravierendste Änderung war wohl der Wechsel der Direktion von Anne Woolliams zu Heinz Clauss im Jahre 1976. Ein Wechsel, der gewissermaßen einen Umbruch bedeutete, wie er bei zwei so verschiedenen Persönlichkeiten nicht ausbleiben konnte. Die Schule, die nicht deutlich die Hand ihres Leiters zeigt, gibt es nicht. Irritationen unter Schülern und Lehrern, störende Einflüsse von Personen, die betroffen waren oder sich auch nur betroffen fühlten. Selbst die enge Zusammenarbeit mit dem Stuttgarter Ballett war scheinbar beeinträchtigt.»

SCHWEIZ

BBS Ballett-Berufsschule AG

Arena 225
Seefeldstraße 225
CH-8008 Zürich
oder:
Postfach 277
CH-8053 Zürich

Künstlerische und pädagogische Gesamtleitung: Anne Woolliams
Administrative Leitung: Malou Fenaroli

«Ein sorgfältig erarbeitetes und mit den schweizerischen Ballettberufsverbänden koordiniertes Konzept bildete die Grundlage für die inzwischen durch Stadt und Kanton Zürich für das erste Schuljahr bewilligte Subventionierung. Die Schweizerische Ballett-Berufsschule kann somit als halbstaatliche Schule bezeichnet werden. Sie ist in diesem Status mit den großen internationalen Ballettberufsschulen vergleichbar.»

«Das *Schulprogramm* der Ballett-Berufsschule umfaßt drei Ausbildungsjahre bis zur Bühnenreife. Der nichtkommerziellen Berufsschule sind folgende, selbsttragende Unterrichtsabteilungen angegliedert: Kinderballettunterricht, vorprofessionelle Ausbildung, Laienunterricht, offene Klassen für professionelle Schüler und Tänzer. Damit für die noch schulpflichtigen Schüler der vorprofessionellen Ausbildungsklassen ein adäquates Unterrichtspensum erreicht werden kann, plant die Stadt Zürich analog dem Genfer Modell die Einführung von Sekundarklassen mit gerafftem Unterrichtsprogramm für Tanz-, Musik- und Sportstudierende.»

«Der Unterricht der vorprofessionellen und professionellen Ausbildung sowie der Kinder-, Laien- und Open Classes wird durch folgende *Pädagogen* erteilt: Anne Woolliams (klassischer Tanz), Malou Fenaroli (klassischer Tanz), Dieter Ammann (klassischer Tanz), Miklos Bognar (klassischer Tanz). Für die übrigen Fächer werden seminarweise Pädagogen beigezogen.»

ÖSTERREICH

Ballettschule des Bundestheaterverbandes in Wien

Goethegasse 1
A-1010 Wien

Direktor: Michael Birkmeyer

Rudolf Liechtenhan in «Arbeitswelt Bühnentanz»: «Es besteht die Möglichkeit, neben der Ballettausbildung die Reifeprüfung zu bestehen... Dadurch soll den Tänzern später nach Aufgabe des Tanzens eine berufliche Umschulung erleichtert werden... Der *Lehrplan* umfaßt: Klassicher Tanz – Pas de deux – Charaktertanz – Historische Tänze – Repertoire – Bühnenausdruckstechnik – Schauspielunterricht – Musikkunde – Rhythmik – Fechten – Gymnastik und Akrobatik... Die Schule nimmt auch Ausländer auf. Da der Unterricht in der Ballettschule nur nachmittags stattfindet und auf den beiden obersten Stufen, welche für Ausländer geeignet sind, nur 14 wöchentliche Stunden umfaßt, müssen diese ihr Ausbildungsprogramm durch Besuch privater Ballettschulen vervollständigen.»

Auf die folgenden Schulen ist Karl Regensburger in seinem Beitrag näher eingegangen:

Carl Orff-Institut

(Sonderabteilung der Hochschule für Musik und darstellende Kunst – «Mozarteum» – Salzburg)
Frohnburgweg
A-5020 Salzburg

Konservatorium der Stadt Wien

Johannesgasse 4a
A-1010 Wien

Musicalschule des Theaters an der Wien

Lehárgasse 5
A-1060 Wien

ADRESSEN – MODERN

Auch diese Liste ist natürlich unvollständig. Hier sind zunächst jene Schulen aufgeführt, die auf die Anfrage von Marianne Forster geantwortet haben.

Staatliche Hochschule für Musik Ruhr
Folkwang-Hochschule für Musik, Theater, Tanz – Essen
Abtei
D-4300 Essen 16 (Werden)
Mindestens vierjährige Ausbildung mit Abschlußdiplom
Studiengänge: Bühnentanz, Tanzpädagogik, Tanzschrift
Heute starker Schwerpunkt im klassischen Tanz

Tanz-Projekte Köln
Theodor-Babilon-Straße 1–3
D-5000 Köln 21
Zweijährige Tanz-Ausbildungsprojekte

The Stage School of Dance and Drama
Poolstraße 21
D-2000 Hamburg 36
Lediglich sechssemestrige Ausbildung für Musical-Tänzer

Choreo-Tanz-Studio
Ebnaterstraße 29
CH-9630 Wattwil
Dreijährige Ausbildung zum Tanzpädagogen moderner Richtung, Vorbereitung auf Diplomprüfung des SBTG (Schweizerischer Berufsverband für Tanz und Gymnastik)

CH-Tanztheater, Schulleitung Plus
Hardturmstraße 68
CH-8005 Zürich
Dreijährige Ausbildung ohne Diplom, Ziel: Zeitgenössischer Tänzer

Sigurd Leeder School of Dance
Mühlebühl 16a
CH-9100 Herisau
Je dreijährige Ausbildung zum Tänzer bzw. Tanzpädagogen moderner Richtung. Schulinterne Abschlußprüfung und Vorbereitung auf Diplomprüfung des SBTG.

WEITERE ADRESSEN – MODERN – AUSLAND

Auch hier handelt es sich selbstverständlich nur um eine Auswahl, zusammengestellt von Marianne Forster.

London School of Contemporary Dance
The Place
18 Flaxman Terrace
London WC 1H 9 AT
In Zusammenarbeit mit der University of Kent kann ein «Bachelor of Arts»-Degree erworben werden.

Diplomierte Studiengänge (Degrees) bieten auch folgende Schulen:

Laban Centre of Movement and Dance
University of London
Goldsmith College
New Cross
London SE 14 6 NW

Brighton Polytechnic
10/11 Pavillon Parade
Brighton BN 21 RA

Middlesex Polytechnic
114 Chase Side
London N14 5 PN

Wichtige Informationen bietet auch der «Directory of Dance Courses in Higher Education» – «a guide to courses in dance at colleges and universities in the United Kingdom». Er ist erhältlich bei:

Standing Conference on Dance in Higher Education
c/o National Resource Centre for Dance
University of Surrey
Guildford
Surrey GV 2 5XH

Université de Paris
Sorbonne
15, rue Champollion
75005 Paris (Juni bis Oktober)
8, rue Francis de Croisset
F-75018 Paris (November bis Mai)

Freie Schulen in den USA, für die ausländische Studenten Visa erhalten können (bei der betreffenden Schulleitung selbst):

Merce Cunningham Studio
463 West St.
New York 10014 NY
Cunningham-Technik

Martha Graham School of Contemporary Dance
316 East 63rd St.
New York 10021 NY
Graham-Technik

Nikolais-Louis Dance Theatre Lab
33 East 18th St.
New York 10003 NY

Alvin Ailey American Dance Centre
1515 Broadway
New York 10036 NY
verschiedene Stilarten

Peridance Centre
33 East 18th St.
New York 10003 NY
verschiedene Stilarten

Wichtige Informationen bieten auch:

«The Dance Magazine College Guide» – «a directory to dance in north american colleges and universities», enthält umfassende Informationen über alle möglichen Arten von Tanzstudien an Universitäten und Colleges (Tanz/Tanzpädagogik/Tanztherapie etc.); und der «Performing Arts Directory», der (fast) alles über Tanz in den USA umfaßt.

Beide Publikationen erscheinen jährlich und sind erhältlich bei:

Dance Magazine Inc.
33 West 60th St.
New York 10023 NY

TANZTHERAPIE

Deutsche Gesellschaft für Tanztherapie
– in der Schweiz:
c/o Claudia Lutz-Campell
Im Oberdorf
CH-8455 Rüdlingen
– in der Bundesrepublik Deutschland:
c/o Elke Willke
Königsberger Straße 60
D-5024 Pulheim 2

Bundesverband für Tanztherapie e. V.
Hofstraße 16
D-4019 Monheim

«AUS DER REIHE TANZEN»

Hochschule der Künste Berlin
Allgemeine Studienberatung
Hardenbergstraße 33
D-1000 Berlin 12
Telefon: 030/3185–2204/2207/2225

Musicalschule des Theaters an der Wien
Lehárgasse 5
A-1060 Wien

Neue Tanz- und Theaterschule Düsseldorf
Die Werkstatt e. V.
Börnestraße 10
D-4000 Düsseldorf 1
Telefon: 0211/360391

Choreographischer Wettbewerb Köln
Ballettakademie Köln
Vogelsanger Straße 28–32
D-5000 Köln 30

Choreographischer Wettbewerb Bagnolet
CCIB 100
93 rue Sadi-Carnot
F-93170 Bagnolet

Lausanner Wettbewerb «Neue Choreographen»
Théâtre de Beaulieu
Case postale 80
CH-1000 Lausanne 22
(wird im April/Mai 1988 erstmals durchgeführt)

TÄNZERWETTBEWERBE

Prix de Lausanne
Théâtre de Beaulieu
Case postale 80
CH-1000 Lausanne 22

Bundeswettbewerb «Jugend und Ballett»
Heinz Bosl-Stiftung
Wilhelmstraße 19
D-8000 München 40

«TÄNZER VON MORGEN?»

Gymnasium Essen-Werden
Tanzabteilung
Grafenstraße 9
D-4300 Essen 16
Telefon: 0201/49946

PARITÄTISCHE PRÜFUNGSKOMMISSIONEN

...der Genossenschaft Deutscher Bühnen-Angehöriger und des Deutschen Bühnenvereins – Bundesverband Deutscher Theater

Prüfungsstellen bestehen in Berlin, Düsseldorf, Frankfurt am Main, Hamburg, Köln, München und Karlsruhe. Die Hauptgeschäftsstelle der GDBA:
Feldbrunnenstraße 74
D-2000 Hamburg 13
Telefon: 040/457148

ZENTRALE BÜHNEN-, FILM- UND FERNSEHVERMITTLUNG

ZBF
Feuerbachstraße 42
D-6000 Frankfurt am Main
Telefon: 069/7111-341

BERUFSVERBÄNDE

Deutscher Berufsverband für Tanzpädagogik e. V.
Hollestraße 1
D-4300 Essen 1
Telefon: 0201/228883

Schweizerischer Berufsverband für Tanz und Gymnastik
Englischviertelstraße 36
CH-8032 Zürich

Schweizerischer Dachverband der Fachkräfte des künstlerischen Tanzes
54, rue de Lausanne
CH-1202 Genf

SOMMERKURSE/WORKSHOPS

Internationale Sommerakademie des Tanzes Köln
Ballettakademie Köln
Vogelsanger Straße 28–32
D-5000 Köln 30

Internationale Tanzwerkstatt Bonn
Postfach 2467
D-5300 Bonn 1

Internationaler Sommerkurs des SBTG
Schweizerischer Berufsverband für Tanz und Gymnastik
Englischviertelstraße 36
CH-8032 Zürich

Internationale Tanzwochen Wien
Verein zur Förderung des künstlerischen Ausdruckstanzes
Postfach 155
A-1091 Wien

PERIODIKA

Ballett International
Richard-Wagner-Straße 33
D-5000 Köln 1

Ballett-Journal / Das Tanzarchiv
Kielsberg 60
D-5063 Overath-Immekeppel

Tanzdrama
Postfach 25 02 09
D-5000 Köln 1

Musik & Theater
Kaiserdamm 28
D-1000 Berlin 19
(erscheint, mit einem redaktionell teils unterschiedlichen Zuschnitt, auch in der Schweiz)

Les Saisons de la Danse
3, rue des Petits-Carreaux
F-75002 Paris

Dance and Dancers
Brevet Publishing Ltd.
445 Brighton Road, South Croydon
GB-Surrey CR2 6EU

Dancing Times
Clerkenwell House
45–47 Clerkenwell Green
GB-London EC 1R OBE

Dance Magazine
33 West 60th Street
USA-New York, N. Y. 10023

WEITERE ADRESSEN – KLASSISCH – AUSLAND

Außerhalb der Bundesrepublik, der Schweiz und Österreich existiert eine Vielzahl hervorragender staatlicher, halbstaatlicher und privater Institute, vornehmlich in jenen (europäischen) Ländern, die über eine ausgeprägte Tanz- und damit Tanzausbildungstradition verfügen. An dieser Stelle sollen lediglich einige wenige Adressen genannt werden. Weitere Informationen und Aussagen zum Schulprogramm der hier aufgeführten Schulen hält «Arbeitsfeld Bühnentanz. Eine Berufskunde» von Rudolf Liechtenhan, Florian Noetzel Verlag, Wilhelmshaven 1987, bereit. Die genannten Akademien stehen auch ausländischen Bewerbern offen.

Staatliche Ballettschule Berlin
Erich-Weinert-Straße 103
DDR-1055 Berlin
Leitung: Martin Puttke

Théâtre National Opéra de Paris – École de Danse
8, rue de Scribe
F-75009 Paris
Direktion: Claude Bessy

Centre de Danse International Rosella Hightower
Résidence Gallia
F-06400 Cannes
Direktion: Rosella Hightower

Royal Ballet School
155 Talgarth Road
Barrons Court
GB-London W 14 9 DE
Direktion: Merle Park

Staatliches Ballett-Institut Budapest
Népköztársaság utja 25
H-1061 Budapest VI. ker
Direktor: Imre Dósza

School of American Ballet
144 West 66th Street
New York 10023 NY
Präsident: Lincoln Kirstein

ADRESSEN – WO NOCH?

Es kann nicht oft genug betont werden: Keine Adressenliste kann und will Vollständigkeit für sich in Anspruch nehmen. Wer einen größeren Überblick über das Schul- und sonstige Angebot haben möchte, sei auf die Inserate in der Fachpresse verwiesen. Eine umfangreiche Auswahl an Adressen aus dem Tanzbereich, insbesondere von Schulen, Workshops, Wettbewerben und Zeitschriften, aber auch von freien und etablierten Kompanien, bietet das «Zeitgeist-Handbook», Ausgabe Nr. 12/Dezember 1986, der Zeitschrift «Ballett International».

Literaturverzeichnis – Eine Auswahl

Marianne Forster und Kurt Peters haben bereits am Schluß ihrer Beiträge – Kurt Peters auch im Text selbst – auf Literatur zu den Themenbereichen Tanzgeschichte/Geschichte der Tanzerziehung und Moderner Tanz hingewiesen. Einige zusätzliche Titel eines breiteren Spektrums sind hier genannt. Längst nicht alle sind heute im Buchhandel erhältlich. Man wird nicht umhinkommen, die Bibliotheken zu durchstöbern. Bei ursprünglich fremdsprachigen Publikationen wurde nach Möglichkeit nur die deutsche Ausgabe vermerkt. Es wurde versucht, bei mehrmals aufgelegten Werken lediglich die Daten der jeweils jüngsten Neuauflage anzugeben.

George Balanchine, F. Mason: Balanchine's Complete Stories of the Great Ballets, Garden City, N. Y. 1977

Cyril W. Beaumont: Complete Book of Ballets, London 1951

Anatole Chujoy, P. W. Manchester (Hrsg.): The Dance Encyclopedia, New York 1967

Internationale Sommerakademie des Tanzes, Ballett-Bühnen-Verlag Rolf Garske (Hrsg.): Das Ballett und die Künste, Köln 1981 (mit einer Bibliographie)

Serge Grigoriev: The Diaghilev Ballet 1909–1929, London 1953

Ivor Guest: The Ballet of the Second Empire, Middletown 1974

Ivor Guest: The Romantic Ballet in Paris, London 1980

Lincoln Kirstein: Movement & Metaphor, New York 1970

Horst Koegler, Helmut Günther: Reclams Ballettlexikon, Stuttgart 1984

Don McDonagh: The Complete Guide to Modern Dance, Garden City, N. Y. 1967

Max Niehaus: Ballett-Faszination. Ein Kompendium der internationalen Ballettszene, Taschenbuchausgabe: München 1978

Jean-Georges Noverre: Briefe über die Tanzkunst und über die Ballette, Leipzig 1977

Mario Pasi (Hrsg.): Ballett. Eine illustrierte Darstellung des Tanztheaters von 1581 bis zur Gegenwart, Wiesbaden 1980

Jean-Pierre Pastori: Tanz und Ballett in der Schweiz, Zürich 1985 (mit einer «Zusammenstellung nützlicher Adressen»; das Broschur-Bändchen der Kulturstiftung Pro Helvetia ist in der Schweiz im Buchhandel und im Ausland über die diplomatischen Vertretungen der Schweiz erhältlich)

Hartmut Regitz (Hrsg.): Ballett 19.., Chronik und Bilanz des Ballettjahres, Erscheinungsort Berlin (die Ballettjahrbücher sind unter wechselnder Herausgeberschaft seit 1965 erschienen)

Hartmut Regitz, Otto Friedrich Regner, Heinz-Ludwig Schneiders: Reclams Ballettführer, Stuttgart 1985 (mit einer Bibliographie)

Hartmut Regitz (Hrsg.): Tanz in Deutschland. Ballett seit 1945, Berlin 1984 (mit Kapiteln über die Ballettszenen der DDR, der Schweiz und Österreichs)
Natalia Roslavleva: Era of the Russian Ballet, London 1966
Susanne Schlicher: TanzTheater – Traditionen und Freiheiten. Pina Bausch, Gerhard Bohner, Reinhild Hoffmann, Hans Kresnik, Susanne Linke, Reinbek 1987
Rolf Schrade: Sowjetisches Ballett, Berlin 1977
Fred Traguth: Modern Jazz Dance, Wilhelmshaven 1982
George B. L. Wilson: A Dictionary of Ballet, London 1974
G. Winkler: Das Wiener Ballett von Noverre bis Fanny Elßler (Diss.), Wien 1967

PÄDAGOGIK, AUSBILDUNG

Rudolf Liechtenhan: Arbeitsfeld Bühnentanz. Eine Berufskunde, Wilhelmshaven 1987
Nikolai I. Tarassow: Klassischer Tanz – Die Schule des Tänzers, Wilhelmshaven 1978
Agrippina J. Waganowa: Die Grundlagen des klassischen Tanzes, Wilhelmshaven 1984
Anne Woolliams: Ballettsaal, Stuttgart 1986

Eine Bibliographie tanzpädagogischer Werke findet sich in: Max Niehaus: Ballett-Faszination. Ein Kompendium der internationalen Ballettszene, Taschenbuchausgabe: München 1978
Darstellungen des russischen Waganowa-Systems, des englischen Tanzausbildungssystems und der Bournonville-Schule, sowie ein Kapitel über moderne Tanzausbildung in den USA und ein Interview mit Glen Tetley zum Thema «Ist Choreographie lernbar?» in: Internationale Sommerakademie des Tanzes, Ballett-Bühnen-Verlag Rolf Garske (Hrsg.): Das Ballett und die Künste, Köln 1981

BIOGRAPHIEN, AUTOBIOGRAPHIEN, MEMOIREN, PORTRÄTS etc.

Christoph Albrecht (Hrsg.): Zehn Jahre John Neumeier und das Hamburger Ballett 1973–1983, Hamburg 1983

G. Alexander, H. Groll (Hrsg.): Tänzerin – Choreographin – Pädagogin Rosalia Chladek, Wien 1965

Maurice Béjart: Ein Augenblick in der Haut eines anderen, München 1980

August Bournonville: My Theatre Life, Middletown 1979

Richard Buckle: Diaghilev, London 1979

Richard Buckle: Nijinsky, London 1971

John Cranko, Walter Erich Schäfer: Gespräche über den Tanz, Frankfurt a. M. 1974

Isadora Duncan: Mein Leben, meine Zeit, Taschenbuchausgabe: Wien 1981

Philipp Flury, Peter Kaufmann: Heinz Spoerli – Ballett-Faszination, Zürich 1983

Michail Fokine: Gegen den Strom. Erinnerungen eines Ballettmeisters, Berlin (DDR) 1974

Klaus Geitel: Nurejew, Berlin 1967

John Gruen: The Private World of Ballet, New York 1976

Gelsey Kirkland: Dancing on My Grave, New York 1986

Anna und Hermann Markard: Jooss, Köln 1985

Don McDonagh: Martha Graham – A Biography, New York 1974

Hedwig Müller: Mary Wigman. Leben und Werk der großen Tänzerin, Berlin 1986

Hedwig Müller, Norbert Servos, Gert Weigelt: Pina Bausch – Wuppertaler Tanztheater, Köln 1979

Max Niehaus: Isadora Duncan, Wilhelmshaven 1981

Waslaw Nijinsky: Der Clown Gottes. Ein Tagebuch, München 1985

John Percival: Nureyev– Aspects of the Dancer, London 1975

John Percival: Theatre in My Blood (Biographie John Crankos), London 1983

Eberhard Rebling (Hrsg.): Marius Petipa – Meister des klassischen Balletts. Selbstzeugnisse, Dokumente, Erinnerungen, Berlin (DDR) 1975

Jochen Schmidt: Der Zeitgenosse als Klassiker: Über den holländischen Choreographen Hans van Manen, Köln 1987

G. Schumann: Palucca, Berlin (DDR) 1972

Pierre Tugal: Jean-Georges Noverre. Der große Reformator des Balletts, Berlin 1959

Mary Wigman: Die Sprache des Tanzes, München 1986

MUSICAL

HENRY MARX: Die Broadway-Story, Düsseldorf 1986

JOHN MUELLER: Astaire Dancing. The Musical Films, New York 1985

STEPHAN PFLICHT: Musical-Führer, Taschenbuch: München 1985

JOHN RUSSELL TAYLOR, ARTHUR JACKSON: The Hollywood Musical, New York 1971

HUBERT WILDBIHLER, SONJA VÖLKLEIN: The Musical – Eine internationale annotierte Bibliographie (deutsch/englisch), München, London, New York, Oxford, Paris 1986

Manchen der angegebenen Titel wird der Interessierte nur in wirklich gut sortierten Stadt- oder Universitätsbibliotheken finden. Ihm sei das einst von Kurt Peters gegründete «Deutsche Tanzarchiv Köln» empfohlen. Es umfaßt eine ständige Präsenzbibliothek, ein Zeitungsausschnittarchiv mit etwa einer Million geklebter Ausschnitte, internationale Fachzeitschriften, Programmhefte, Fotos und Graphik sowie künstlerische Nachlässe und Sondersammlungen.

Deutsches Tanzarchiv Köln, Leiter: Frank-Manuel Peter, Subbelrather Straße 247, D-5000 Köln 30, Telefon 0221/548 8413.

Besuchszeiten: Di–Do 10–16 Uhr und nach Vereinbarung.

Anmerkungen und Quellenverzeichnis

Kurt Peters / Das Erzieherische (Moment) wird folgen müssen ...

1 Académiciens: Mitglieder der von Ludwig XIV. 1661 gegründeten Académie Royale de Danse. Eine Vereinigung von 13 Tanzlehrern. Durch Prüfungen und Diplome erteilten sie künftigen Tanzlehrern die Unterrichtserlaubnis.

2 Johann Pasch: 1653 Dresden – 1710. Unterrichtete in Dresden und Leipzig. Reprint seiner «Beschreibung»: Leipzig 1978.

3 Samuel Rudolph Behr: 1670–?. Veröffentlichte fünf Bücher in der Zeit von 1703–13. Hauptwerk: «Maître de Danse, wohlgegründete Tantz-Kunst», Leipzig. Reprint Leipzig 1977.

4 Louis (Lovis) Bonin: Lebensdaten unbekannt, geboren in Paris. Erst in Eisenach, später in Jena als Universitätstanzlehrer tätig. Verfasser von: «Neueste Art der galanten und theatralischen Tanzkunst», 1712.

5 Gottfried Taubert: 1679 wahrscheinlich Ronneburg – ?. Studierte an der Universität in Leipzig, wirkte in Danzig und 1717 in Leipzig, wo er sein heute noch viel zitiertes Buch schrieb, das in erheblichem Umfang das Wissen seiner Zeit zusammenfaßt. Reprint Leipzig 1976.

6 Figuranten: Statisten. Im allgemeinen Liebhaber des Theaters oder Schüler des Balletts, die sich als Randfiguren oder in Massenszenen zur Verfügung stellten. Ihre Namen wurden auf den Programmzetteln nicht genannt.

7 Jean-Georges Noverre: 1727 Paris – 1810 St. Germain-en-Laye. Tänzer und Choreograph an vielen wichtigen Bühnen Europas. Reformer des Balletts, Begründer des «Ballet d'action», des Handlungsballetts. Verfasser der bedeutenden «Briefe über die Tanzkunst», die 1760 gleichzeitig in Lyon und Stuttgart erschienen (Reprint Leipzig 1977). 1760–66 Ballettmeister in Ludwigsburg und Stuttgart.

8 Paul Taglioni: 1808 Wien – 1884 Berlin. Glied einer in Europa weit verzweigten berühmten Tänzerfamilie. Wirkte überwiegend in Berlin und hat neben Noverre erheblichen Anteil an der deutschen Ballettgeschichte. Seine choreographischen Schöpfungen waren international verbreitet.

9 Friedrich Fröbel: 1782 Oberweißbach – 1852 Marienthal. Pädagogisches Anliegen: Erziehung des Menschen durch Spiel, rhythmische Bewegung, Lied und Sprache.

10 Friedrich Albert Zorn: Trotz seiner weitreichenden Tätigkeiten und seiner Bedeutung für die Tanzliteratur sind seine Lebensdaten nicht ermittelt worden. Seit 1846 war er als Tanzlehrer am kaiserlich-russischen Richelieu-Gymnasium in Odessa tätig.

11 Arthur Saint-Léon: 1821 Paris – 1870 Paris. Tänzer, Choreograph und Pädagoge. Entwickelte eine eigene Tanznotation. Ballette von ihm («Coppélia») stehen noch heute im Repertoire der Ballettkompanien.

12 Gustav Engelhardt: Lebensdaten unbekannt. Mitglied der Genossenschaft deutscher Tanzlehrer in Berlin («Akademie der Tanzlehrkunst», Gründungsjahr 1873).

13 Fritz Böhme: 1881 Berlin – 1952 Berlin. Herausgeber von Tanzzeitschriften und Autor vieler Bücher zum Thema Tanz. Beteiligte sich an den deutschen Tänzerkongressen der Jahre 1927–30.

14 August Bournonville: 1805 Kopenhagen – 1879 Kopenhagen. Tänzer und Choreograph des Königlich Dänischen Balletts. Seine Choreographien werden noch heute international aufgeführt. Sein besonderer Stil wurde zur nationalen Kunstform.

15 François Delsarte: 1811 Solesme – 1871 Paris. Seine Theorien führten zur «Delsartic», einer Ausdrucksgymnastik, die durch Geneviève Stebbins Einfluß auf die amerikanische Entwicklung des Ausdruckstanzes, den Modern Dance, gewann. Durch Hedwig Kallmeyers Berliner «Institut für harmonische Körper- und Ausdruckskultur» (1909) auch Auswirkungen auf deutsche Schulen.

16 Elizabeth Duncan: 1874 San Francisco – 1948 Tübingen. Gründete mit ihrer Schwester Isadora 1904 in Berlin ein Mädchenpensionat. Sie verselbständigte sich 1908 und übersiedelte 1911 nach Darmstadt, später Schulzweigstelle in New York. Ihr Ziel war die mit der geistigen Bildung gleichwertige gymnastisch-tänzerische Bildung des Kindes.

17 Isadora Duncan: 1877 San Francisco – 1927 Nizza. Tänzerin, Pädagogin und Verfasserin pädagogischer Schriften. Befreite sich von allen tänzerischen Konventionen (Autobiographie «Mein Leben») und gelangte über antik-griechische Eindrücke zu eigenen Tanzschöpfungen. Als besonders in Europa erfolgreiche Solistin wurde sie zugleich Vorkämpferin weiblicher Befreiungstendenzen. Ihre Schulgründungen in Berlin, Moskau und Paris galten der natürlichen Tanzerziehung, zu der sie Thesen entwickelte.

18 Émile Jacques-Dalcroze: 1865 Wien – 1950 Genf. Begründer der Rhythmischen Gymnastik unter dem deutlichen Primat der Musik. Versammelte in der Gartenstadt Hellerau in der von Wolf Dohrn für ihn erbauten Bildungsanstalt eine geistige Elite um sich. Aus politischen Gründen 1914 Rückkehr nach Genf. Das «Rhythmische Dorf Hellerau» wurde später zur «Neuen Schule für Rhythmik, Musik und Körperbildung» und übersiedelte 1925 nach Schloß Laxenburg bei Wien. Das Institut brachte überragende solistische, pädagogische und choreographische Persönlichkeiten hervor. 1938 wurde die Schule von den Nationalsozialisten geschlossen.

19 Rudolf von Laban: 1879 Preßburg (Bratislava) – 1958 Weybridge/England. Tänzer, Choreograph, Ensembleleiter, Wissenschaftler. Erste Schule in München 1910. Sein kulturelles Zentrum auf dem Monte Verità erweiterte er bis 1918 nach Zürich hin. Schrieb in Stuttgart sein philosophisches Buch «Die Welt des Tänzers» (1920). Weitere Gründungen von Schulen, Tanzbühnen, Kammertanzgruppen, choreographischen Instituten. Schuf Ballette und tanzchorische Werke. Beschäftigte sich praktisch und literarisch mit Kinder- und Laientanz, entwikkelte eine heute gebräuchliche Tanzschrift (Laban-Notation) und gab dem modernen Tanz mit seiner «Choreographie I» (Jena 1926) theoretische Grundlagen. Mitwirkung an den Olympischen Spielen in Berlin 1936. Nach Aufenthalt in Paris Emigration nach England um die Jahreswende 1937/38. Wirkte dort im Schulwesen und in der Industrie. Schüler Labans setzen in aller Welt einzelne Gebiete seiner Arbeit fort.

20 Mary Wigman: 1886 Hannover – 1973 Berlin. Tänzerin, Pädagogin, Choreogra-

phin. Ausgehend von Hellerau wurde sie Schülerin und Assistentin von Laban, trat mit wachsendem Erfolg in Soloabenden und mit eigenen Ensembles auf und gründete 1920 die Wigman-Schule in Dresden. Führende Vertreterin des deutschen Ausdruckstanzes. Tourneen in die USA (ab 1930) machten sie weltberühmt. 1957 Übersiedlung nach West-Berlin, wo sie, wie schon in Mannheim, besondere inszenatorische Leistungen vollbrachte. Ihre Persönlichkeit, ihre Literatur, ihre pädagogische Nachfolge reichen über die Gegenwart hinaus und führten 1987 zur Gründung einer Mary-Wigman-Gesellschaft in Köln.

21 Gret Palucca: 1902 München. Tänzerin, Pädagogin, Schulleiterin. Hervorgegangen aus der berühmten ersten Wigman-Gruppe, entwickelte sie früh eine ganz eigene Persönlichkeitsform innerhalb des Ausdruckstanzes. Seit 1925 eigene Schule und zahlreiche Tourneen mit Soloabenden bis 1950. 1945 Wiedereröffnung der Palucca-Schule Dresden als Fachschule für Künstlerischen Tanz. Heute noch Leiterin der Abteilung Neuer Künstlerischer Tanz. Schule und Internationale Sommerkurse haben internationalen Ruf.

22 Agrippina J. Waganowa: 1879 St. Petersburg – 1951 Leningrad. Tänzerin, Pädagogin, Choreographin. Studierte bei historischen Größen der klassischen Schule und bildete ihrerseits bedeutende Tänzer und Pädagogen aus. Ihre «Grundlagen des klassischen Tanzes» (Leningrad 1934) wurden mehrmals in deutscher Sprache veröffentlicht. Sie sind das Ergebnis historischer und eigener Erfahrungen und werden als bedeutendes Werk der Russischen Schule heute noch von allen klassischen Schulen der Welt ausgewertet.

23 Martha Graham: 1893 Pittsburgh/Pennsylvania. Tänzerin, Pädagogin, Choreographin. Entstammt der Denishawn-Schule in Los Angeles, dem Ausgangspunkt des amerikanischen Modern Dance. Leitet noch heute ihre 1927 in New York gegründete Schule. Tanzte solistisch und mit dem eigenen Ensemble, das nach wie vor die Welt bereist. Aus ihren mythologischen und psychologischen Werkformen entwickelte sie eine unverwechselbare Technik, die international an vielen Schulen und Ballettensembles unterrichtet wird.

Horst Vollmer / Tanz und Schule – Zwei Paar Stiefel?

1 Max Niehaus: «Von der geistigen Schulung», in: «Ballett-Faszination. Ein Kompendium der internationalen Ballett-Szene», München 1978.

Horst Vollmer / Ein schon gesichertes Terrain?

1 Bezeichnend, was Peter Appel bereits im «Ballett-Jahrbuch 1967» äußerte. Unter der Überschrift «Technik ist alles – oder doch beinahe alles. Ein Gespräch mit dem Kölner Ballettmeister Peter Appel» zitiert ihn Heinz-Ludwig Schneiders: «... wenn die deutschen Theater nicht zu oft, allzu oft ihre Ballettdirektoren und -trainer wechselten. Man beginnt alle zwei, drei Jahre wieder bei Null. Das Wort ‹neu› besitzt in Deutschland magische Bedeutung. Das Ballett kennt dieses Wort nicht. Ewig – war Ninette de Valois Direktorin des englischen Balletts, über dreißig Jahre; ewig – ist George Balanchine Direktor des New York City Ballet,

über dreißig Jahre; ewig – die Dänen – seit zweihundert Jahren! Ich glaube, daß es gar kein Problem gäbe, ließe man mir Zeit. Ich traue mir zu, aus dem miserabelsten Haufen von Tänzern eine homogene Kompanie zu machen, wenn man mir genügend Zeit ließe – denn Technik ist erlernbar! Ich kann aus dem falschen Typ keine Giselle machen, aber ich kann ihr soviel Technik des Tanzes und des Ausdrucks mit auf den Weg geben, daß sie es zu kaschieren vermag, der Zuschauer es vergißt.»

2 Eva-Elisabeth Fischer: «Vom Ballettunterricht zur Umschulung?» in der «Süddeutschen Zeitung» vom 23.03.87.

3 Edmund Gleede zum schweren Los der «15jährigen»: (Dann können sie auf Kosten) «des Staates umgeschult und beispielsweise in die Maske oder in die Schneiderei, in den Souffleurkasten oder ans Inspizientenpult, an die Abendkasse oder in die Telefonzentrale, in die Bibliothek oder in die Hausverwaltung versetzt werden. Empfindet dieser Künstler es als ehrenrührig oder als Blamage, jetzt mit einem Male Karten an der Tageskasse zu verkaufen, nachdem er doch vorher über 15 Jahre als Ballettprinz in Hauptrollen auf der Bühne getanzt hatte, so bleiben ihm wenig Möglichkeiten, seinen Versorgungsanspruch aufrechtzuerhalten: wenn er dreimal das Angebot des Theaters oder der Stadtverwaltung, der das Theater untergeordnet ist, abgelehnt hat, dann verliert er auch diesen in anderthalb Jahrzehnten mühsam erworbenen, ver- und erdienten Versorgungsanspruch und kann stempeln gehen. Und die jeweiligen Theater- bzw. Stadtverwaltungen, die natürlich kein Interesse daran haben können, zu öffentlichen Wohlfahrtsinstituten zu mutieren oder einen Rattenschwanz von verbrauchten Tänzern mit durchzuschleifen bis hin zur Rente oder zur Pensionierung, diese Verwaltungen bzw. ihre Verwaltungsdirektoren machen sich natürlich einen Sport daraus, dem altgedienten Tänzer Jobs oder Stellungen anzubieten, die dieser Künstler einfach nicht annehmen will oder kann: Schließlich ist er ja zum Theater gegangen, weil er auf der Bühne stehen wollte, nicht weil er in einem Büro versauern will.»

4 Ulrich Tegeder: «‹Wenn es gut geht...› – Materialien zur sozialen Versorgung der Tänzer» in: Hartmut Regitz, Horst Koegler (Hrsg.): «Ballett 1985 – Chronik und Bilanz des Ballettjahres».

5 Ulrich Tegeder, a. a. O.

6 Hartmut Regitz: «Soziale Aspekte des Tänzerberufes», in: Internationale Sommerakademie des Tanzes, Ballett-Bühnen-Verlag Rolf Garske (Hrsg.): «Das Ballett und die Künste», Köln 1981.

Richard Merz / Ohne Basis

1 Zwischen 1971 und 1985/86 wurden 556 Stipendiatsanwärter zwischen 16 und 20 Jahren beurteilt. 409 wurden abgelehnt, da ihre fachlichen Vorkenntnisse und ihre individuelle Eignung zum Tänzerberuf nicht gegeben schien. Quelle: «Ballett International», Nr. 9, 10/87.

Karl Regensburger / Schauplatz Wien

1 Gemeint ist der Wiener «Verein zur Förderung des künstlerischen Ausdruckstanzes», dem der Autor angehört.

Marianne Forster / (Fast) Ein Ding der Unmöglichkeit

1 Den Beruf «Tänzer/Tänzerin» gibt es als «offiziellen» Beruf nur in der Bundesrepublik und Österreich, aber nicht in der Schweiz.
2 Ausnahmen wie die bundesdeutschen Tanztheater-Ensembles in Wuppertal, Bochum, Freiburg, Bremen und Heidelberg und die «modernen» Kompanien in Köln und Gelsenkirchen bestätigen nur die Regel.
3 Die Mitglieder einer der etabliertesten Off-Kompanien Zürichs verdienten 1987 Sfr 1000,– im Monat. Ihre Kollegen im Ballett des Zürcher Opernhauses dagegen mindestens sFr 2500,–.
4 Siehe «The Dance Catalog», edited by Nancy Reynolds, Harmony Books, New York 1979, Kapitel IV: «New and Alternate Careers in Dance».
5 Judson Dance Theatre: Gegründet 1962 und benannt nach seiner Heimstatt in einer ehemaligen Kirche, der Judson Church. Deborah Jowitt in «Das Ballett und die Künste»: «In den 60er Jahren attackierte eine... Revolution das Tanzestablishment. Die Choreographen, Tänzer, Künstler und Musiker, die im Judson Dance Theatre zusammenarbeiteten, widersetzten sich fast allem, was sie im Tanz sahen. (Sie) akzeptierten nicht, warum Tanz so strukturiert sein mußte wie ein Musikstück oder ein Theaterstück.»

Horst Vollmer / Eine Werkstatt für Tanztheatermacher?

1 Diese und alle nachfolgenden Zitate sind den Prospekten und Informationsmaterialien der «Werkstatt» und der NTTD entnommen.

Horst Vollmer / Zum Beispiel Choreographie...

1 Zitiert aus: Ninette de Valois, Walter Erich Schäfer (u. a.): «John Cranko und das Stuttgarter Ballett», Stuttgart 1973.

Horst Vollmer / Frei arbeiten – Ein Hochseilakt ohne Netz und doppelten Boden

1, 2 und 3 Norbert Servos: «Von der Hand in den Mund. Zur Situation der freien Gruppen» in: Hartmut Regitz (Hrsg.): «Tanz in Deutschland. Ballett seit 1945», Berlin 1984.

Horst Vollmer / Die Operette ist tot, es lebe das Musical!

1 Die «Vereinigten Bühnen Wien» umfassen unter der Leitung von Weck das Theater an der Wien, Raimundtheater und Ronacher. Gespielt wurden und werden «Cats» und «A Chorus Line»; «Das Phantom der Oper» und «Les Misérables» sollen folgen, ebenso das Musical «Chess» und Bühnenprojekte von André Heller. (Quelle: «Ballett International», Nr. 9, 10/1987).

2 Zitiert aus der «Westdeutschen Allgemeinen Zeitung» vom 28.11.87. Dort heißt es weiter: «Nicht nur Bochum, das ganze Revier werde... profitieren. Der Kommunalverband Ruhr (KVR) plant bereits einen touristischen Zweierpack: ‹Starlight Express› plus Ruhr-Tour sollen vorab gebucht werden können. (...) Und auch im schnellen Düsseldorf ist man hellhörig geworden. Pauschalangebot eines Nobelhotels: Bett mit Frühstück, Bustransfer nach Bochum plus ‹Starlight›-Karte für 195 DM.»

3 Quelle: «Ballett International», Nr. 12/1987.

4 Stephan Pflicht im Vorwort zu seinem «Musical-Führer», München 1980, in dem er auch die Orte nennt, an denen zunächst der Nachholbedarf gedeckt wurde: «... haben sich vor allem das Bayerische Staatstheater am Gärtnerplatz in München, die Wiener Volksoper, dann auch das Theater an der Wien, das Berliner Theater des Westens, das Hamburger Operettenhaus, das Deutsche Theater in München und bald auch andere Bühnen mit vielen deutschsprachigen Erstaufführungen und vorbildlichen Produktionen amerikanischer Musicals große Verdienste erworben.» Die «deutsche Eigenentwicklung», die Pflicht in «zahlreichen Experimenten eines modernen deutschen Musicalschaffens» vor allem am Gelsenkirchener Musiktheater im Revier in den 70er Jahren sieht, wurde später am Bochumer Schauspielhaus und wird heute etwa am Theater des Westens fortgesetzt – aber auch beim Berliner Grips-Theater, das (vielleicht eher ungewollt) mit «Linie 1» das wohl am häufigsten nachgespielte deutsche Musical der Gegenwart schuf.

5 Stephan Pflicht, a. a. O.

6 Zitiert aus der 16. Auflage von «Reclams Operettenführer», herausgegeben von Anton Würz, Stuttgart 1980.

7 Gefunden auf der «Investment»-Seite des «Männer, Möglichkeiten, Meinungen»-Magazins «Esquire»/Deutschland, Heft 11/87.

8 Zwei Meldungen aus «Ballett International». Heft Nr. 9, 10/87 berichtete über den «Dauererfolg ‹Cats›. Am 24. Juni 87 ging in Hamburg bereits die 500. Aufführung von ‹Cats› über die Bühne. Mehr als 500000 Zuschauer haben diese Produktion an der Elbe bereits begeistert bestaunt. Grund genug, keine Sommerpause einzulegen. Auch im Juli und August standen die Darsteller achtmal pro Woche auf der Bühne.» In Heft 11/87 hieß es: «Rollentausch. Von den 35 Künstlern der hamburgischen ‹Cats›-Einstudierung sind nach einem Jahr noch 17 der Erstbesetzung dabei. Nachschub kommt – ohne Sorge – aus der internationalen Szene, auch zu hamburgischen Bedingungen.»

Zu den Autoren

Marianne Forster: Geboren in Zürich. Lebt in Basel. Lehrbeauftragte im Oberstufenwahlfach Tanz und Gymnastik am Institut für Sport der Universität Basel. Neben dem Sportstudium umfangreiche Modern-Dance-Ausbildung vor allem in London und New York mit den Schwerpunkten Graham-, O'Donnell- und Nikolais-Louis-Technik. Betreibt als freiberufliche Pädagogin ein Tanzstudio in Basel, organisiert Tanzveranstaltungen und -kurse. Seit 1981 Redaktorin von «Tanz und Gymnastik», dem Mitteilungsblatt des Schweizerischen Berufsverbandes für Tanz und Gymnastik (SBTG).

Edmund Gleede: Jahrgang 1944, geboren in Lüneburg. Lebt in München. Studium an der Münchner Universität (Theaterwissenschaft). Arbeitete als Journalist, Dramaturg (mit John Neumeier, Pina Bausch, Valeri Panov u. a.), Regieassistent und Regisseur. Von 1980 bis 1984 Direktor des Münchner Staatsopernballetts. Inszeniert(e) seither als freier Regisseur Opern, Operetten und Musicals in Hof, Coburg, Augsburg, Salzburg, Münster, Kaiserslautern, Kassel, Braunschweig, Wuppertal, München und Berlin.

Peter Kaufmann: Jahrgang 1945, geboren in Olten. Lebt in Winznau. Primarlehrer. Weiterstudium (Psychologie, Philosophie, Germanistik) an der Universität Basel. Ab 1969 verschiedene (Chef-)Redakteursstellen: bis 1972 im Pressedienst von Radio DRS, bis 1974 bei der Musikfachzeitschrift «Music Scene» und seither in der Redaktion einer täglich in 14 Schweizer Zeitungen erscheinenden TV/Radio-Seite. Daneben tätig als Film- und Theaterkritiker für mehrere Schweizer Publikationen. Freier Mitarbeiter des Basler Lokalradios «Basilisk». Mehrere Buchpublikationen, darunter als Co-Autor von «Heinz Spoerli – Ballett-Faszination» (1983).

Richard Merz: Jahrgang 1936, geboren in Zug. Lebt in Zürich. Tanzpublizist und Psychoanalytiker. Studium an der Universität Zürich, Schauspiel bei Ellen Widmann. (Freier) Ballettkritiker der «Neuen Zürcher Zeitung» seit 1978. Schweizer Korrespondent der Zeitschrift «Ballett International» (Köln). Regelmäßig Beiträge für die von Hartmut Regitz herausgegebenen «Ballett-Jahrbücher».

Kurt Peters: Jahrgang 1915, geboren in Hamburg. Lebt in Köln. Tanzstudium bei Mariska Rudolph und Alexandra Fedorowna-Fokine. Tänzer (in Saarbrücken und Hamburg), Pädagoge (in Hamburg und Köln), Tanzpublizist. Baute in Hamburg die umfassendste private Tanzbibliothek der

Bundesrepublik auf, die die Basis der seit 1953 in Hamburg erschienenen Zeitschrift «Das Tanzarchiv» bildete. 1966 Verlegung der Sammlung und des Erscheinungsortes der Zeitschrift nach Köln. 1981 Vereinigung von «Tanzarchiv» und «Ballett-Journal» und 1985 Verkauf der nun «Deutsches Tanzarchiv Köln» heißenden Sammlung an die Kölner Stiftung «City-Treff». Zeitweilig einer der Direktoren des Kölner Instituts für Bühnentanz. Seit Jahrzehnten Beiträge für Zeitungen, Zeitschriften, Buchpublikationen. «Lexikon der klassischen Tanztechnik» 1961. Geehrt mit dem Deutschen Tanzpreis 1984. Im Juni 1987 Gründung der «Deutschen Akademie des Tanzes» und Herausgabe der Akademie-Schrift «assemblé».

Karl Regensburger: Jahrgang 1954, geboren in Wien. Lebt auch dort. Studium der Betriebswirtschaftslehre in Wien. Veranstaltet seit 1984 in enger Zusammenarbeit mit dem brasilianischen Choreographen und Tänzer Ismael Ivo die zweimal jährlich stattfindenden «Internationalen Tanzwochen von Wien». Im selben Jahr Gründung des «Vereins zur Förderung des künstlerischen Ausdruckstanzes». (Der hier abgedruckte Beitrag entstand unter namhafter Mitarbeit von Sylvia Scheidl.)

Helmut Scheier: Jahrgang 1926, geboren in Remscheid. Lebt in Wermelskirchen. Studium (Theologie, Germanistik, Kunstgeschichte) in Bonn und Heidelberg. Seit 1977 (freier) Ballettkritiker des «Kölner Stadt-Anzeigers». Ständiger Mitarbeiter verschiedener Rundfunksender, Zeitungen, Zeitschriften, des «Ballett-Jahrbuchs» und weiterer Publikationen. Dozent für Tanz- und Kulturgeschichte des Kölner Instituts für Bühnentanz seit 1978. Co-Autor von «John Neumeier und das Hamburger Ballett» (1977).

panther

Eine Auswahl

Anna Rheinsberg/Barbara Seifert (Herausgeber)
Unbeschreiblich weiblich
Texte an junge Frauen(4881)

Marion Rollin/Hartmut Klenke
Schwankendes Glück
Das Buch zum Thema Alkohol (5405)

Marcelo Rubens Paiva
Sprung in der Sonne
Eine Jugend in Brasilien (5708)
Jenseits der 4. Jahreszeit
Bleckout. Roman (12117)

Herrad Schenk (Herausgeber)
So nah und doch so fern
Die Geschichte mit den Eltern (5670)

Michael Thelwell
Sag Babylon, es wird noch von mir hören
The Harder They Come (5782)

Hubert Winkels
Liebesexpress
Ein Kontaktanzeigen-Reigen (5572)

Rainer Wochele
Heißhunger
Roman (5495)

Renée Zucker/Enzo Briketti
Hungrige Herzen
Romanze in Technicolor (5587)

rororo

C 2155/4 a

A·N·D·E·R·S·R·E·I·S·E·N

LÄNDER

Christof Kehr
Andalusien (7575)

Per Ketchmann/Andreas Wißmach
DDR (7568)

Günter Liehr
Frankreich (7519)

Ingrid Backes/Gabriela Daum
Griechenland (7508)

Michael Kadereit
Großbritannien (7530)

Christoph Potting/Annette Weweler
Irland (7525)

J. Humburg/C. Lay/R. Novelli/
M. Wunderle
Italien (7515)

Rainer Karbe/Ute Latermann-Pröpper
Kreta (7569)

Roland Motz/Gaby Otto
Mexico (7574)

Norbert Ropers
Osteuropa (7524)

Helmuth Bischoff
Spanien (7567)

Autorenkollektiv
USA (7505)

A·N·D·E·R·S R·E·I·S·E·N

STÄDTE

Roland Günter
Amsterdam (7506)

zitty-Illustrierte Stadtzeitung
Berlin (7576)
Planbuch Berlin
(7581)

Jan Gralle/Annette Wiborg
Kopenhagen (7504)

Manfred Waffender/Jonathan Walters
London (7502)

Werner W. Wille
New York (7512)

Günter Liehr
Paris (7509)

Peter Kammerer/Henning Klüver
Rom (7514)

Manfred Waffender
San Francisco (7507)

Frida Bordon
Venedig (7570)

Herausgegeben von Falter
Wien (7563)

sachbuch rororo

C 1089/16

A·N·D·E·R·S·R·E·I·S·E·N

GRENZENLOS

Manfred Waffender (Herausgeber)
Reiseeindrücke made in USA
(7510)

Ted Simon
Fahrt des Lebens
Vom Unterwegssein und Ankommen
(7562)
Jupiters Fahrt
Mit dem Motorrad um die Welt (7511)

Solveig Ockenfuß (Herausgeber)
Frauen unterwegs
(7516)

Ludwig Moos (Herausgeber)
In Italien
Eindrücke vom Stiefel (7522)

Gerald Sammet (Herausgeber)
Gleisweise
Texte aus Zügen
(7527)

Helge Timmerberg
Im Palast der gläsernen Schwäne
Auf Umwegen nach Indien
(7528)

sachbuch rororo

C 1089/16 c